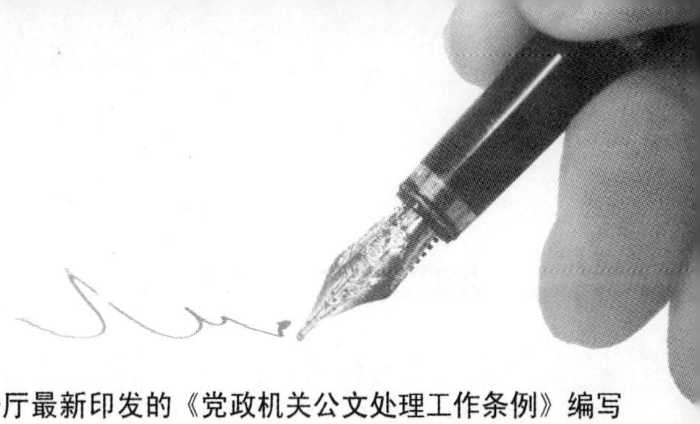

按中共中央办公厅、国务院办公厅最新印发的《党政机关公文处理工作条例》编写

应用文写作**案例**

——关于不应该那么写与应该这么写

朱悦雄　杨　桐　编著

暨南大學出版社
JINAN UNIVERSITY PRESS

中国·广州

图书在版编目(CIP)数据

应用文写作案例:关于不应该那么写与应该这么写/朱悦雄,杨桐编著.—广州:暨南大学出版社,2012.7(2013.9重印)
ISBN 978-7-5668-0146-3

Ⅰ.①应… Ⅱ.①朱…②杨… Ⅲ.①汉语—应用文—写作 Ⅳ.①H152.3

中国版本图书馆CIP数据核字(2012)第046491号

出版发行:暨南大学出版社

地　址:中国广州暨南大学
电　话:总编室(8620)85221601
营销部(8620)85225284　85228291　85228292(邮购)
传　真:(8620)85221583(办公室)　85223774(营销部)
邮　编:510630
网　址:http://www.jnupress.com　http://press.jnu.edu.cn

排　版:广州市天河星辰文化发展部照排中心
印　刷:湛江日报社印刷厂

开　本:787mm×1092mm　1/16
印　张:17.25
字　数:426千
版　次:2012年7月第1版
印　次:2013年9月第2次

定　价:38.00元

序

近日看了朱悦雄教授和杨桐编著的在中共中央办公厅、国务院办公厅印发《党政机关公文处理工作条例》（以下简称《条例》）后定稿的《应用文写作案例——关于不应该那么写与应该这么写》，感到在内容、体式等方面颇有独到之处，愿意跟大家分享这一成果。

朱悦雄教授长期肩负行政与教学双重任务。对行政工作与教学，都用心去做好，不是应付式承担。也就是说，既搞好行政工作，又搞好教学工作，做到“双丰收”。为了教学的需要他参与编写出版了多种教材，其中20世纪90年代初出版的《应用写作》（专著）、《公文写作教程》（合著）和2000年主编出版的《新应用写作》，2004年主编出版的《应用写作病文评析与修改》等颇受欢迎，评价较高。2004年他退休了，正要全力以赴以我国现代最具影响力的文章大师、文论大家鲁迅先生在《不应该那么写》一文中说的“**凡是已有定评的大作家，他的作品，全部就说明着‘应该怎么写’，只是读者很不容易看出，也就不能领悟。因为在学习者一方面，是必须知道了‘不应该那么写’，才会明白原来‘应该这么写’的**”的教导为指引，编写有别于当下流行的体式的应用写作教材时，病魔突然来袭，使他的身体元气大伤，生活都无法自理，当然也就无力写作了。如此三四年，到了2009年他才艰难地拿起笔，经过近三年的努力，终于拿出了书稿。

朱悦雄教授与我，是中师、高师的同窗。他性格爽直、学习刻苦、工作认真。当他说要我看一本有关应用写作的书稿时，我立时说：这类书出得太多了，出版发行成问题，别花精力了。但他仍然坚持要我看看。当我翻看书稿的“目录”、“前言”后，眼前开始闪亮，再逐章翻阅，深感作者思维的创新，书稿的内容、体例有独到之处，阐述问题的视角、方法也比较新颖。

首先是思维的创新。前面说到的鲁迅先生在《不应该那么写》一文说的那段教导，朱悦雄教授在前言中说，在20世纪60年代初就给他留下了特别深刻的印象，此后又一直结合着教学和科研反复咀嚼，从而形成了要按鲁迅先生的主张进行教学并编写出相应的书来的强烈念头。他认为鲁迅的教导是学习文艺创作，也是学习其他文章写作的至理名言。鲁迅的“在学习者一方面，是必须知道了‘不应该那么写’，才会明白原来‘应该这么写’的”论断，体现于写作的教导中，实际上就是要从评析病文开始，从让学习者切实知道“不应该那么写”开始，从调动学习者强烈的追求“应该怎么写”的欲望开始，然后再着力地讲清“应该这么写”，展示病文修改稿、赏析范文，让学习者掌握“应该这么写”的理论、知识、方法。这一思路完全符合人们学习写作实践的实际。它和传统的现在仍是主流的写作教学中的“以范文作导读”只讲（或者说主要讲）“应该这么写”的做法的思维套路是有很明显差别的。

朱教授把上述的思考贯彻于应用文“应该怎么写”的内容安排中，确实是一种创新。甚至可以说，是许多人都觉得应该这样，想这样做，但还没能做出来写出来的一种创新。

其次是内容、体例的创新。现在普遍的应用写作的教材，对某种文种的写作的介绍，一般的套路是解释概念特点，介绍种类作用，说明结构写法，提醒注意事项，引用范文作证。该书却有所不同，它阐述了17种应用文书的写作，每种自成一章。每章的阐述是依据鲁迅先生教导的精神，别开生面地分为四节：第一节写作依据、第二节不应该那么写——病文评改、第三节应该这么写——范文赏析、第四节综说与辨析，即辨析相同文种的同异或写作中要着重说明的问题。在四节中，第二、三节是主体，是核心，着重阐述。这样的内容安排、这种结构形式，突出了中心、落实了重点，能让读者较好地理解、接受作者要有力地说明“不应该那么写”和“应该这么写”的意图。

再次是阐述方法的创新。一般的应用写作教材，多数是“理论+事例”即用例证法，该书则主要采用对比、对照的方法来阐述事理。每章的重点都放在病文评改和范文赏析中，一错一对、一反一正进行对照，构成了本书强烈的鲜明的特色。俗语说，“不怕不识货，就要货比货”。这种对照和对比，更能加深学生的理性认识。我们所接触到的应用写作教材，很少有引用病例作分析的。有些虽然引用了病例，但不作点评，或只有三言两语的评析，让人感到空泛。而该书则不惜下重笔，贴着事实进行详细的评析并写出病文修改稿。如第十六章“总结写作”，在病文评改这一节中，引出病文后，对病文的内容、结构、语言等方面的毛病，进行详细的评析，说明为什么不该那么写。最后又把修改稿写出来，让学生知道应该这么写。通过病文和修改稿、范文的对照与对比，学生对不该那么写、应该这么写就有更清晰的认识了。

当然，该书还有不足之处。比如应用文是为现实生活服务的，如果选用的例文增多一些反映当今时代的例子，那时代气息就更强了；对病文和范文的点评有些也还可进一步推敲使之更准确更简明一些。

在我国高等院校使用的教材中，出版最多的，恐怕就是应用写作教材了。多而又有特色，那是好的，现在的情况是多而又雷同，缺少特色。我喜欢朱悦雄教授编著的这本富有新意的教材，乐意向读者推介。

陈子典*

2012年6月于广州

---

* 陈子典：汉语言文学教授，原广东省写作学会会长，原广州师范学院副院长

前言

大学毕业后的几十年，我一直在教“写作课”。这门课原本称为“文选与习作”，是在讲评一些名家作品时，结合说一些写作知识，然后让学生作文。事实上，这是中学语文课的一种延续。后来有了专门的“写作基础知识”课本，就先讲一些写作知识，再以一些文章分析及写作实例印证。这样的教学内容和教学模式，学生大多不感兴趣，教师自己也不那么满意。

20 世纪 60 年代初，我所在的华南师范学院（现在的华南师范大学）中文系写作教研室，把研究鲁迅的写作理论作为教研室集体科研课题，并决定先编辑《鲁迅论写作》一书。在编辑此书时，《鲁迅全集》第六卷上的《不应该那么写》这篇文章，引起了我特别的兴趣，我反复阅读，不断咀嚼其中的“**凡是已有定评的大作家，他的作品，全部就说明着‘应该怎么写’，只是读者很不容易看出，也就不能领悟。因为在学习者一方面，是必须知道了‘不应该那么写’，才会明白原来‘应该这么写’的**”。

知道“不应该那么写”，既然对于学习者如此重要，那么该如何去学习呢？

鲁迅认为，最好是从大作家完成了的同一作品的未定稿本去学习。“**在这里，简直好像艺术家在对我们用实物教授。恰如他指着每一行，直接对我们这样说——你看——哪，这是应该删去的。这要缩短，这要改作，因为不自然了。在这里还得加些渲染，使形象更加显豁些……**”鲁迅介绍的如上的“极有益处的学习方法”，无疑是学习者十分向往、教学者十分憧憬的方法。但鲁迅也指出，因为“我们中国偏偏缺少这样的教材”，这一方法难以实行。他在没奈何之下，建议用“一个补救法”，即以新闻中的记事、拙劣的小说作为“不应该那么写”的“标本”。

显然，鲁迅的“极有益处的学习方法”和求其次的“补救法”，都是为学习文艺创作开出的良方，这一良方同样适用于学习其他文章写作。比如，在“写作课”里，如果能结合实际实践鲁迅的主张进行教学或按“补救法”的意图写成书，是会受到学习者和教学者的欢迎的。这是我当时学习《不应该那么写》产生的念头。有了这一念头，我就多方搜集和学习有关资料，并在教学中作相应的努力，把学生的作文和有关资料印发给学生，让他们讨论修改。学生反应热烈，说这样学习到的东西实在、印象深刻。这使我上述念头不断增强。然而，这些工作实质性的开始，是在打倒“四人帮”之后，就我个人来说，是在转到了“应用写作”教学和科研以后的事。

在我的专著《应用写作》（1993 年版）中，我有意识地把好些“病文”（即“不应该那么写”的“标本”）和范文（即“应该这么写”的文章）进行对照分析，说明有关的

"不应该那么写"和"应该这么写"的理论、知识、方法。结果这本书很受欢迎，一版再版，这使我受到鼓舞。而一些读者认为，"这样的对照、对比分析，还是过于宽泛"的意见也使我入心入脑。20世纪末，从广州大学党委领导工作岗位退下来后，我就全力投入教学与科研了。在主编当时广东省高教厅委托编写秘书专业用的《新应用写作》时，我给30多种文种都设置了"写法与范文分析"、"要求与病文剖析"两节，更鲜明地对照着阐释有关写作理论、知识、方法。这本书出乎预料地受到肯定。全国中文核心期刊、全国首届优秀语文期刊《语文月刊》的评价文章称这是"一本在内容、体例上都有所创新"，"可读性强、适用性广，有利于教与学的教科书"。从2000年出版至今，此书已印刷了20多次。有读者提出，如果能把"病文"的"修改稿"也展示出来，会更接近鲁迅的"补救法"，说服力会更强，于是就有了2004年出版的《应用写作病文评析与修改》一书。此书2006年获得了首届"中国秘书节"秘书学论著竞赛一等奖。

《新应用写作》和《应用写作病文评析与修改》的出版和受到的肯定，使我觉得按照鲁迅的主张和他建议的"补救法"编写一本或几本"应用文写作"的书的基本条件已具备。于是我拟写了提纲，整理了材料，以上述两本书作为参考，在广州大学一些本科班、专科班、成人班开展教学试验。教学中教师简明扼要地说明目的、做法和要求后，就让学生看书、评改病文、赏析范文、归纳小结。试验的结果令人鼓舞。教学中，师生互动，气氛热烈；理论联系实际，收获实实在在。知情者都希望我尽快地把相应的教材编写出来。

然而，事情不如所愿。正当我紧锣密鼓地筹备编写相应的书时，病魔突袭，我被送入医院抢救，治疗了半年多，出院后生活都不能自理。此时我又被迫卷入一场农民与某镇政府的"土地置换租赁合同"执行纠纷官司，这对我真是雪上加霜。官司经过一审、二审、再审，虽然胜诉了，但我也被折磨得精疲力竭了。期间，我时常会因不能兑现尽快出书的承诺而内疚。我想写书，但力不从心，只好搁下。这一搁就四五年。到了2009年才艰难地重新提笔，与广东省委副秘书长杨桐合作，经过了近三年的努力，勉强地拿出了这本书稿，2012年4月《条例》发布后，我们又认真地对书稿进行修改，然后交给出版社。

这本著作，当然不能与鲁迅推崇的"教材"同日而语，和他建议的"补救法"及我原来的设想也有很大的差别，肯定存在这样或那样的不足、问题甚至错误。但它现在能够付梓，我心里还是高兴的，也算了却了一桩心事。我认为，和那些以简单的范文分析来印证"应该这么写"的理论知识的"专著"、"教程"相比，这本书一是指导理论、体例比较新鲜；二是内容比较实在、丰富、多样；三是阐释方法比较注意理论联系实际，有较强烈的对照、对比性。因而，更能使读者实实在在地理解、掌握"不应该那么写"和"应该这么写"的理论、知识和方法，有利于提高写作的实践能力。如果用于教学的话，也有利于启发式、讨论式、多媒体等教学方法的运用，能更充分地调动学生学习的主动性、积极性，活跃教学气氛，提高教学质量。

本书共18章，分别介绍了17种应用文的写作。每种文种自成一章，每章分四节。第一节是写作依据，包括文种性质、功能、特点、种类、主体要素、撰写要求；第二节是不应该那么写——病文评改，包括病文、病文评析、病文修改稿；第三节是应该这么写——范文赏析，包括范文、范文赏析；第四节是综说与辨析，综说有关问题和辨析相关文种的同异。其中的核心是病文评改和范文赏析。

全书共举出的病文有42篇，都是编著者从长期教学实践、写作实践和科研的积累中选出的，具有明显的代表性和典范性，能有力地说明相关文种撰写中“不应该那么写”和“应该这么写”的问题。

范文41篇也有典范性。其中的公文，选的全是正式发布的文稿，大部分是党政机关单位正式发布的文稿。其他文体如调查报告的两篇范文，一篇是陈云同志的《青浦农村调查》中的《母猪也应该下放给农民私养——青浦县小蒸人民公社调查报告之一》，一直被人们视为调查报告的经典性作品。另一篇是梁幸枝、骆风的《当代青年家庭婚姻爱情价值观的变迁——基于广州调查的分析与思考》，在课题的选择、材料的安排和表达方法的运用方面都有代表性，值得借鉴。

为了使“病文”、“范文”应有的作用得到充分的发挥，也为了使学习者实践鲁迅的教导取得更好的效果，书中还有相应的几十篇“病文评改”，几十篇“范文赏析”。这些“评改”和“赏析”，不是三言两语的、笼统空泛的“提示”，是依据事实进行的分析。对病文，具体点明“不应该那么写”的毛病，分析毛病产生的原因，提出修改的意见；对范文实事求是恰如其分分析评价“这么写”的好处。如果把病文和范文看作写作中的“实物”的话，这些“评改”和“赏析”就是对着“实物”进行的，有着明显的直观性、实在性。

“评改”和“赏析”涉及应用文格式中的各项内容，但重点是正文的内容。这考虑到应用文格式中许多项目虽然都是必须的，应该书写正确，但其内容则多属于自然形态的事物和常识性的东西。如公文中的主送机关、成文日期、印章等，诉状里的当事人的姓名、年龄、性别、住址、工作单位等，只要认真地对待，就不难写好。而正文内容却与此大不相同，多种多样，十分复杂。不要说各篇文章要办的事务、要解决的问题常常不一样，就是要办的事务很相似，其所涉及的具体方面也是差别很大的。如请求上级拨款帮助的请示，各单位（甚至是同一单位的各次）请求的目的理由、数量也不会是一样的。至于好些要办的事务、要解决的问题，原本就存在涉及面广、情况复杂的应用文，如某些通知、通报、决定、报告、意见、诉状、总结、调查报告等，虽然写作上有大体的要求，但在写作时，还是问题多多，困难大大。对这类应用文的写作，更加需要注意内容的正确和中心的鲜明突出。但要做到这点，就牵涉到主旨的提炼、材料的选择、结构的布局、表述方法的运用、语言的调遣等一系列问题。而要正确地处理这一系列问题，又要求撰稿者要有相应的思想修养、工作态度、分析能力、专业知识、语言文字驾驭能力。否则，上述的要求就不能很好地实现，或者根本无法实现。而事实上，应用文写作中存在的严重问题、突出毛病普遍就表现在这些地方。

有人说，应用文的写作有许多的规矩和要求，撰写者就如在桌子上跳舞。要跳好舞，就非得练就娴熟舞艺不可。要想把应用文写好，就非得认真学习、持之以恒不可。“两天学会公文写作”、“三天学会应用文写作”，如果仅仅只是了解或记住某些文种的格式项目也许可以，但要真正写好公文、应用文，那是不可能的。起码我们现在还不知道有这样“神奇”的“教法”和著作。这本书，尽管是努力按照鲁迅的教导来编写，尽管有众多的病文、范文及其“评析”和“赏析”，阐释又有强烈的对照、对比性，把好些原来比较抽象难懂的理论、知识、方法说得比较具体实在了，比较浅显明白，容易理解、记忆了，但如果是“一目十行”的“走马观花”式的学习，要理解掌握其中的意义也是不容易的，更不要说把理论、知识、方法变成能力了。鲁迅在《书信集·致赖少麒》中说：“文章应该怎样做，我说不出来，因为自己的作文，是由于多看和练习，此外，并无心得或办法的。”我也是笃信鲁迅这句话的。这本书，虽然提供了一些有用的学习资料和方法，但这些仍然要“多读”，才能更好地理解和掌握；仍然还要与“练习”结合，才能收到把它们变成能力的应有效果。

十分感谢陈子典教授为本书作序，也感谢在本书写作过程中鼓励和支持我的同志、朋友与家人。

朱悦雄

2012 年 6 月 10 日

目 录

第一章 应用文写作概说

第一节 应用文的性质、特点

史实说明，应用文是人类创建的文章大花园中最先绽放的一丛鲜花，是常开常妍，永远不会凋谢的一丛鲜花。因为它是人们用来办理和解决生产、生活、工作、学习实践中的实际事务、实在问题，行文简约，有一定格式、有直接应用价值的一种工具性文章。

“实际事务、实际问题”，包括社会治理、国家管理、企事业单位运作、人际间交流中，各种各样需要处理和解决的公务和私事。这些事情不论大小、急缓，只要有需要，人们都会以应用文为载体、为工具进行处理，寻求解决。当今社会已进入市场经济、信息化、全球化时代，应用文的应用范围更是迅猛扩大，应用文更是成了人们政治生活、经济生活、文化生活、社会生活中处理实际事务、解决实在问题时不可缺少的文字工具。

“直接的应用价值”，是应用文产生、发展、繁荣的根本要素，是应用文的价值所在、生命所在，也是区别于其他体裁文章的最重要的本质特征。应用文和其他体裁的文章相比较，相同的是“文”，不同的是“应用”及“直接的应用价值”。这一根本性的本质属性，使应用文能实实在在地帮助人们处理“实际事务”，解决“实在问题”，收取看得见、摸得着的“效益”。我国的封建统治者，早就把它看作“经国之枢机”、“牧民建国、不可暂无”的事业。新中国成立后，特别是改革开放后，由于教育的普及，广大群众的文化水平得到了迅速的提高，我们国家从党政机关、企事业单位的领导到一般的员工百姓，都以前所未有的认真程度关心和注重应用文的写作。他们不仅充分地认识到应用文写作在我国治理社会、管理国家、推动“两个文明建设”的巨大作用，也深切感受到不断提高应用文写作能力，是单位不断搞好工作，企业不断搞好生产经营，个人不断提高竞争能力、成就事业的必备条件。这就是我们国家的学习应用文写作、研究应用文写作热潮能够持续二三十年不退减的真正原因，也是我们国家现在不仅中等学校开应用文写作课，高等院校也开应用文写作课，不仅招聘公务员要考应用文写作，普通高考的试题也必然有应用文的题目，甚至一般员工的招聘也会安排有关应用文内容的实际操作的原因。

“行文简约，有一定格式”。这是应用文外部形态的鲜明特征。这一特征，也是在应用文长期作为人们办理实事，解决实在问题的文字载体的实践中形成的，是人们约定俗成的成果。它从形式方面规范着应用文的内容，有利于人们循规构思写作，循规阅读理解，循规归类存档，有效地提高人们办理事务、解决问题的效率，因而受到普遍的肯定和欢迎。这是应用文和其他文种，特别是和文学艺术作品的一个主要区别。文学艺术作品是供人欣赏的，不是给人应用的，它要求形象丰满、多姿多彩、生动引人，反对任何的程式化、格式化。这种不同是各自的文体性质、作用决定了的，要特别注意。

正确地理解与把握应用文和应用文写作的本质属性、主要特征、重要作用，是学习应用文写作所必需的。有了这种“理解”，人们就会下决心去克服学习中可能出现的各种各样的困难；有了这种“把握”人们就会在学习中努力去寻找更符合规律、更符合实际、更有效的途径和方法，去取得良好的成绩。

第二节　应用文写作基本要求

要使自己日后在工作中，能较顺利撰写出符合应用文本质属性、特点、作用的文稿，现在学习的时候，练习的时候，就要努力明确一篇应用文必须具有的主旨、材料、结构、表述方法、语言、格式六个基本方面的正确写作要求。

一、主旨

应用文的主旨是撰稿者对所要处理的事务、所要解决的问题的基本看法和主张。它是撰稿者根据办事的目的意图，在认真地分析研究有关的情况和材料过程中，对办什么事、为什么办事、如何办事等问题，有了清楚的认识之后形成的明确观点。也就是说主旨是在对有关事实、情况进行深入调查研究形成的。其形成的过程，就是明确办什么事、为什么办事、如何办事的过程。主旨明确了，材料的选择、结构的安排、表述方法的运用、语言的调遣，就有所依据、有所遵循，写出来的文章，就能够有的放矢地指导人们办事、处理问题。所以，人们认为主旨是应用文写作的统帅、灵魂，是下笔为文之前，必须明确的。

应用文写作的主旨，首先要正确，即要符合要处理的事务、要解决的问题的实际，又要符合党的方针、政策、国家法律法规，准确地体现组织领导的意图。在这一前提下，做到鲜明、深刻、专一。对所要处理的事务的实质，所要解决问题的关键，能一针见血地挑明，一言中的地说破。肯定什么、否定什么、主张什么、反对什么、褒什么、贬什么，应该这么做，不应该那么做，都要清清楚楚、明明白白，而且要努力做到有新意。在一篇应用文中主旨只能有一个，不能有两个，这是应用文的性质、功能所要求的。我们不能违背这些要求，否则，材料的选用、结构的安排等，就无所遵循，写作过程就难免遇到这种或那种困难，即使勉强成文，也很难有效地指导工作的开展。

二、材料

材料是撰文者确立和表达主旨的基础，也是读者理解和把握主旨的不可缺少的条件。没有足够的材料，撰文者难以确立和表达明确的主旨，同样读者也难以理解和把握文章的主旨。所以，对材料要积极地搜集、积累。有了明确的主旨后，就要认真地在材料的选择上下工夫，就要把主旨需要的、确实的、有概括力和代表性的材料，通过分析和梳理选择出来并写到文章里。“主旨需要的”，是指有关材料在内容意义上和主旨要有实质上的相同点。没有相同点，主旨不需要的，不能用。“确实”，就是客观存在，确有其人，实有其事，不虚假。“概括力和代表性”，就是材料能较好地显示事物量的意义和质的意义，能从广度和深度方面去说明主旨。这些材料不论是理论的、事实的，概括的、具体的，历史的、现实的，正面的、反面的，成功的、失败的，都得按上面的要求决定取舍，决定详略。做到了这样，才能从材料方面保证写出来的文稿具有应用文体的特点，才能让读者在分析研究材料中理解和把握好主旨，明确办什么事，为什么要办这件事和如何办这件事。好些应用文的毛病都是由于材料选用不恰当造成的。

三、结构

结构又称布局谋篇，是文章内容排列组合的构造形式，是写作中有了明确主旨、恰当的材料之后，要进行的重要工作。这里要说的是应用文正文的结构。

主旨和材料，即应用文正文的内容只有根据一定的原则，按一定的要求，用一定的形式体现出来，其意义才可能让人理解，其作用才能发挥。也就是说要遵循事物的规律，按照主旨的需要，划分好层次、段落，确定好详写、略写，安排好先说、后说，谋划好开头、结尾、过渡、照应。所有的文章在结构上都要求合理、严谨。应用文由于性质、功能的特殊性，在结构上除了要做到一般文章的要求外，还要多注意平实与显豁。它强调开门见山、条理分明，常常采用分条列项、片言居要法和序数法来突出观点、显示层次、划分段落和安排次序，以方便读者理解和掌握文章的内容要点。有些应用文主旨好，材料也好，可是人们不容易理解和掌握它的意义，其中的一个原因是其谋篇布局不够合理，不够恰当。

四、表述方法

应用文的应用性、直接的应用价值，决定了它反映情况、说明问题主要采用叙述、说明、议论的表述方法，少用甚至不用描写、抒情的方法。而且叙述、说明、议论这些表述方法，在实际运用中，常常表现出鲜明的直陈性、概括性、简朴性的特征。不论是写人还是叙事或是说明问题，其目的在于让人清楚明白，因而总是从事物的整体着眼，抓住关键，把握要点，简洁明了，直截了当地叙之、说之、论之；不追求情节的生动、细节的翔实、形象的感人。从而在表述方法的使用上凸显其简约明了的特征，保证其直接应用价值可以得到充分的发挥。故设曲折、张扬感情、旁征博引都是不符合应用文的表述要求的。

五、语言

应用文的性质、作用，要求它的语言必须明晰、准确、简朴、庄重。

明晰，就是表意明白、清楚，不晦涩、无歧义。

应用文要发挥办理事务和解决问题的作用，从语言方面来说，首要的就是要让人们能看懂、能明白它所说的意思，否则办理事务和解决问题就无从谈起。

语言是思想的现实，思想明晰，语言才能明晰。明晰的思想又以同样明晰的语言来表述，人们才可以看懂看明白。要做到思想明晰，表达时，在语言上要特别注意两点：

第一，要选用含意确定、自己明白的词语，自己不懂或似懂非懂的词语不用。

第二，要选用通俗易懂的词语，过时的、冷僻的不用，更不要生造词语。

准确，就是能恰如其分地说明情况、阐述做法、表达思想。这里有用词、造句、构段等问题，但最基本的，首先要做的是词语的锤炼。

词语锤炼要注意三点：

第一，要认真分辨词类。对要用的词，要辨清其词性是实词还是虚词，是能充当句子成分的名词、动词、形容词、数词、量词、代词等实词，还是不能单独充当句子成分的副词、连词、介词、助词、语气词、叹词等虚词。各类词因其性质不同，语法特点也有差别，不能乱用。

第二，要精心辨析词义。汉语的同义词十分丰富，这为我们意思的准确表达带来了方便，但也带来了一些麻烦。因为同义词的基本意义相同或相近，而实际意义是有细微差别的。要准确使用，就必须精心辨认。要细心地分清它们词义所涉及内容范围的大小、语义的轻重、程度的深浅，然后才使用。否则，容易出错。

第三，要注意模糊词语的恰当使用。客观现实中许多事物的意义是不完全确定的，即有一定的模糊性。相应的，人的认识也存在这种情况，语言中也有许多反映这一现实的词语、句子，即模糊语言。在应用文写作中，如果要反映的事物，要表达的意思是模糊性的，就应该用相应的模糊词语和句子。这也是准确。因为它准确地说明了所要反映事物和意思的模糊性。这就有利人们按实际情况去办理事务、解决问题；有利于达到应有的目的，获得应有的效果。如果该用模糊词语的没有用，也是一种不准确，也是不利于办事和处理问题的，也是不符合应用文写作的要求的。

简朴，就是要简明扼要、实事实说、直陈直叙、不冗长繁杂，不浮华藻饰。这有利于文章的短小精悍，有利于提高工作的效率。要使应用文语言达到“简朴”的要求，下面三点是应该注意的。

第一，实事求是，实话实说。不说假话，不说空话，不说套话。

第二，叙事说理，开门见山。主旨确定之后，就要“话不离题”，绝不横生枝节、故设曲折、搬词弄句。

第三，遣词造句，惜字如金。初稿出来后，要反复修改，如鲁迅所说：“竭力将可有可无的字、句、段删去，毫不可惜。”

庄重，就是端庄、郑重。应用文语言的这一特点，在其属下的各种文种中，表现各不相同。其中，公文语言、诉状语言最为明显、突出。

要使应用文语言具有庄重性，有两点要特别注意：

第一，要严格使用规范的书面语言，不用口语、方言和土语。

第二，多使用专用语。专用语指在处理和解决不同内容、不同性质、不同要求的事务和问题的长期实践中，不同种类的应用文形成了符合实际、有生命力的专门用语。如公文、诉状、经济合同就有许多这样的专门用语。这些专门用语，好些是规范化、定型了的，具有事务含义的确定性、准确性、通用性。在相应的应用文写作中就可以多用，恰当地用。这样既可准确地表达有关的意义，又自然地增强了应用文语言的庄重性。

应用文语言明晰、准确、简朴、庄重的特点，不是各自孤立地存在的，而是相互联系，统一体现于一篇应用文的整体之中的。因而，撰写应用文的时候，遣词造句要从体现这些特点出发，切勿顾此失彼。正如老舍先生所说：“写文章，用一字，造一句，都要仔细推敲。写完一句，要看看全句站得住否，每个字都用得恰当与否，是不是换上哪一个字，意思就更明显，声音就更响亮，应知一个字要起一个字的作用，就像看下棋使棋子那样，一句、一段写完之后，要看看前后呼应吗？连贯吗？字与字之间，句与句之间，段与段之间，都必须前后呼应。”（老舍《出口成章》）要做到这些是不容易的，但必须努力做到。只要我们在实践中，坚持不懈地下苦功，就可以使所撰写的应用文的语言符合应用文体的要求，就可以把应用文写作上的语言毛病减少。

六、格式

前面说过，应用文的格式是约定俗成的，是有利人们撰写、阅读和提高办理事务的工作效率的。应用文中的许多文种如公文、诉状、合同等，其格式是经过有关部门的认真整理后，以法规文件的形式发布，要求人们执行的，因而就更具约束力、权威性，撰写时更应“依格”撰写。如公文格式，《条例》就有严格的规定；合同格式，《中华人民共和国合同法》也有专门规定；诉状格式，最高人民法院制定了《法院诉讼文书样式》（试行）。这些格式规定，不但有很强的规范性，而且有很强的科学性。公文如果是一份完整的文件，就必然有眉首、主体、版记三大部分。这三部分构成了庄重、醒目、实用的文面形态。请看：

公文文本格式简表

眉首

份号、秘密等级和保密期限 0000001　　机密★一年

紧急程度　　特急

发文机关标识　　××××× 文件

发文字号、签发人×××〔2005〕××号　　签发人×××

×××

主体

标题　　关于××××××××通知

主送机关　×××××：

正文　　×××××××××××××××××××××

××××××××××××××××××××××

××××××××××××××××××××××

×××××××××××××××××

附件：1. ××××××××××

2. ×××××××××××

成文日期、印章

××××年×月×日

（印）

附注（××××××）

版记	抄送	抄送：×××× ××××
	印发机关和印发时间	××××年×月×日印发

从上面简表里可以看到，这三部分又由若干要素构成。各个部分、各个要素，都有各自的作用。它们有大小之分、主次之别，但绝对不可相互取代。它们构成的以主体为核心的整个文本格式，发挥着记载、传递治理国家和管理社会所需要的公务信息的作用。如该有的部分要素缺漏，就有可能贻误工作，影响公务办理。所以，应该按要求撰写，保证应用文格式的完整清楚。

这一章说明的应用文的性质、特点及写作的基本要求，无疑是后面要逐一阐释的17种文种写作中的“不应该那么写”和“应该这么写作”的总依据，它将和各种文种的“写作依据”一起应用于所涉及的各种各样的应用文写作问题的分析之中，所以，在这里先作如上的概括说明。

第二章 函的写作

函，和后面要一一介绍的通知、通告、决定、通报、请示、批复、报告、意见、纪要等都是《条例》规定的 15 种党政机关公文文种里的文种。

《条例》规定：“党政机关公文是党政机关实施领导、履行职能、处理公务的具有特定效力和规范式的文书，是传达贯彻党和国家方针政策，公布法规和规章，指导、布置和商洽工作，请示和答复问题，报告、通报和交流情况的重要工具。”这一定义，使人们清楚地知道，公文作为应用文的核心类的文种，和其他文类的应用相比，它的内容特别严肃，体式特别规范、特点特别鲜明、作用特别重大，是对我们人民的社会生活影响特别广泛、特别深刻的一类应用文。

《条例》是我国一个首次统一党政机关公文处理规范标准的法规文件。它科学地总结了我国党政机关公文处理的丰富实践经验和研究成果。《条例》总则，对公文的性质、职能、特点、作用等根本问题，作出了符合实际的非常明确的说明，其他各章对“公文种类”、“公文格式”、“符文规则”、“公文拟制”、“公文办理”、“公文管理”等内容的规定十分科学、简明。

所以，我们一定要认真地学习、研究《条例》，要以《条例》的规定为准绳、为指导，规范公文各科文种和其他应用文各种文种的写作实践，使应用文的写作能更好地服务于新时期社会迅速发展的需要。

下面先说“函”的写作。

第一节 写作依据

一、性质

函，是适用于不相隶属机关之间互相商洽工作、询问和答复问题、请求批准及答复审批事项的公文文种。

二、功能

根据函的性质，人们可以知道，函的功能是担负“不相隶属机关之间”有关事项办理的文种。这里的“不相隶属机关”是指在组织上没有相隶属的领导与被领导的关系的机关、单位。函这种文种的职能，就是为这些机关、单位，相互商洽工作、询问和答复问题、请求批准及答复审批事项服务的。

三、特点

函在现实使用中，表现出如下的特点：

（1）内容大多是一般性、事务性事项；

（2）结构简单、直叙其事、轻便快捷；

（3）使用范围广泛。

四、类别

函，从行文方面分，有发函、复函两种；从其内容、作用分，则有商洽函、询问函、请批函、答复函四种。

（一）商洽函

商洽函是指用于互相商洽工作的函。如：

范文（1）

关于商借课室的函

××中学：

我市为贯彻国家公务员制度，拟对全市事业单位在职干部进行不脱产培训。因培训人员较多，场地不够，所以想向你校借用课室。时间是今年9－10月份的所有双休日，每天上午8时至下午6时；课室数目是8间。每次上完课，我局会派人打扫卫生；消耗水电等的费用，我局将如数支付。这次培训，关系到提高我市在职干部的素质，希望能得到你们的支持。是否同意，请研究后及时答复我们。

此致

××市人事局

××××年×月×日

（二）询问函

询问函是指向有关单位询问本单位不清楚或不能决断的事项的函。询问的事项大多是有关政策性的问题。如：

范文（2）

关于询问水政监察人员的着装经费问题的函

×财函〔1990〕××号

省财政厅：

水利部1990年8月15日发布的《水政监察组织暨工作章程（试行）》第十三条规定：“水政监察人员执行公务时应着装、持证、佩戴标志。”此项规定现在是否执行？如果执行，水政监察人员着装的经费如何解决？特专函请求答复。

××市财政局

××××年×月×日

（三）请批函

请批函是指就某一事项请求无隶属关系的主管部门同意或批准的函。如：

范文（3）

关于请求解决我县枯水期用电指标的函

×府函〔1989〕××号

××市供电局：

1984 年以来，我县利用本地水力资源发展小水电，每年丰水期输入国家大电网的电达 3 000 万～6 000 万度，每度电价 0.05 元。而枯水期我县则严重缺电，以每度电价 0.32 元购进 1 500 万度电，仍然不能保证城镇居民生活用电。几间水泥厂、糖厂或因缺电或因电价过高企业用不起电而停产。为此，我县请求从 1989 年起每年 11 月 1 日至次年 3 月 31 日的枯水期内，每天配给我县基数电 10 万度。

可否，请予函复。

××县人民政府（印）

××××年×月×日

（四）答复函

答复函是指就有关单位的询问或请求事项，作出答复的函。如：

范文（4）

关于纸厂小学场地校舍等归属问题的复函

×府函〔1994〕××号

××造纸厂：

你单位××××年 8 月 5 日关于市教育局接管纸厂小学有关校舍、场地和教师宿舍问题的来函已悉。根据市政府常务会议纪要〔1994〕6 号文件精神，经研究，就以上问题答复如下：

一、原纸厂小学由市教育局接管以后，教师以及现有的设施、场地、校舍用地随学校移交教育局。校舍的办学性质不能改变，市教育局应把学校办得更好。如将来不办学，由教育局与纸厂协商原校舍和场地的用途，并报市政府。

二、考虑到我市教师住房困难，教师宿舍问题仍维持 7 月 25 日《市教育局接管市直三所企业办小学会议纪要》精神，即“原三校教师划归市教育局管理以后，他们原居住的宿舍归市教育局管理，教师仍有居住权，市教育局仍有调配管理权”，以保障教师的切身利益。

特此函复。

××市人民政府办公室（印）

××××年×月×日

范文（5）

××市供电局关于同意解决部分基数电给××县人民政府的复函

×供函〔1989〕××号

××县人民政府：

你县〔××××〕××号函收悉。

近年来我市各县的乡镇企业发展很快，工业用电供求矛盾比较尖锐，每年秋冬两季尤为突出。为顾全大局和用电需要，同时也充分考虑到你县给国家输电的贡献，同意从1989年起至1991年止，每年11月15日至次年2月15日，每天配给你县基数电6万度。

专此函复。

××市供电局

××××年×月×日（印）

五、主体要素

从上面举出的五篇范文可知，函的主体包括：标题、发文字号、主送机关、正文、成文日期和印章。

（1）标题，有完全式，即由发文机关名称、事由、文种组成，如范文（5）标题。也有省略式，如范文（1）、范文（2）的标题，就省去了发文机关名称。有的是省去事由，由机关名称和文种组成，如《××市人民政府函》。

（2）发文字号，在一般公文的发文字号中的机关代号后加一“函”字，成为“×府函〔1990〕204号”，范文中的发文字号多数是这样。但也有处理较为一般事项的函，没有发文字号的，如范文（1）。

（3）主送机关，写全称，一般只有一个机关。函里要办的事项谁主管，就写那个机关的名称。

（4）正文，是函的最主要部分，写法比较自由，但总体来看，也得有缘由、事项、结尾三部分。

缘由：写发函的原因、依据。缘由的写法，除复函有一定的模式可循，其他的函均无模式可循。不同的内容有不同的写法。复函常见的写法是“×月×日来函收悉”，或《关于……函》收悉。商洽函、请批函的缘由写明商洽、请批的原因理由即可。

事项：写商洽、请批、答复的具体内容。内容简明的，将缘由和事项融在一起，篇段合一；内容较复杂的，缘由和事项分开。事项部分依据内容分条列项写出。

结尾：有的写完即止；有的在结尾处写上“特此函告”、“盼复”或“请函复”；若是复函，则写上“特此函复”。

（5）成文日期和印章，成文日期写在正文右下方适当位置，要用汉字，要写全。重要和比较重要的函才盖印章，一般的不盖印章。如果标题中没有发文机关名称这里一定要有。

六、写作要求

（1）**内容要单一，一函一事**。一份函只写一件事，不能把几件事写在一份函里。否则，会影响事情的及时处理。

（2）**要开门见山，直陈其事**。函是公务文书，不是私人信件。要求对方办事、协作，支持什么事，都应直截了当，清楚明白地提出，不需转弯抹角，客套恭维。

（3）**要措辞简朴，用语得体**。函多用于商洽、询问某一事项，词语应质朴无华、平易通俗，不宜艳丽。对上要尊重，但不逢迎；对下，要严肃，但不训人；对平级或不相隶属单位，要平和。总之，要得体。函一般不具指挥与指示功能，不宜用指示性和指令性言词。即使高级别机关对低级别机关也要彼此尊重，沟通办事。

第二节　不应该那么写——病文评改

函，相对来说，篇幅短小，使用轻便广泛。有些人，因撰写时不够认真，结果是病误产生，文章没有写好，要办的事也给耽误了。

一、评改病文（1）

（一）病文（1）

函

××林果场：

兹有我校林果专业学生毕业实习即将开始。经研究分配八七届三班学生到贵场实习，望能妥善安排。

可否，请迅速回音。

××××职业学校

××××年四月一日

（二）评析病文（1）

病文（1）是××××职业学校给××林果场的发函，主旨是商洽该校学生到××林果场毕业实习问题，此文存在的主要毛病：

第一，没有把有关的情况说清楚。既然要对方安排自己的毕业生实习，在函中，就得把学校的要求说清楚，就得把该班学生的有关情况说清楚。比如，实习的时间多长？实习的主要内容是什么？要不要林果场负责业务指导？要不要解决住宿吃饭问题？有关的经费如何开支？学生有多少人？男女各多少等等都应该有具体的交代。函里对这些问题压根儿没有说，就叫人家“妥善安排”。能不能“安排”都无法决定，怎么能做到“妥善”呢？事项没说清道明，是这个函最根本的毛病。

第二，语言不得体，说话没有分寸。函和其他的公文文种相比，“庄严度”不太高。但作为办理公务的工具，“方便”不是“随便”，写作中该注意的事情还得注意。办理公务，不论是办理“你有求于我的事”，还是办理“我有求于你的事”，不论是高级别机关要求低级别的机关办事，还是低级别的机关要求高级别的机关办事，都是为人民办事，都要诚恳合作，尊重对方，平等待人，少一些居高临下的命令式，颐指气使更要不得。

××××职业学校和××林果场是没有隶属关系的“兄弟单位”，既然是这样，现在你又有事求人，就更应该尊重对方、平等待人。可是此函的撰稿者似乎不注意这些。在函中，他有意无意地把对方看做自己的下属单位了，给人“分配”任务，开口是“妥善安排”，闭口是“迅速回音”，商量的余地、平等的意味太少了。用这样的态度、这样的语言和人家商量事情，碰壁是在所难免的，会把本来可以办、可能办好的事，变得不能办或办不好。说话要得体，并不是说不要注意上下左右，而是说要在平等待人、尊重别人的基础上，注意用词造句的分寸感。

（三）病文（1）修改稿

函

××林果场：

我校毕业生的实习，一向得到贵场的大力支持，甚为感激。今年我校毕业班的实习即将开始，我们拟安排林果专业八七届三班学生到贵场实习。实习时间从五月二日开始到六月十五日结束，共一个半月。这个班的学生有35人（男25人，女10人）。实习主要内容是林果的植保实践技术。实习期间，师生需在贵场食宿，有关经费由我校支付。

贵场今年能否接受我校学生实习，恳请研究后函复。

××××职业学校
××××年四月一日

考虑到现实中许多事宜的商洽，是有专人亲往有关单位的，这时如果仍需用函的话，这种函的主要内容及主要作用，是证明前往人的身份。这类函一般撰写如下：

函

××林果场：

我校林果专业毕业班的实习，再过一个月就要开始，现由该专业三班班主任×××老师前往贵场，商洽贵场可否如往年一样接纳我校毕业生实习的事宜。

××××职业学校
××××年×月×日

二、评改病文（2）

（一）病文（2）

函

××省政府办公厅：

据悉，贵省汽油、柴油富足，我省目前汽油、柴油奇缺，已严重影响我省工农业生产。为此，请贵省支持我省汽油××××吨、柴油×××吨。望能照此办理，并请及时函复。

××省人民政府办公厅
××××年×月×日

（二）评析病文（2）

病文（2）的主要毛病在于语言使用方面，由于用词不当严重影响了主旨的准确表达，不利于有关事项的办理。

通过分析，我们认为此函的主旨应该是：请求××省人民政府卖给“我”省若干的汽油和柴油。可是此文由于选词造句的不恰当，表达出来的主旨并不是这一意义。“请贵省支持我省……”的“支持”，在这里的意思应该是“给以鼓励或赞助”。这样，此句话的意思就是“请贵省赞助我省汽油××××吨、柴油×××吨”。显然，这不符合撰稿者本来想说的意思。“支持”一词的不恰当使用，导致了函的主旨的表达严重违背了撰稿者意愿，当然也就使函的应有作用不能发挥。

除了“支持”一词使用得严重不当外，在语言方面此函的毛病还有：

第一，主送机关的名称“××省政府办公厅”，是简称。公文的主送机关名称有时是可以用简称的，但是用全称还是简称，还得视具体情况而定。现在此函的发文机关和主送机关都是高级机关，是不相隶属兄弟单位，因此，为显示互相尊重，用全称为好，即改为“××省人民政府办公厅”。

第二，正文开头一句话的第一个词“据悉”，也用得不妥。“据悉”的意思：据有关方面情况得知。对“贵省汽油、柴油富足”的情况，可以说“据悉”，但对“我省”，即对“自己”的情况，就不好用“据悉”了。因为自己的情况，自己了解最清楚、感受最真切，说“据悉”，不就是等于说你对自己的情况，还没有直接的了解和真切的感受吗？因此，此词应该删去。

第三，正文最后一句话“望能照此办理……”更是严重不妥。这是上级对下级的指示性语言。上面说过，此函的发文机关和主送机关是不相隶属的兄弟单位。因此，在来往的公文中是不能用指示性的语言的。互相之间有事要办，只能商量着办。况且，现在你发文机关是请求对方卖汽油给你，帮你解决困难，就更不能用命令的语气，就更应该尊重对方，商量着办事。“照此办理……”，就是你不仅要为我办事，还必须按照我的要求、办法去办理。这种居高临下的命令式表述，在兄弟单位之间是万万不能用的。用了，不仅会影响有关事项的办理，还可能影响机关单位之间的正常关系。

（三）病文（2）修改稿

函

××省人民政府办公厅：

我省目前汽油、柴油奇缺，已严重影响了工农业生产和群众的生活，我们多方努力至今仍未能解决。据悉，贵省汽油、柴油富足，因此，望贵省能体恤我省困境，卖给我省汽油×××吨、柴油×××吨，以解燃眉之急。如果可以，我们即派专人前往贵省洽谈有关具体事宜。

望及时函复。

××省人民政府办公厅

××××年×月×日

三、评改病文（3）

（一）病文（3）

函

××大学校长：

首先让我们以××电子工业学校的名义，向贵校表示衷心的感谢。感谢你们为我校办学给予的很大帮助。目前我校又面临一个很难解决的问题。

原来事情是这样的：我校开办不久，师资力量很差，决定派××位年轻教师到贵校旁听进修一年。我校与贵校有关部门多次商量。但××位年轻教师进修住宿问题，至今也没有得到解决。提高教学质量的关键是师资。为提高我校教育质量，恳请贵校设法解决我校进修教师的住宿问题。贵校府高庭阔，物实人济，且具宽大为怀、救人之危的美德。以上区区小事，谅贵校不难解决。我们不知贵校还有什么实际困难，如果这些困难我校能帮助解决的话，就尽量提出，我校会竭力去办。再说一句，贵校如能给解决我校进修教师的住宿问题，我们以我校领导的名义向贵校领导深深地表示谢意。万望函复。

××市电子技术学校

××××年×月×日

（二）评析病文（3）

上文的撰稿者，可能由于要卖弄文笔，而忘记了他办文的目的在于办事。他的“大作”的表达方式、语言运用，实在让人无法接受。

首先，在叙事方面，不是实事实说，直陈其事，而是故设曲折、故弄玄虚。此函的主旨，是要求对方帮助解决进修教师的住宿问题。这是很一般的问题，大可直说其事。然而撰稿者却在函的开头一段，先感谢对方对自己办校的支持，然后带出一个“很难解决的问题”，这也未尝不可。什么问题？接下去该说了吧！可是拟稿者不这样做，他在第二段开头又以“原来事情是这样的”绕开去说我校办学中遇到“师资力量很差”的困难，再说到派教师去进修，再说到教师进修的“住宿”问题“没有得到解决”。到此，本来就要向对方提出要求了。可是，拟稿者又绕开去就教学质量与师资的关系问题发议论，然后再绕回来向对方提出帮助解决进修教师住宿问题的要求。到此，函应该结束了，可拟稿者又来一个“狗尾续貂”，问对方有什么困难要帮助。最后，才以再次感谢结束全文。这样东弯西绕、节外生枝，本来几句话即可说完的事，却写出一大篇。这真是废话连篇，冗长繁杂。

其次，语言的粗疏、浮华。有些地方实际是在卖弄文笔，如“贵校府高庭阔，物实人济，且具宽大为怀、救人之危的美德”，就是堆砌辞藻，本意是奉承而几近嘲讽。这样的公文很可能令事与愿违，徒增办事难度，实在要不得，非改不可。

（三）病文（3）修改稿

函

××大学办公室：

我校派12名年轻教师到贵校进修一事，贵校在×月×日的复函中表示可以安排。可是我们和贵校有关部门多次联系，都因这些教师的住宿问题而使此事未能落实。我校所派出进修的12位教师，都是准备下学年度开设新课的，不落实他们的进修问题，我校下学年将有12门课不能开出。因此，恳请贵校设法解决我校进修教师的住宿问题，条件差一点也不要紧，所需费用，我校负责支付。

给贵校添麻烦了，请谅。望函复。

××电子技术学校

××××年×月×日

第三节 应该这么写——范文赏析

在第一节“种类”部分列举了五篇范文。这五篇范文写作规范，在这里不一一评说了，只把五篇范文中突出的方面，集中起来说两点。

第一，认真阅读过五篇范文后，可以知道，它们的拟稿者是十分认真坚持从办事的需要出发去考虑问题的。办事需要写什么就写什么，办好事要求“应该这么写”就这么写。虑事周到、表述严谨、针对性强，是这五篇范文的一个共同特点。

范文（1）是商洽函，要办的事是“商借课室”。一开头就把要“商借”的原因说得清清楚楚：要培训公务员，要培训的人员较多，场地不够。接着说事项：“借用课室”，而且把借用的时间、数目和有关费用等的处理说得实实在在。这就容易得到对方积极的配合，满意的回复。范文（2）是询问函，询问的是有关水政监察人员的着装问题，具体内容是什么，为什么要询问，说得明明白白。范文（3）是请批函，是请求主管供电的市供电局配给“基数电”指标。正文一开头就从“我县”发电对国家的贡献和用电的困难，作出具体、简明的交代，然后，提出请求配给“基数电”，配给的时限、度数都说得明确、实在。范文（4）是答复询问问题，范文（5）是回复批准事项，都属复函。因此，它们的缘由和事项两部分内容不仅要做到清楚、明白、具体、实在，还要有鲜明的针对性。范文（4）正文的第一段缘由部分开头即说“你单位××××年8月5日关于市教育局接管纸厂小学有关校舍、场地和教师宿舍问题的来函已悉……就以上问题答复如下”第二、第三段的事项部分就对来函提出的三个问题一一说明答复意见。范文（5）正文缘由第一句话即说“你县〔××××〕××号函收悉”，下面就对这个函提出请求配给“基数电”一事，作出同意不同意答复。同意“配给”的时限、度数也一一说明。这样明确而有针对性的答复，是取得请求者的理解和接受所必需的。

五篇范文，不仅缘由、事项写得好，结尾的用语也符合文种要求。范文（1）的结语：“是否同意，请研究后及时答复我们”；范文（2）的结语：“特专函请求答复”；范文（3）的结语：“可否，请予函复”，之所以这样写，因为它们是属于发函。而范文（4）的结语：“特此函复”；范文（5）的结语：“专此函复”，之所以这样写因为它们是回函。

五篇范文的行文，都能抓住事情的要点、问题的关键，直叙直说，不故设曲折，横生枝节，用语朴实准确，讲究针对性。这当然就有利于办事，有利于办好事。这些都是撰写函的时候要特别注意的。

第二，在第二节的一开头就指出：函篇幅短小，使用轻便广泛，因此有些人撰写时就缺少认真细致的精神。而五篇范文的撰稿者却不是这样。

在范文（1）中我们看到撰稿者为了办好“借课室”这件事，不仅把有关的主要问题说得实实在在、明明白白，连“每次上课”“打扫卫生”“消耗水电”的事，也交代得十分清楚。范文（3）的撰稿者为了使市供电局同意配给该县“基数电”，在函里不仅把县里缺电的困难说得实在、充分，还简明扼要地、突出地陈述了县里发展小水电“给国家大电网的贡献”，这不是节外生枝，而是锦上添花，这一笔明显地增强了说服市供电局同意配给“基数电”请求的力度。后来市供电局的复函范文（5）也佐证了这一点。这些范文，之所以能够把别人容易疏忽的事也说清楚，在陈述一般情况的同时，突出自己的“优势”，在于它们的撰稿者都有一种认真细致的工作态度，一种为他人着想的观念。函的拟写，就应该这么做，这么写。

第四节　综说与辨析

一、综说

要特别注意用平等的态度说话。

函，是用于不相隶属机关之间办事的一种公文文种，是众多文种中唯一的平行文。所谓“不相隶属机关”，即是在组织上没有相隶属的领导和被领导关系的机关，他们在以函办事的交往中，地位是平等的。互相尊重、平等处事的精神，明显地影响着函的内容和语言的处理。在函中，平等待人，才会认真说事。

函，是以说事为主的文种，说事清楚明白、有理有节，才会让人接受，才能充分地发挥作用。

前面评析的三篇病文，说事都不够清楚，存在这样或那样的毛病，在“评析”中，指出了具体的原因。当中有一个很关键的问题就是撰稿者未能把平等待人、认真说事的思想贯彻于函的撰写中。病文（1）的“经研究分配八七届三班学生到贵场实习，望能妥善安排”，明确地流露出发文单位把自己视为比对方“高一等”的意识。在这种意识的支配下，发文单位是难以主动地把要办事情的有关情况说清楚的。事实的答案正是这样。病文（2）的“请贵省支持我省汽油××××吨、柴油×××吨。望能照此办理……”，自觉或不自觉地也把受文单位视为自己的下属而“发指示”了。这样，当然是不可能把事情说清楚的。病文（3）在说事的故设曲折、故弄玄虚和语言粗疏、浮华的背后，不是使人感觉到撰稿者对受文单位有种恭维、奉承的意识吗？这是不平等待人的另一种表现。事实已说明，这种表现只会造成该说清的事情说不清楚。

前面赏析的几篇函的范文，特别是范文（1）之所以能把“借课室”及相关的事说得那样实在、明白、周到，就是撰稿者把受文者视为自己的平等的合作者，尊重人家，处处为人家考虑，为人家着想。在这样的思想支配下说事，当然就可以把要做的事尽可能地说清楚明白，使撰写的函也可以发挥最大的作用。

二、辨析

（一）请批函与请示的同异

请批函与请示，虽然都有“请求批准”的作用，但两者的区别十分明显，不应该混淆。从行文机关来看，函多用于不相隶属的机关。这些机关在有关的业务工作方面，存在着“主管”和“被主管”的关系。请批函只用来“请求批准”或回复有关业务工作方面的事项。请示是用于相隶属的上下级机关。这些机关不仅在有关的业务工作方面，有“主管”和“被主管”的关系，更重要的是在行政方面有法定的领导和被领导关系。请示是下级机关向上级机关“请求批准”有关事项的上行文件，是标准的上行文种。请示所涉及的事项要比“请批函”广泛得多。

（二）函与通知的同异

函与通知，虽然都有告晓性作用，但它们也有明显的区别。从内容方面看，函告知的多是一般性事项，通知告知的多是比较重要、严肃的事项；从行文机关的关系来看，函的行文机关多是不相隶属的机关，通知的行文机关一般是有法定隶属关系的下级机关。

（三）函与批复的同异

函和批复，都可以用来回复有关单位的文件，但批复主要是用来批复下级的请示，当然有时也用来批复下级的报告或其他文件。批复的问题，一般都是比较重要的。函既可用来回复不相隶属机关在业务上请求批准的事项，也可以用来回复不相隶属机关的询问，但回复的问题，常常是一般性的。函的使用要比批复广泛、灵活得多。

思考与练习

1. 函是怎样的一种文种？
2. 函的写作要求主要有几点？
3. 说说函的范文（1）和病文（1）的得失成败主要在哪里？原因是什么？
4. 请将函的病文（3）及其修改稿对照分析，谈谈函的撰写应该吸取的经验教训。
5. 请为一个县局级单位向县财政局请求拨给维修局办公室经费，撰写一份函。

第三章 通知写作

第一节 写作依据

一、性质

通知，是适用发布传达要求下级机关执行和有关单位周知或者执行的事项，批转、转发公文的文种。

二、功能

根据通知的性质，其功能就是承接上下、联系内外、知照事项、布置工作、发布与传达指示、批转或转发公文。其使用范围广泛、频率很高。

三、特点

（一）使用的广泛性和灵活性

在发文机关方面，上至最高领导机关，下至基层单位、企事业单位，都可用通知行文。在通知的内容方面，大到全国性重大事项、法规、规章，小到单位内部告知一般事项，都可用通知行文。在发布方式上，可用正式文件印发，也可印白头通知，甚至可写在小黑板上，让有关人员知晓，非常灵活。

（二）内容的指导性

通知的内容是有所告晓，有所要求。说明需要做什么事，采取什么措施、办法，达到什么要求，对下级机关作具体的工作指导。

（三）功能的多样性

通知是功能最多的一种文种。够不上发“决定”、“通告”等的事项，几乎都可由通知承担。

（四）对象的专指性

大多数的通知，都是针对特定的机关和人员发的，专指性明显，不像通告、公告的泛指性。

四、种类

按功能分，通知大体可以分为三种。

（一）告知性通知

告知性通知主要的作用是告知事项、传递信息，常用于传达有关机构设置与变更、人事任免、印章启用与废除、单位更名等事项。

范文（1）

国务院办公厅关于国家工商行政管理局等机构名称问题的通知

国办发〔1998〕117号

各省、自治区、直辖市人民政府，国务院各部委、各直属机构：

经国务院批准，国家工商行政管理局、国家新闻出版署（国家版权局）、国家知识产权局、国家旅游局和国家出入境检验检疫局从即日起分别使用“中华人民共和国国家工商行政管理局”、“中华人民共和国新闻出版署（中华人民共和国国家版权局）”、“中华人民共和国国家知识产权局”、“中华人民共和国国家旅游局”、“中华人民共和国国家出入境检验检疫局”的名称印章，原名称和印章停止使用。

特此通知。

国务院办公厅

一九九八年八月十一日

（二）布置性通知

布置性通知用于向有关单位布置工作，可分作两类：一类着重阐明有关工作的指导原则和方针政策，政策性较强；另一类侧重于交代具体的工作任务、步骤、办法、要求，有较强的安排性。后一类如：

范文（2）

国务院办公厅关于加强对外商投资企业升挂和使用国旗管理的通知

国办函〔1998〕50号

各省、自治区、直辖市人民政府：

《中华人民共和国国旗法》（以下简称《国旗法》）公布实施以来，多数企业事业组织，能够按照《国旗法》和《中华人民共和国外交部关于涉外升挂和使用国旗的规定》（以下简称《规定》），升挂和使用国旗。但是，也有一些企业事业组织，特别是外商投资企业，在升挂和使用国旗时，违反有关规定。有的中外合资企业的门口，只悬挂合资外方所属国国旗；有的在同时升挂中国国旗和外国国旗时，没有将中国国旗置于中心或首位，在人民群众中造成不良影响。

国旗是国家的象征和标志，代表国家的主权和尊严。为了维护国家的主权和尊严，加强对外商投资企业升挂和使用国旗的管理，依据《国旗法》的有关规定，现就有关事项通知如下：

（1）外国政府经援项目以及大型中外合资经营企业、中外合作经营企业、外资企业（以下简称外商投资企业）的奠基、开业、落成典礼以及重大庆祝活动，可以同时升挂中国国旗和有关外方所属国国旗。

（2）外商投资企业，凡平时在室外或公共场所升挂本国国旗时，只能升挂与中国建立外交关系国家的国旗，并且必须同时升挂中国国旗。如有需要升挂未与中国建立外交关系国家的国旗，须由省、自治区、直辖市人民政府外事办公室请示外交部。

（3）外商投资企业同时升挂中国和外方所属国国旗时，必须将中国国旗置于首位或中心位置。外商投资企业同时升挂中国国旗和企业旗时，必须把中国国旗置于中心、较高或者突出的位置。

（4）各省、自治区、直辖市人民政府外事办公室要加强对外商投资企业升挂和使用国旗的监督管理，对违反有关规定升挂和使用国旗的外商投资企业，要令其纠正。

国务院办公厅

一九九八年十月十八日

（三）发布性通知

发布性通知即用来发布文件的通知。发布的文件有本单位的，也有上级机关、同级单位、下级机关和不相隶属单位的。这类通知又可分为三种。

1．发布自己单位文件的通知

范文（3）

国务院关于发布《扫除文盲工作条例》的通知

各省、自治区、直辖市人民政府、国务院各部委、各直属机构：

现将《扫除文盲工作条例》发给你们，请认真贯彻执行。

随着我国社会主义物质文明和精神文明建设的发展，对劳动者素质的要求将不断提高，我国文盲较多的现状与这一要求形成了严重矛盾。因此，扫除文盲仍然是一项重要任务，需要由地方各级人民政府统一领导，采取有效措施，依靠各方力量，努力完成扫除文盲这项历史任务。

国务院

××××年×月×日

2．转发别单位文件的通知。这些被转发的文件是上级、同级或不相隶属单位的

范文（4）

转发国务院关于调整机关、事业单位工作人员工龄津贴标准的通知

各市、县、自治县人民政府，省府直属各单位：

现将《国务院关于调整机关、事业单位工作人员工龄津贴标准的通知》（国发〔1991〕74号）转发给你们，请按照执行。

这次调整机关、事业单位工作人员工龄津贴标准的组织实施工作，地方由市、县人民政府负责，省直单位由省人事局负责。各地、各部门要加强领导，严格按照国务院文件规定执行，切实做好这项工作。所需经费，按现行财政体制解决。

××省人民政府

××××年一月十三日

3．批转下级机关文件的通知

范文（5）

国务院批转中国人民保险公司关于加快发展我国保险事业的报告的通知

各省市、自治区人民政府，国务院各部委、各直属机构：

国务院同意中国人民保险公司《关于加快发展我国保险事业的报告》，现转发你们，请遵照执行。

党的十一届三中全会以来，我国保险事业发展很快，对防灾补损、稳定企业经营、安定人民生活、聚集建设资金，发挥了积极作用。实践证明，保险是用经济手段管理经济的一个好办法，是支持和保障社会生产力发展的需要，在我国是大有可为的。目前我国的保险业还是一项新兴事业，尚未引起普遍重视，作用还没有充分发挥出来。随着经济体制改革的深入进行和国民经济的不断发展，保险公司经营的国内外业务将越来越多，所承担的任务越来越重。各级领导要关心和支持保险事业的发展，帮助解决工作中的实际困难。保险公司要根据经济体制改革的要求，进一步解放思想，改革管理体制，扩大服务领域，提高经济效益，为“四化”建设作出新的贡献。

中华人民共和国国务院

一九八四年十一月三日

五、主体要素

通知的主体部分包括标题、主送机关、正文、成文日期、印章。

（一）标题

通知的标题由发文单位 + 事由 + 文种三项构成。如范文（2）的标题，“国务院办公厅”是发文单位，“关于加强对外商投资企业升挂和使用国旗管理”是事由，“通知”是文种。这三项有时可以省略其中的一项，或两项。一般情况下，文种这项是不能省略的。需要时，在文种前面可加“紧急”二字，表示须让受文单位尽快知晓，如《国务院办公厅关于切实做好灾区救灾防病工作的紧急通知》。

发布性通知的标题比较特别。它一般由发文机关 + 发文方式（印发、转发、批转）+ 被发文件标题 + 文种组成，如范文（5）的标题。范文（4）的标题，省去了发文机关名称和文种名称。

为什么说范文（4）标题中的文种名称是被省略了呢？把它和被发文件标题对照分析一下，就会发现，现在标题中的“通知”这一文种名称，实际上是被发文件标题中的。既然有了，如果不省略，就会变成“的通知的通知”，不仅重复而且读起来拗口，省去了不影响意思的表达，简洁又顺口。

（二）主送单位

通知的主送单位即受文单位，可以是一个或几个甚至所有的有关单位。这要从实际需要来定。根据实际情况，受文单位的名称，可以用单一称；在不影响明确的前提下，也可以用泛称。普发性的通知甚至可以省去主送单位名称。范文（2）、范文（4）用的都是泛称。

（三）正文

通知正文的结构比较灵活，可以根据内容作合理安排。范文（1），由于内容单一，就用篇段合一的形式写出；范文（2）等，内容较为复杂，就分条列项，一段一段地说明。发布性通知由于内容特别，正文分为发布语和批示语两部分。发布语主要交代文件名称和表明态度、提出要求；批示语主要强调文件内容的重要性，指导受文单位正确理解和执行。不论采用何种形式，通知正文内容，一般都包括缘由、事项、要求三方面。正文写作，就要使这三个方面充分地说明主旨，体现发文的目的要求。如何做到，后面的撰写要求将会作较具体的说明。

（四）成文日期、印章

单一机关制发的公文在此处可不署发文机关名称，只用汉字写成文日期。

印章要端正、居中压成文日期。

联合行文的印章，主办机关的应在前，所有印章的排列应整齐，印章之间不能相交或相切。

通知主体的四个部分，是从不同的角度为主旨服务的，是有机的组成部分。书写时要注意互相照应，如标题里有发文机关名称了，生效标识中就不必写了。发布性通知标题中的“转发”和“批转”一定要注意恰当，该用“转发”的不能用“批转”，但一些公文既可用“批转”，也可用“转发”，这就得视需要而定。

六、写作要求

（一）行文应当必要，文种必须恰当

通知在现实中功能广泛，是使用频率很高的一种文种，但滥用的现象也严重存在。一是有些事情的办理可以不发通知的，却发了通知；有些是必须发通知的，却没有发通知，造成工作的损失。因此，在撰写通知之前，必须研究清楚所要办的事，有无发通知的必要性，没有的或可发可不发的，坚决不发，以减少通知的滥用。二是通知属下还有一些小文种，这些小文种也必须使用恰当。布置工作，就应当使用布置性通知，发布文件就应用发布性通知。发布文件，是发布自己单位的文件，还是转发其他单位的文件？如果是转发上级机关文件，用转发性通知，如果是下属单位的文件则用批转性通知。“转发”与“批转”，对发布语和批示语的内容、用语都有直接的明显的影响，处理不当会影响工作。

（二）要抓住关键与要害

写通知是为了办好事。要办好事，就必须抓住事情的关键与要害。否则，内容说得再具体详细，也难以把事情办好。就以撰写转发性和批转性通知来说，撰写的目的都是要下级贯彻执行好文件。如果能点出被发文件中哪些事项切合本地区本单位实际，必须认真领会贯彻，又能预见在贯彻执行时必然会遇到的问题，预先作出说明和提出补充性意见，这就算抓住了关键与要害，这就是对下属单位工作的开展进行了有效的指导。这和例行公事的说些套话、空话，是有质的区别的。

（三）办法、措施必须切合实际，实在可行

任何办事的通知，都要提出办事的措施、办法。这些措施、办法应当符合实际，具体实在、便于操作执行；切忌笼统含糊、模棱两可。在写通知前，要深入了解情况，反复仔细地研究有关问题，形成明确可行的意见。

（四）用语得体

通知的功能多种多样，所涉及的机关单位也各种各样。就内容来说，有些是重大严肃的事件，有些是日常的一般事情。内容性质不同，用语肯定就有差别。表达重大、严肃事件，多用庄重、严肃词语，表达一般事情的多用平和、一般词语。就发布文件的通知来说，发布不同机关的文件，通知撰写者所处的地位是不一样的。转发上级机关文件，通知撰稿者是处于下级机关即被领导者的位置，批转下级机关文件，则是处于上级即领导者的位置。地位不同，在发布语和批示语中用词造句和语气都很不一样。用语匹配，符合身份才称得上得体，不注意就可能会闹出笑话。

第二节　不应该那么写——病文评改

一、评改病文（1）

（一）病文（1）

××市公共汽车总公司关于进行职业道德教育的通知

各部门：

今年1月以来，公司开展了一系列以职业道德为主题的活动，各部门纷纷行动起来，采取各种各样的形式开展这一活动，在公司上下掀起了“爱我岗位，全心全意为乘客服务”的热潮。通过学习，许多干部职工明确了职责，服务质量不断提高，受到了乘客的普遍好评，收到良好的社会效益。但是仍然存在不少问题，有的乘务员对乘客态度冷漠，对他们的询问不理不睬；有的不按规定线路行车，给乘客带来很多不便，最近还发生了111号车乘务员王某殴打乘客的恶性事件，造成了极其恶劣的影响。这说明，在当前进一步深入开展职业道德教育十分必要。现将有关材料发给你们，望组织职工认真学习，不断提高干部职工的职业道德水平。

××市公共汽车总公司

××××年×月×日

（二）评析病文（1）

病文（1）属于布置性通知，就是通过通知向下属单位布置工作。××市公共汽车总公司根据公司服务质量存在的问题，决定“进一步深入开展职业道德教育”，“不断提高干部职工的职业道德水平”。从这里，可以知道拟稿人对于要做什么事，为什么要做这件事，要达到什么样的目的，大致是清楚的。但这一通知，能否使发文者，把要办的事情办好，实现要达到的目的呢？

不能。要办的事总的方面是清楚的，要办这件事的道理，在叙述公司服务质量存在问题的事实情况时也突出了。那问题在哪里？

通知的篇幅和内容，使我们知道，撰稿者没有写出怎么样“进行职业道德教育”这一核心内容。要让人“进行职业道德教育”，不仅要让人知道为什么要“进行职业道德教育”，还要让人知道怎么样“进行职业道德教育”，否则“职业道德教育”要么不能“进行”，要么不能达到应有的目的。没有写出怎么样“进行职业道德教育”是个严重的失误。另外，这一通知的主旨，还应根据实际问题的情况，进一步概括提炼，使之更准确。标题也要重新拟写。由于要增加怎么开展职业道德教育的内容，篇段合一的结构也应改变。

（三）病文（1）修改稿

关于加强法纪和职业道德教育的通知

各部门、各车队：

今年1月份，公司开展了以职业道德为主题的“爱我岗位、全心全意为乘客服务”的学习活动。在学习中，许多干部、职工进一步明确了工作目的，提高了服务质量，收到了一定的社会效益。然而，这一活动在一些部门、一些车队，没有得到认真、切实的开展，致使我们公司至今仍然不断地出现违背职业道德，甚至是违法违纪的事情。如有的司乘人员对乘客的询问不理不睬，甚至恶语相向；有的司乘人员把乘客的遗留物占为己有。最近又接连发生了三起司乘人员殴打乘客的恶性事件，影响十分恶劣。所有这些都说明公司加强对干部职工的法纪和职业道德教育不仅十分必要还十分迫切。

为了保障公司经营活动的有效进行，为了维护公司的声誉和广大职工的切身利益，我们一定要下决心抓好这次教育活动。

一、公司办公室必须在×月×日前将有关法纪教育资料和我公司对几件恶性事件处理的材料印发给各部门、各车队；

二、公司由第一副总经理××主管这次学习。各部门、各车队也必须有一位负责人抓好这一次学习；

三、要结合公司实际把法纪教育和职业道德教育有机地结合起来；

四、各部门、各车队要从实际出发制定出相应的规章制度；

五、活动时间定在这个月每周一次的班后；

六、各部门、各车队负责人在下个月×日上午8—11时在公司会议室汇报交流教育活动情况，并由××副总经理作教育活动总结。

以上通知，请遵照执行。

××市公共汽车总公司
××××年×月×日

二、评改病文（2）

（一）病文（2）

会议通知

××××：

现定于星期一在中山路八号二楼会议厅，召开本会成立五周年纪念大会，时间一天半。届时请专家作学术报告，表彰先进工作者，补选本会理事。请依时出席，并做好发言准备。

××省××××研究会（印）
××××年三月三日

（二）评析病文（2）

病文（2）属于布置性通知，布置“召开本会成立五周年纪念大会”。篇幅短小、内容简单，应该说写作难度是不大的。但这一通知的写作符合要求吗？也就是说，这一通知能保证发文者——××省××××研究会达到顺利召开有关会议的目的吗？

不能。据说，通知发出去后，××省××××研究会办公室的电话，有几天的时间昼夜不停。受文单位纷纷来电询问有关开会时间、地点、要求。问题出在哪里呢？是不是通知没有把发文者要办好的事情，即召开什么会议说明白？不是。是不是没有把会议议题告诉与会者？也不是。要召开的是"本会成立五周年纪念大会"，会议议题是"请专家作学术报告、表彰先进工作者、补选本会理事"，都写明白了。但为什么这样还不能保证会议的顺利召开，反而引起许多麻烦？问题的关键，从通知写作的角度看，就是没有将"具体事项"部分写好；从办事的角度看，就是撰文者对要办的具体事项考虑得不具体不细致，笼笼统统、含混不清。

说开会的时间"定于星期一"。一般来说，一个月有四个"星期一"，这里实指哪个"星期一"？就是确定了会议的开始时间是×月×日的"星期一"，也还得说明是上午还是下午，从哪个时间点开始。会议地点，说"在中山路八号二楼会议厅"。"中山路"是哪个市的？也得说明白。因为就是在一个省内也可能有两个或两个以上的城市有"中山路"。有些市的"中山路"还分"中山一路"、"中山二路"、"中山三路"……会议要求有两点：①"依时出席"，由于"会议时间"不明确，"依时"就成了不可能；②"做好发言准备"，谁要"做好发言准备"？是否所有参加会议的人都要"做好发言准备"？看来不是，只是有关人员要"做好发言准备"。那么"要做好发言准备"的有关人员，是否对会议的三项议题都要"做好发言准备"呢？看来也不是，只是要求有关人员就有关的某一议题"做好发言准备"。

上面分析的几个问题，都是召开会议必须明确的实在问题。这几个问题在"通知"上写得如此笼统含糊，叫与会者如何做呢？要去开会，却连会议开始的时间、会议的地点和要求都不清楚，怎么去开啊?!

没有把"具体事项"写得实在、清楚、明白，是病文（2）不能保证会议的顺利召开，反而增加许多麻烦，浪费人力、物力的主要原因。细节决定成功，细节也会导致失败。要办的事情大的方面考虑好后，如果细节没想好，没做好，也会办不好事，甚至还把事情办坏，这是病文（2）给我们的教训。这一教训的更深刻的意义在于，通知没有说清楚、讲明白的问题，都是日常生活中的一般的常识性问题，就通知拟写者的身份、水平来看，要说清楚这些问题，是不会有困难的。然而，事实上是可以说清楚、应该说清楚的问题，偏偏没说清楚、惹来大麻烦，贻误了工作。这是为什么？这是拟稿者的马马虎虎的工作态度造成的，是撰稿人不认真、不负责的工作态度在拟写通知时的突出反映。拟写通知，就是在做工作，要拟写好，一样要有认真严肃、一丝不苟的态度！

（三）病文（2）修改稿

会议通知

××××：

现定于×月×日（星期一）上午九时正，在××市中山八路八号二楼会议厅召开本会成立五周年纪念大会，时间一天半。届时请专家作学术报告、表彰先进工作者、补选本会理事。请依时出席，并请有关同志做好发言准备。

××省××××研究会（印）
××××年×月×日

三、评改病文（3）

（一）病文（3）

转发××省人民政府关于学习宣传《中华人民共和国森林法》的通知

各乡、镇人民政府：

现将《××省人民政府关于学习宣传〈中华人民共和国森林法〉的通知》转发给你们，望认真贯彻执行。

入冬以来，我县多次发生森林大火，这与今冬风高物燥、不少群众又麻痹大意的情况关系密切。各乡、镇要认真吸取经验教训，若再发生类似事件，将追究主要领导责任。

××县人民政府
××××年×月×日

（××省人民政府关于学习宣传《中华人民共和国森林法》的通知。略。转抄者）

（二）评析病文（3）

病文（3）属发布性通知。它转发的是《××省人民政府关于学习宣传〈中华人民共和国森林法〉的通知》。发布性通知的正文由发布语和批示语组成。这在前面已经说过。此文的第一段是发布语，第二段属于批示语，它要转发的公文《××省人民政府关于学习宣传〈中华人民共和国森林法〉的通知》也附在后面了。这些说明这一通知的正文结构是完整的。那它还是不是病文？如果是，它病在何处？

这一通知的正文的发布语，清楚地说明了转发公文的名称，表明了态度，提出了执行要求，写得简明扼要。批示语讲的是县里发生森林火灾的情况、原因及防止再发生的措施。这些，从形式到内容，我们都看不出它们和要转发的公文的关系。当然也就不存在指导受文单位正确理解和执行被转发公文的意义。这即是说，它离开了发文的主旨，病文（3）的病症就在这里。

是不是县里发生森林火灾的情况、原因和今后的防止措施在批示语里用不着讲呢？不是的。可以讲、应该讲，但不能孤立地讲，要扣紧发文主旨讲，要和被转发公文的内容联系着讲，要以被转发的公文的精神为指导，有分析地去讲。

森林火灾的发生确实和“风高物燥”、群众的“麻痹大意”密切相关。但如果以要贯彻执行的公文的观点为指导去作分析，就不难知道，“麻痹大意”实在是缺少强烈的“依法治林、依法护林”观念的一种主要表现，要认真学习《中华人民共和国森林法》的一个主要目的就是要树立这方面的观念。因此，今后要防止森林火灾，就得按照省“通知”的精神认真地联系实际学习《中华人民共和国森林法》。如果批示语能够这样联系实际去写，它就不会离开发文主旨了，就可以较好地去指导受文者正确地理解和执行被转发的公文了。

（三）病文（3）修改稿

转发××省人民政府关于学习宣传《中华人民共和国森林法》的通知

各乡、镇人民政府，县直各单位：

现将《××省人民政府关于学习宣传〈中华人民共和国森林法〉的通知》转发给你们，请遵照执行。

入冬以来，我县多次发生森林大火，从根本上看，都是防火意识淡薄、依法护林治林观念不强造成的。我们必须认真吸取这一沉重的经验教训，按省通知的要求，结合实际组织好干部群众学习宣传《中华人民共和国森林法》。通过学习、宣传，加强干部和群众的依法治林、护林的观念，制定出切实可行的依法治林、依法护林的措施，杜绝森林灾害事故的再发生。学习宣传时间，各乡、镇，各单位自行安排；学习宣传情况必须在×月×日书面报县政府办公室。

××县人民政府

××××年×月×日

第三节　应该这么写——范文赏析

一、赏析范文（2）

《国务院办公厅关于加强对外商投资企业升挂和使用国旗管理的通知》是布置性通知，撰写得十分规范，很值得借鉴。

这里着重说说正文的写作。

这一通知的第一、二段属缘由部分，说明要发通知的理由根据，即要办什么事，为什么要办这件事的理由根据。要办的事，就是要纠正“一些企业事业组织，特别是外商投资企业在升挂和使用国旗时”，违反《中华人民共和国国旗法》（以下简称《国旗法》）等规定。这些企业事业组织有的“在企业的门口，只悬挂合资外方所属国国旗；有的在同时升挂中国国旗时，没有将中国国旗置于中心或首位，在人民群众中造成不良影响”。这是发通知的事实依据，说得具体、真实、简明，有充分的可信度。可是通知的撰写者，不就此为止。接着第二段点明“国旗是国家的象征和标志，代表国家的主权和尊严。为了维护国家的主权和尊严，加强对外商投资企业升挂和使用国旗的管理，依据《国旗法》的有关规定，现就有关事项通知如下”，这一段中的议论，确实是画龙点睛，把第一段说的事实的本质意义说得明明白白，使人醒悟，使人警觉，从而更使人深刻地认识到纠正上述违规现象的必要和发通知的必要。这样，以事实和理论的精当结合，说明发通知的理由、办事的理由，不仅有了强大的说服力，还有相当的震撼力。

通知的第三段至第六段是事项部分。这一部分，说了四项纠正上述违规现象的措施。第一项是说，在重大的庆祝活动时如何升挂国旗；第二项是说，平时如何升挂国旗；第三项是说，在升挂我国国旗和外方所属国国旗、企业旗时，我国国旗应该有的位置；第四项是说，对外资企业升挂和使用国旗的监督管理。这四项措施，说得具体、实在、明确，方便贯彻执行。这里应该指出的是，第四项措施，其实也是通知正文的第三部分内容，即“要求”，对受文单位的要求。要求受文单位不仅要贯彻执行，还要监督有关单位执行。这就使措施的执行、发通知要达到的目的，有了更可靠的保证。

还要说明的是，通知的第二项，除了画龙点睛的议论作用外，还有承上启下的作用。把“缘由”部分和“事项”部分，从内容到形式紧密地联系在一起。使通知的各部分内容息息相关，密不可分地有机结合在一起。整篇通知，条块分明、井然有序，让读者容易阅读、容易理解和掌握执行。

二、赏析发布性通知三篇范文

这三篇范文，分别是发布本机关文件、转发上级机关文件、批转下级机关文件。

发布性通知撰写对象是被发布的文件，撰写的目的是要受文单位贯彻执行文件。前面说过，它们的标题及正文和布置性通知有所不同。其标题，由发文机关名称＋发文方式＋被发布文件名称＋文件组成。这里被发布的文件，如果是法规性的应加书名号，否则不能加书名号。其正文，由发布语和批示语两部分组成。

发布语，主要是交代被发布文件名称，说明发布者的态度和执行要求。批示语，主要是强调被发文件的重要意义，指导下级正确理解和执行文件。

撰写发布性通知，事前必须深入研究被发布文件的内容，吃透精神实质，还要联系本单位的实际提出贯彻执行中可能出现的问题，并提出解决的办法。这样，才有可能在发布语中表明应有的态度，提出恰当的要求，在批示语中进行有力的指导。发布性通知三篇范文的撰稿者是这样做的。因此，所写的发布语和批示语，都能从实际出发，抓住关键，简洁明确，针对性、指导性强。

（一）范文（3）发布的是本机关的文件

《扫除文盲工作条例》（以下简称《条例》）是国务院根据国家的有关法律规定，组织人力、物力，严格按照有关程序制定的一种法律法规文件。它符合我国的国情、民情、社情和社会主义事业发展的实际，正确地表达了广大人民群众的愿望和意志。所以，国务院的发布性通知，一开头便说：“现将《扫除文盲工作条例》发给你们，请认真贯彻执行。”准确、鲜明、干脆、利索地表明了自己的态度，提出了对所属的各级人民政府和各职能部门的要求。在要求的“贯彻执行”前面特意加上“认真”二字，就更显示出这一要求的庄严与郑重。在批示语中，更是居高临下、毫不含糊地就贯彻执行《条例》可能出现的认识问题进行指导。指出应从社会主义发展和我国文盲较多的现实矛盾去认识执行贯彻《条例》的重要性和必要性，从而加强统一领导，采取有效措施去完成任务。这样的指导真是一矢中的，效果可想而知。

（二）范文（4）发布的是上级机关文件，方式是“转发”

下级机关对上级领导机关的指示性文件，按有关法律法规规定，是必须贯彻执行的。这是一个原则。

范文（4）是《转发国务院关于调整机关、事业单位工作人员工龄津贴标准的通知》，作为转发单位国务院属下的××省人民政府，应该有什么样的态度，是十分明白的。通知的发布语，在说明被转发文件的名称与发文字号的同时，表明了发文者的态度和对受文单位的要求，果断、鲜明、庄严、郑重。批示语，是从本地区的实际出发，说明“按照执行”时应采取的三项措施：①组织实施工作，地方由市、县人民政府负责；省直属单位由省人事局负责；②各地各部门要加强领导……③所需经费按现行财政体制解决。这三项措施，有预见性、针对性，是保证《条例》的“按照执行”的必要措施。

（三）范文（5）发布的是下级机关的文件，方式是“批转”

批转下属单位的文件，实际上是把下属单位（特别是职能部门）解决某一问题的意见、办法、措施转化为本机关的意见、办法、措施。人们通常把这种做法称为“部门意志的上升和转移”。在现实生活中，许多问题的解决办法，常常是下面的有些单位先考虑，先提出并先形成文件的。所以，批转下属单位的有关文件，对于及时解决现实生活中不断出现的问题，是必要的且很有好处的。这种“上升和转移”有个程序问题不可忽视，即机关对下属单位的有关文件讨论研究后，认为其意见、办法、措施，符合实际，可行，同意“批转”。这一程序必须完成。并且，要在通知的发布语中，首先给予说明，以作为提出“要求”和给出“批示”的依据。否则，有关的内容说明就无从进行。这是批转性的通知和其他发布性的通知的一个显著区别。范文（5）的撰稿者十分明白这一点。所以其在发布语中，首先就说明“国务院同意中国人民保险公司《关于加快发展我国保险事业的报告》”，然后再说“现在转发给你们，请遵照执行”，最后，再在批示语中给以切实的执行指导。

这篇通知的“批示语”，在简明地阐述了党的十一届三中全会以来，我国保险事业发展的历程后，突出地指出：我国保险事业“还是一项新兴事业”，其“所承担任务越来越重”，从而要求各级领导“要关心和支持保险事业的发展”；要求保险公司要“进一步解放思想”进行改革。这一批示虽然不像范文（3）、范文（4）的批示语用那么多的祈使语，但一样符合实际，针对性很强。

第四节　综说与辨析

一、综说

要有认真负责、一丝不苟的写作态度。

通知因为使用面很广、使用频率很高，对机关工作的开展影响广泛、深刻，因而，其撰写的质量，受到人们的普遍关注。第二节评析的三篇病文，都存在没有把该说的事情说清楚讲明白的突出毛病。其中病文（1）连核心内容都缺失，病文（2）连关键性、常识性的问题都说不清道不明，从而严重贻误工作。这是知识不足、经验不够、能力不济所致吗？看来不是。是通知撰写者敷衍塞责、马虎应付的态度造成的。第三节研读的五篇范文的内容，比三篇病文的要重大、复杂得多，可是却写得如此的周到严密、具体明确，有强烈的针对性，有明显的可行性。这是因为五篇通知范文的撰稿者都有一个认真负责的工作态度和一丝不苟的办事作风。这是很重要的。一篇合格的通知、优秀的通知，没有撰稿者相应的理论、知识、经验、能力等因素作用的充分发挥是写不成的。所以，撰写通知和撰写别的应用文一样，需要注意理论、知识、经验、能力等的储备。但也应该知道撰写通知时，理论、知识、经验、能力等因素，在有了认真负责、一丝不苟的工作态度后，才能充分地发挥作用。三篇病文撰稿者的教训、五篇范文撰稿者的经验证明了这一点。

认真负责、一丝不苟的撰稿态度，是使所撰写的（包括通知在内的）应用文少出毛病，甚至不出毛病的根本因素，是每个撰稿者都必须具备的。

二、辨析

（一）通知和指示的同异

通知和指示，虽然都有“用于对下级机关布置工作”的功能，有强烈的指示性，但通知是党政机关都使用的主要公文文种，而指示在《中国共产党机关公文处理条例》中被列为主要公文文种，在《国家行政机关公文处理办法》中则没被列为主要文种。在现实生活中，通知在党政机关中的使用频率都很高；指示在党的机关中常用，在国家行政机关中则较少使用。从所处理的问题来看，通知虽也用于处理重大的问题。但较多的是用于处理一般的问题，处理意见一般也较具体；而指示则多用于处理重大问题，处理意见也较原则。从发文机关来看，通知的使用单位，上至中央机关，下至基层的党政单位；而指示的使用单位，则多是党的机关，而且基本上是限于省部级以上的机关单位，基层的机关单位很少使用。在《条例》规定的 15 种文种里也没有“指示”。

（二）通知和意见的同异

通知和意见，都属党政机关使用的主要文种。两者都可用于对有关问题提出见解和处理办法。但通知对问题提出的处理办法、措施较具体实在，有较强的规定性，一般不作过多的理论分析。而意见，处理的多是重要问题，理论的说明分析也较多，办法措施一般不那么具体，规定性不太强。从行文方向来看，通知主要用于下行，有时也可平行，不能上行；而意见，则上行、下行、平行都可以。

（三）通知和决定的同异

通知和决定都属于党政机关使用的重要文种。两者都可用于对某一事项与行动的安排与部署。但通知安排与部署的多是一般性事项与行动。而决定安排与部署的则是“重要”的事项与行动。两者同样可用于任免有关人员，但通知用于任免一般的人员，而决定则用于任免主要的、级别较高的人员。

（四）通知和通告的同异

通知和通告，虽然都可用于公布社会各有关方面应当周知和遵守的事项，但通知的内容广泛，通告一般都是职能部门用于公布属于业务范围里有关单位和人员需要周知和遵守的事项。通知的发文对象比较明确，一般都是所属机关单位和人员；而通告的发文对象虽然也“在一定范围内”，但还是比较宽泛，涉及社会上不同层次的单位和个人，不完全是发文单位属下的机关单位和人员。

思考与练习

1. 布置性通知和发布性通知有什么不同？撰写时各要特别注意什么？

2. 请将范文（2）和病文（1）作对照分析，说说它们作为布置性通知，主要的差别在哪里？

3. 请指出病文（2）和病文（2）修改稿的根本区别在何处？说说为什么会有如此的区别？

4. 根据下面材料拟写一份通知：

为庆祝××大学建校50周年，该校党委宣传部决定在××××年11月11日举办一场大型的文艺晚会，要求各系准备2个节目参加汇演。

5. 请按要求评改《××市人民政府转发市经委关于当前工业生产意见的通知》。

各乡、镇人民政府，市直各单位：

市人民政府同意市经委《关于当前工业生产的意见》，现印发你们，望遵照执行。

当前，全市工业园地万紫千红，百花争艳，一派欣欣向荣的景象，工业生产形势喜人。市人民政府希望工业战线广大职工借这股强劲的东风，像园丁一样，开动脑筋，群策群力，辛勤地耕耘我市的工业园地，努力奋斗，勤俭节约，力争超额完成今年全市工业生产任务，多创利税，把我市工业生产推上一个新台阶。

××市人民政府

××××年×月×日

《市经委关于当前工业生产的意见》

（略）

第四章

通告写作

第一节　写作依据

一、性质

通告，是适用于公布在一定范围内应当遵守或周知的事项的公文。

二、功能

通告，由于其内容是公布在一定范围内的社会各有关的机关、团体、人民群众应当遵守或周知的事项，所以，在维护法律政策以及其他的行政事务的管理秩序上有着广泛的明显的作用。

三、特点

（1）使用范围的广泛性。通告是一种使用范围相当广泛的公文，从中央到地方到基层，无论是党政机关、企事业单位或者是群众团体，都可以根据各自的需要，向有关方面发布通告。

（2）公布内容的业务性。通告公布的内容是“应当遵守或者周知的事项”，具有明显的法规性和较强的业务性。有不少通告就是直接由职能部门或者业务单位发布的，如公安局的封路通告、国土局的征地通告、供电局的停电通告、移动通信有限责任公司的调整移动电话入网费的通告等。

（3）对有关的单位和个人有约束性。通告一经发布，有关的单位、个人就得知照执行，如有违背将要承担相应责任，甚至可能受到惩处。

四、种类

通告，按作用来分，大致有两类。

（一）告晓性通告

此类通告，主要是告知有关单位和个人应当周知的事项，以方便他们工作和生活的安排。如：

范文（1）

关于广州地区电话号码启用八位制的通告

为适应社会发展的需要，经邮电部批准，广州地区（含番禺、花都、从化、增城市）的电话号码定于1996年6月8日北京时间零时起启用八位制，即由现在的7位数升为8位数。升位方法是：原“8”字头的电话号码在首位后加“1”；原“2”至“7”字头的电话号码在首位前加“8”。如原号码为8883088的电话，升位后的号码为81883088；原号码为3123456的电话，升位后的号码为83123456。

在电话号码升位过程中，凡有电话小交换机（即小总机）和经营自动寻呼及声讯台的单位，应积极配合广州市电信部门做好有关试验工作。

电话号码升位后，使用电话请按八位制号码拨号。

广州市人民政府

一九九六年一月二十二日

（二）规定性通告

此类通告，主要是公布那些要求有关单位或干部、群众应当遵守的事项的。这类通告，有明显的法规性，约束力较强。如：

范文（2）

中华人民共和国能源部、公安部关于严禁窃电的通告

（一九九〇年一月三十一日国务院批准）

为治理经济环境，整顿供用电秩序，保证生产建设和人民生活的正常用电，必须严禁任何窃电行为。为此，特通告如下：

一、全国城乡各企业、事业单位、机关团体和其他社会组织，要积极宣传和贯彻《全国供电规则》，加强对职工的法制教育，共同遵守和维护有关法律、法规和规章。

二、任何单位或个人有下列行为之一的，即为窃电。

1. 在供电企业的供电设施上擅自接线用电。
2. 超越供电企业计费计量安置用电。
3. 伪造或启封供电企业加封的表计封印。
4. 故意损坏供电企业计费计量装置。
5. 色灯用电户、私自增加用电容量。
6. 致使供电企业计费计量装置计量不准或失效的其他行为。

三、供电部门对窃电行为，可视情况当即采取限制用电或停电措施，并按《全国供用电规则》第10章第80条第2款规定处理。造成供电部门设备损坏的，窃电责任者还要照价赔偿或支付修复费用。

四、窃电构成违反治安管理情节的，公安机关可以按照《中华人民共和国治安管理处罚条例》有关规定予以处罚。窃电数额较大，情节严重，构成犯罪的，依法追究刑事责任。

五、检查窃电的工作人员必须持有专用证件，按章办事。被检查的用电单位和个人应予以配合。

六、对持证检查的工作人员进行侮辱、殴打、非法拘禁或其他非法威胁人身安全的行为，按照《中华人民共和国治安管理处罚条例》规定予以处罚；构成犯罪的，依法追究刑事责任。本通告自发布之日起执行。

（能源部章）（公安部章）
一九九〇年五月二十八日

五、主体要素

（一）标题

通告的标题，有以下四种形式：

第一种是完全式的标题，即由"发文机关＋事由＋文种"组成的标题。

第二种是省略发文机关的标题，即由"事由＋文种"组成的标题。

第三种是省略事由的标题，即由"发文机关＋文种"组成的标题

第四种是省略发文机关和事由的标题，即只标明文种的标题。

采用完全式的标题，标明了发文机关和文种，并且概括了公文的主要内容，便于读者阅读、理解。采用省略式的标题，多数是篇幅较小的通告，目的是使标题更醒目，更能引起读者的注意。

（二）发文字号

发文字号，由机关代字＋年号顺序号组成。写在标题下方的适中位置。

（三）正文

通告的正文包括缘由、事项和结尾三部分。

缘由，即在开头要说明的通告的原因、目的或依据。要说得简明扼要。

事项，即通告的具体内容。如果内容简明，就可以用篇段合一方式处理；如果内容较多，则分条分项列出，但要注意主次详略、条理清楚，使有关单位和人员容易理解和执行。

不同种类的通告，语言表达有所不同。规定性的通知，所公布的是要求有关单位或个人应当遵守的事项，语气比较严肃、果断。如"依法从重处罚"、"依法予以取缔"、"严格执行"、"不得"、"制止"等，充分体现了通告的权威性。而告晓性的通告，语气则比较平和、客气，如"不便之处，敬请谅解"等。

通告的结尾部分一般用"特此通告"作结语，有的结尾提出要求、希望，有的指明实施的时间、期限等，也有的通告没有专门的结尾部分。

（四）成文日期、印章

通告是张贴公布，内容又有明显的法规性，所以，这项内容一定要按规定写出，不能缺少。印章要盖得醒目、清楚。

六、写作要求

（1）**说事要准确、清楚**。这是通告的性质所要求的。因此，不论是公布要人们周知还是遵守的事项，撰写时都必须交代清楚根据，要有主次、有条有理地展开内容，做到明确

周全。事与事之间，界线要清楚，不能重复，也不要交叉，以便于人们理解、掌握、执行。涉及法律、政策的事，更要注意分寸与界线。

(2) **语言要力求简明、通俗**。要多用短句、力避啰唆，但不能苟简。该说明的就当说明，直到让群众明白为止。告晓性通告言辞较平易，规定性通告言辞较严肃，但都必须注意遣词得当。

第二节　不应该那么写——病文评改

一、评改病文（1）

（一）病文（1）

关于加强市区犬类管理的通告

（×府告〔2003〕5号）

2003年2月25日

为了预防和控制狂犬病，保障人民群众人身安全，维护社会秩序，保证市区清洁卫生，根据创建省卫生城市的标准要求和《广东省犬类管理规定》（粤府〔1992〕111号），经市政府研究，现就加强市区犬类管理工作通告如下：一、从2002年12月19日起，严禁一切犬类在市区内大街小巷、公共场所走动，应依规办理有关手续后，在室内圈（栓）养。二、严格犬类的粪便管理，禁止犬类在室外拉粪便。三、犬类咬人致死、致伤，除责令立即捕杀外，犬主要按有关规定承担相关责任。四、要加强对饲养犬类的管理，凡发现犬类上街、到公共场所走动或乱拉犬粪的，公安等有关部门应按有关规定没收该犬或对犬主予以处罚。

××市人民政府

2003年2月25日

（二）评析病文（1）

此通告的主体格式齐全，但有些项目书写不规范。发文字号，不必加括号。发文字号下面的成文日期应删去，因为正文后已有成文日期。正文后的成文时间，应将阿拉伯字改为汉字书写。

此通告的突出毛病在正文部分。

1. 篇段合一结构不合适

此通告属规定性通告。其规定的各项内容，是要有关的单位和人员理解、掌握、执行的。因此，内容和形式都得力求清楚、明确、中心突出。事项部分，分条列项写出有关内容是对的，但全文用篇段合一结构则不恰当。它不利于突出通告的主旨，不利于通告各项内容的明晰表达，当然也会给人们的阅读和理解带来不便。从这篇通告的实际出发，修改时，首先要将缘由和事项两部分在形式上分开，然后，再将事项部分的各点内容分段。

2. 缘由交代不够清楚

这篇通告的缘由包括目的、现实需要和上级文件要求。前者交代得简明，后者说“根据创建省卫生城市标准要求”，这一“标准要求”是哪个机关提出的，应有清楚明确的交代，使其有明确的权威性。

3. 事项中的部分规定内容表述不恰当

如：第一条中“严禁一切犬类在市区内大街小巷、公共场所走动”。“公共场所”已包括“市区内大街小巷”，它们是属种类概念，不能并列表述。第二条中“禁止犬类在室外拉粪便”，“室外”的概念过于宽泛，且同前面所讲犬类不得在公共场所活动的规定不尽一致。公共场所有室内外之分，私人宅院也有室内外之分，因此，“禁止在室外拉粪便”不易做到。

（三）病文（1）修改稿

关于加强市区犬类管理的通告

×府告〔2003〕5号

为了预防和控制狂犬病，保障人民群众人身安全，维护社会秩序，保证市区清洁卫生，根据《××省卫生城市标准》和《××省犬类管理规定》（×府〔1992〕111号），经市政府研究，现就加强市区犬类管理工作通告如下：

一、市区范围内，需要养犬的单位和个人，须经公安部门批准，领取《犬类准养证》并对犬只进行免疫注射后方可圈（栓）养。

二、从2003年3月1日起，严禁一切犬类在市区内公共场所活动。

三、严格犬类的粪便管理，犬类在室外拉粪便，犬主或有关人员必须在它们拉后立即清除。

四、如发生犬类咬人致死、致伤事件，犬主要承担相应赔偿责任，并由犬主或有关部门负责，立即捕杀肇事犬。

五、凡违反上述规定者，一经发现，公安等有关部门应按有关规定没收违规犬类，并对犬主予以处罚。

六、以上规定由公安部门会同城监、卫生防疫部门负责执行。

××市人民政府

二〇〇三年二月二十五日

二、评改病文（2）

（一）病文（2）

关于严禁在2002年跨2003年榨季期间开设土糖寮的通告

为了维护我市糖业生产的正常秩序，减少资源浪费，防止环境污染，根据有关法律法规和上级有关精神，市政府决定在2002年榨季期间，严禁开设土糖寮。现就有关问题通告如下：

一、任何单位和个人不得在本市范围内非法开设土糖寮。

二、凡非法开设的土糖寮，自本通告发布之日起，限5天内自行拆除。否则，由所在镇政府和有关职能部门依法采取强制措施坚决予以取缔。

三、对无视政府规定，继续非法开设土糖寮的责任人，依照有关规定严肃查处。

四、各镇政府要采取有力措施，全面清查和取缔本辖区内非法开设的土糖寮。对取缔不力，或默许继续开设土糖寮的，追究主要领导人的责任。

五、在取缔土糖寮的行动中，凡组织、煽动群众围攻或殴打执行公务人员及损坏执行公务车辆等工具的，按治安管理条例从严处罚。情节严重者，依法追究刑事责任。

六、市工商、税务、环保、卫生、公安、经贸等部门和糖厂要统一思想，密切配合，积极支持和协助当地镇政府做好取缔非法开设土糖寮工作，确保我市榨季生产顺利进行。

本通告自发布之日起施行。

××市人民政府办公室

二〇〇二年十月十七日

（二）评析病文（2）

这篇通告的格式基本符合要求，但在内容与表述方面有如下突出毛病。

（1）理由根据交代不够清楚。“根据有关法律法规和上级的有关精神”的说法，过于笼统含糊，会影响通告的权威性和说服力，应清楚地交代什么样的法律法规，名称、发文字号都应有清楚说明。

（2）在缘由和事项中，有关严禁的对象的说法不一致。标题中说“严禁……开设土糖寮”，缘由部分也说“市政府决定……严禁开设土糖寮”，而在事项部分，第一条说“……不得……非法开设土糖寮”，第二条说“凡非法开设的土糖寮”，第三条说“对无视政府规定，继续非法开设土糖寮”。究竟“通告”要严禁的是“开设土糖寮”还是“非法开设土糖寮”，这是必须分清楚的一个重要问题。从通告说的理由根据看，土糖寮的确存在严重的“资源浪费”、“环境污染”问题，如果说，在制糖技术、制糖设备还未达到现代化未能满足制糖生产的要求之前，还允许合法存在的话，那么在制糖技术、制糖设备的现代化能够满足制糖生产的要求的时候，土糖寮的存在不管从哪个方面说都是不必要了。“非法存在”不允许，“合法存在”也不应该。况且在通告中也没有有关合法手续的内容和如何办理合法手续的规定。因此，通告要严禁的是“开设土糖寮”。“非法开设土糖寮”更是不允许，更要严禁。因此，事项部分的每一条都要按标题和缘由中表达的意义修正，否则，必然影响通告的贯彻执行。

（3）事项部分的第三条“……追究行政责任及刑事责任”，第五条“……情节严重者，依法追究刑事责任”表达的意思欠准确。按有关规定，追究“刑事责任”属司法部门的职权，不属政府职权，在政府发布的通告中不说明这点，就会引起人们误解，认为政府越权干涉司法审判。

（三）病文（2）修改稿

关于严禁在2002年跨2003年榨季期间开设土糖寮的通告

为了维护我市糖业生产的正常秩序，减少资源浪费，防止环境污染，根据《中华人民共和国××法》、《中华人民共和国×××资源保护法》及《××省关于糖业管理的若干规定》的有关精神，市政府决定在2002年跨2003年榨季期间，严禁开设土糖寮。现就有关问题通告如下：

一、在上述时间内，在本市范围内任何单位和个人不得开设土糖寮。

二、对无视政府规定，开设土糖寮的责任人，依照有关规定追究行政责任。

三、凡已开设的土糖寮，自本通告发布之日起，限5天内自行拆除。

四、到时仍然不拆除的，由所在镇政府和有关职能部门采取措施强制拆除。

五、各镇政府要采取有力措施，全面清查和取缔本辖区内开设的土糖寮。对取缔不力，或默许继续开设土糖寮的，追究主要领导人的责任。

六、在取缔土糖寮的行动中，凡组织、煽动群众围攻或殴打执行公务人员及损坏执行公务车辆等工具的，按治安管理条例从严处罚。情节严重者，由司法部门依法追究刑事责任。

七、市工商、税务、环保、卫生、公安、经贸等部门要统一思想，密切配合，积极支持和协助当地镇政府做好取缔土糖寮工作，确保我市榨季生产顺利进行。

本通告自发布之日起施行。

××市人民政府办公室
二〇〇二年十月十七日

三、评改病文（3）

（一）病文（3）

××县人民政府关于加强交通安全管理的通告

近来我县交通安全事故明显增多，造成许多人车毁人亡。为了保障人民群众生命和财产不受损失，使城乡公路交通运输更好地为经济建设和群众生活服务，必须大力加强交通安全管理，维护交通秩序，现特通告有关事项如下：

一、各机关、团体、企事业、部队、乡（镇）等单位的各种车辆驾驶员，每个学生、儿童及其他一切公民，都必须严格执行公安部、交通部公布试行的《城市和公路交通管理规则》，听从交通监理和交通民警的指挥，自觉地维护好交通秩序，严禁在城乡公路上堆晒物品、放牧牲畜、挖沟引水、摆摊卖物；严禁破坏各种交通设施，交通标志和指挥信号。

二、各单位的领导同志必须带头遵守安全生产规章制度，严禁强迫命令或纵容指使驾驶人员违章操作。驾驶人员要模范遵守交通规则，严禁车辆超载、超员、超速或客货混载；严禁无证驾车、酒后驾车和非驾驶员驾车。

三、一切车辆，必须严格按照路面分道线行驶。未划分道线的道路，机动车在中间行驶，非机动车靠右侧行驶，行人要靠路边通行。通过交叉路口时，要严格执行“一慢、二看、三通过”的规定，严禁争道抢行。严禁自行车与机动车抢道。

四、各宣传教育部门和群众组织，以及中小学校，都要充分利用广播、图片、展览、文艺形式，经常向广大群众、中小学生和儿童进行交通安全常识的教育，使广大群众树立起自觉遵守交通规则，主动维护交通秩序的新风尚。

五、凡违反本通告规定者，由公安交通监理部门，根据《交通规则》、《治安管理处罚条例》、《刑法》的有关规定，给予适当处罚。对发生重大伤亡事故的单位和个人，除实行经济制裁外，还应追究当事人的行政和刑事责任。本通告自发布之日起施行。

××县人民政府

××××年×月×日

（二）评析病文（3）

此文属规定性通告，公布的关于加强交通安全管理的事项，几乎都是我们国家有关法律、法规或政策在实践中的延伸和具体化，有关的单位和人员是必须知晓和遵守的。要人知晓和遵守，通告首先必须把有关的事项说清楚、讲明白，否则，人们就难以遵守，通告“加强交通安全管理、维护交通秩序”的作用，当然也不能发挥。如果强行实施，就会增加新的矛盾，引起更大麻烦。这份通告，除了缺少发文字号外，格式的其他项目都齐备。然而，它却是一份不合格的通告，不能贯彻执行的通告。它在内容处理和语言文字表达上存在严重的缺陷。

1. 许多词语使用不当，句子表义不确切、不清楚

第一段，即缘由部分：①“造成许多人车毁人亡”。“车毁人亡”是交通事故中常见的严重的，也是最直接的后果，但不是全部后果。即是说，用“车毁人亡”来表述交通事故的后果在这里不准确。如果改为“造成人民群众生命财产损失”就符合实际、准确了。②“为了保障……不受损失”中的“不受损失”，从意思上看没有什么不妥，但这样说，会使人以为你的“保障”措施只是着眼于消极方面。如果将“不受损失”改为“安全”，就可以更明确表达“保障”措施的积极意义，发挥“通告”的积极作用。

第二段，即事项部分：①开头一句“各机关、团体、企业、部队、乡（镇）等单位的各种车辆驾驶员，每个学生、儿童及其他一切公民……”。这里把各类机关、单位作为修饰语逐一列出，实属不必要，啰唆，读起来也吃力。改为“各种车辆驾驶员及其他公民”，既准确简练又好读。②后面“严禁……放牧牲畜”中的“牲畜”也可以删去。因为“放牧”一词的意思就是把牲畜放到草地吃草和活动，已包含“牲畜”了。两个词连用意思重复。

第三段：“严禁无证驾车、酒后驾车和非驾驶员驾车”中的“非驾驶员驾车”不可能是“有证驾车”。“无证驾车”和“非驾驶员驾车”其意义在这里是包容关系，应删去“非驾驶员驾车”。

第四段：“严禁自行车与机动车抢道”是对的，但是与“自行车”一样同属于非机动车的其他车辆如三轮人力车、手推车等与机动车“抢道”，是不是可以不“严禁”？显然不是。可见，在这里应将“自行车”改为“非机动车”才恰当，才符合撰稿人的原意。

第五段：“各宣传、教育部门和群众组织”里的“各宣传……部门”和“群众组织”，按照隶属关系，是受党委领导和管理的，政府要这些组织和单位这样那样做，就有越过党委给这些组织和单位直接作指示通知之嫌。这就可能引起矛盾。因此，将其改为“各文化、新闻单位和教育部门”为好。

第六段：①“……还应追究当事人的行政和刑事责任。”这里的“当事人”一词严重不妥当。“当事人”在这里包括交通事故的责任人和非责任人、肇事者和受害者。要追究的显然是“责任人”和“肇事者”，而不是“非责任人”和“受害者”的“行政与刑事责任”。如果按病文的说法执行，必然造成是非不分、黑白混淆，必然冤枉人，所以“当

事人”一词非换不可。②作为政府，追究“责任人”和“肇事者”的行政责任是它职责范围内的事，但“追究”“刑事责任”的职责是司法部门的，不是政府的。政府要“追究”“刑事责任”，则有越权干预司法审判之嫌。这句话应该改为：“还要追究责任人的行政责任，触犯刑律的则移交司法部门处理。”

从上面的逐一分析可以知道，“通告”的事项，有些难以付诸实践，有些根本不可能付诸实践。主要原因是用词造句概念使用多有不当，造成许多问题事理意义不清、界限不明。有关单位和人员难以遵守，管理人员也难以贯彻执行。如果勉强为之，必然会引起大量纷繁复杂的问题，甚至引发尖锐的矛盾，从而造成难以预料的后果。

2. 有些内容多余不必写

第三段说的是：所有驾驶员都要遵守驾驶规定。可是一开头却突出写对“领导”的有关要求，这是不必要的。首先是其他各点都没有这一内容，唯独这点有，显得不协调；其次，这样说了有可能引起误解。领导不能“强迫命令或纵容指使驾驶员违章操作”，其他的人就可以吗？如果也是不可的，那么其他人的这种行为什么不“严禁”？可见这样写不那么合事理。其实这样写，看似对“领导”提出了更高更严更有约束力的要求，实际上是没有作用的、不必要的、画蛇添足的，因为法律面前，人人平等。

3. 有些内容安排不当

“通告”在开头一段，即缘由部分，鲜明地交代了主旨后，从第二段开始，由总到分地逐一说应该遵守的有关事项，这十分有利于内容的纲举目张。然而，在第二段，却把对“通告”对象的“总要求”和对“保护公路设施”的“分”要求合在一起说，这就不够好了。如果把两者分开，各成一点，先说“总”，后说“分”，这在形式上，既可以使“总的要求”更加突出，也可以使“保护公路设施”的具体要求更加明确。

（三）病文（3）修改稿

××县人民政府关于加强交通安全的通告

×府告〔××××〕9号

今年我县交通安全事故明显增多，造成人民群众生命财产的严重损失，为了保障人民群众生命财产的安全和使公路交通运输更好地为经济建设与群众生活服务，加强交通安全管理、维护交通秩序刻不容缓。为此，现将有关事项通告如下：

一、各种车辆驾驶员及其他公民，都必须严格遵守公安部、交通部公布试行的《城市和公路交通管理规则》，听从交通监理和交通民警的指挥，自觉地维护好交通秩序。

二、一切公民都应自觉地保护好公路交通的有关设施。严禁损坏交通标志、指挥信号和其他的所有设施；严禁在公路上堆晒物品、挖沟引水、摆摊卖物和放牧。

三、所有的车辆驾驶员都要遵守有关驾驶规定：严禁无证驾车、酒后驾车；严禁车辆超载、超员、超速和客货混载。

四、一切车辆、人员都必须严格按照路面分道线行驶。未划分道线的道路，机动车在中间行驶，非机动车靠右侧行驶，行人靠路边通行。通过交叉路口时，要严格执行“一慢、二看、三通过”的规定。严禁争道抢行。严禁非机动车与机动车抢道。

五、各文化、新闻单位和教育部门尤其是中小学校，应动用通俗易懂的形式，经常地向广大群众特别是中、小学生，进行交通安全常识的教育，使大家树立起自觉遵守交通规则、主动维护交通秩序的新风尚。

六、违犯本通告规定者，由公安、交通监理部门，根据《城市和公路交通管理规则》、《中华人民共和国治安管理处罚条例》的有关规定处理。对重大事故的肇事者，除实行经济制裁外，还要追究责任人行政责任，触犯刑律的，移交司法部门处理。

××县人民政府

××××年×月×日（印）

第三节 应该这么写——范文赏析

一、赏析范文（1）

范文（1）《关于广州地区电话号码启用八位制的通告》是告晓性通告。事项单一，说事准确、清楚、明白，语言简洁、朴实、晓畅。

全文分三段，第一段说事项，第二、第三段提要求。

第一段第一句话，把事项的理由、根据、涉及的地区、发生的时间，交代得十分准确、清楚。说地区，在“广州地区”后面加括注，含番禺、花都、从化、增城市，这很有必要，因为这些地区，是新近才划入“广州地区”的；说时间、年、月、日、时都是“北京时间”，“零时启用”，确切、明白；说“八位制”，界定“由现在的7位数升为8位数”。第二句话，说“升位方法”，有两种：一是“原‘8’字头的电话号码在首位后加‘1’；二是原‘2’至‘7’字头的电话号码在首位前加‘8’”。第三句话，举例说明两种方法实施后的实际。这就把“启用八位制，即由现在的7位数升为8位数”的事项，说得清清楚楚明明白白，使人们有一个准确、明晰的认识。

第二、第三段虽然不是事项的关键内容，但也是必不可少的。尤其是第三段的一句话，既有总结全文，加深人们对八位制的印象，更有要求人们付诸实践的作用。一个“请”字使人觉得贴心。

范文（1）之所以能撰写得如此准确、清楚、明白，在于制文者有一颗处处为读者着想的心。

二、赏析范文（2）

范文（2）《中华人民共和国能源部、公安部关于严禁窃电的通告》，是规定性通告。

标题，是完全式的写法，即由发文机关名称＋事由＋文种组成，显示出这一通告的庄重性。标题下以括注方式说明国务院批准的时间，更使人强烈感知这份通告的权威性和重要性。

正文的第一段是缘由，其他段是事项。

缘由部分，交代了发布通告的目的和现实依据，点明了通告的主旨。说得切实、简洁、明确，为事项内容的安排举起了“纲”，为人们理解和执行事项作了有力的铺垫。

事项部分，围绕“严禁窃电行为”这一主旨，说明允许这么做和不允许那么做的措施办法。

规定性的通告的措施办法，常常是国家的法律法规、方针政策的延伸与具体化。因此，正确地把握法律法规、方针政策的精神实质，熟悉有关事项的具体情况，并使二者有机地结合起来，真正地做到从实际出发，是撰写好通告这部分内容的关键。有了好的内容，在撰写具体条文时，又能做到周全严密、具体实在、条理分明，语气严肃果断，就可以充分地表现通告的权威性。范文（2）的撰稿者是这样做了的。

范文（2）的事项部分，说了六个方面的措施办法，都是“严禁窃电行为”所必需的。先讲要积极宣传和贯彻《全国供电规则》，接着界定窃电行为，然后讲对窃电行为的处理、处罚，再说对检查窃电行为和有关单位的要求，与对伤害检查窃电人员的处罚……这些措施办法环环相扣，条分缕析，具体实在，周全严密。如对“窃电”行为的界定，先分5小点列举5种常见窃电行为，然后以“致使供电企业计费计量装置计量不准或失效的其他行为”作为第六小点，结束对窃电行为的界定。这样的界定具体实在又高度概括，周全严密，无懈可击。又如，对有关方面和人员的要求，既有对全国城乡各企业、事业单位、机关团体和其他社会组织的，更有对检查窃电的工作人员和相关的单位与人员的；对“窃电行为”的处罚，既说经济的也说刑事的。这样的明确实在，周全严密，当然有利于人们的贯彻执行，有利于全国的“严禁窃电行为”的行动在通告的指导下正常有效地开展。

内容的周全严密，行文的条分条析，加上诸如：“……必须严禁任何窃电行为”，“任何单位或个人有下列行为之一的，即为窃电”一类简短明了、干脆果断、掷地有声的语言运用，使这篇通告，从内容到形式都表现出强烈的权威性和严格的执行力。

第四节　综说与辨析

一、综说

要准确地使用概念。

鉴于三篇病文都有明显的概念混用的毛病，这里说说概念的准确使用的问题。

一个概念可由一个词语来表达，也可由几个词语组合起来表达。概念的准确表达和词语的正确使用关系密切。这就是人们说事道理常常先明确有关事、有关理的概念的原因。概念准确，就可以顺当地说事道理。这就是“名正言顺”。范文（1）《关于广州地区电话号码启用八位制的通告》，一开头就对“广州地区（含番禺、花都、从化、增城市）”这一概念给予明确的界定，这就避免了质疑的产生，为下面顺当地说明“升位方法”等创造了条件。范文（2）《中华人民共和国能源部、公安部关于严禁窃电的通告》，说明缘由之后，即以专门的一条规定，严格地界定“窃电”这一概念的内涵与外延，从而使通告所有规定意义明晰，准确恰当，易于理解，易于执行。而第二节“评析”的三篇“病文”，之所以使人疑问丛生，主要是错误使用概念造成意思混乱。病文（1）的“公共场所”与“大街小巷”，病文（2）的“土糖寮”与“非法土糖寮”，病文（3）的“非机动车”与“自行车”，“当事人”与“责任人”、“非责任人”、“肇事者”、“受害者”等等都是属种概念，它们的关系是包容关系，而“病文”的撰稿者，把它们看成同属概念或同种概念，把它们的关系变为平等关系或矛盾关系。这就引起了混乱，造成了有关条款，甚至整个通告无法执行。所以，在通告的撰写中要努力避免有关词语和概念的错用、乱用。

那么，具体该如何避免呢?

（一）要明确概念的意义

概念的意义，包括内涵和外延两个方面。内涵是指它反映事物的本质，外延是指它的适用范围。使用概念必须先明确它这两方面的意义。明确了才用，不明确就不用。

许多概念的意义，本来是明确的，只是使用者还未将它弄清楚，就使用了，结果导致词语的错用和乱用。病文（1）中的“公共场所”与“大街小巷”这两个概念的内涵和外延在现实中是明确的，如果撰稿者能联系实际多想一下就不难发现，它们不是同一层次的概念，前者的外延大于后者，它们是属种关系、包容关系，不是平等关系。病文（2）的“土糖寮”与“非法土糖寮”也是一样。病文（3）的“当事人”与“责任人”“非责任人”、“肇事者”、“受害者”这些概念，在有关的法律法规文件中都有清楚的说明，病文的作者只要找有关文件看看或向内行的人请教一下，也可以弄清楚，“当事人”这个概念和其他概念是属种关系了。概念的内涵和外延弄明确了，就不会错用了。

还有一些概念的意义，是使用者为了说明问题的需要规定的。规定要明确，更要符合实际，符合科学。如前面已指出的范文（2）《中华人民共和国能源部、公安部关于严禁窃电的通告》，就对“窃电”这一概念的意义作了规定，以经验的方法给“窃电”下定义，使“窃电”这一概念的内涵和外延十分明确。

还有一些概念的意义，虽然明确，但不符合使用者实际使用时的需要，意义过窄或过宽。这时，就应该从实际出发，根据属种关系的概念的内涵和外延有反变关系的特性（即内涵越多，外延越小，内涵越少，外延越大），采取适当增减有关概念的内涵和外延的办法，使其意义适应实际使用的需要。病文（3）修改稿的撰稿者对病文（3）多处概念的修改都用了这种办法。如对“事项”部分第一点的修改，就是通过减少“各种车辆驾驶员”这一属概念的“各机关、团体、企事业、部队，乡（镇）等”内涵，“其他公民”这一属概念的“每个学生、儿童及其他”等的内涵，而扩大其外延的办法，作出修改的。通过这样的修改，以相关内容的规定，虽然由一点变成了两点，但文字少了，篇幅短了，而意思更准确、更显豁了。

事实告诉我们，使用概念时，明确其意义是保证不错用、乱用概念，意思表达准确清楚的可靠方法。

（二）要根据概念间客观存在的关系进行排列组合、判断推理

概念是人们对社会事物思考认识成果的一种反映，一种概括。社会事物多种多样，关系复杂，概念也是多种多样，关系复杂的。归纳起来，概念间的关系主要有：全同关系、属种关系、交叉关系、矛盾关系、对立关系、并列关系六种。这六种关系各有实际意义。了解这些关系的意义，并以此为依据对相关的概念进行排列组合、判断推理，就可以从一个方面避免错用概念，表错意思的毛病出现。如果病文（3）的撰稿者对概念的六种关系的知识有所掌握，并对要使用的有关概念间的性质也清楚的话，那么就不仅可以避免错用交通事故中“当事人”这一概念，还可以避免把“无证驾车”和“非驾驶员驾车”、“自行车和机动车”等概念不恰当地组合在一起而引起意思表达混乱的错误。

二、辨析

通告和公告、通知，在某种程度上，功能相同或相近，因此，使用时应认真区别。

（一）通告和公告的同异

通告和公告，在古代称为“诰”，到了现代被作为正式公文文种，才分别称为“通告”、“公告”或“布告”。这两种文种，虽然源远流长，但其作为当权者向社会公众宣布自己的主张和要求的专任性质始终未变。这种专任性，在今天明显地表现在其使用单位是党和国家的权力机关，其公布的内容是传达贯彻国家的法律法规、方针政策，以及有关单位和群众应当周知或遵守执行的事项，有明显的权威性。这和现在充斥于报刊上的所谓“公告”、“通告”（实际上是“广告”、“启事”）有根本的区别。

作为公文的“通告”和“公告”的区别是明显的。

（1）使用单位。通告，上至中央机关下至基层单位都使用，但多数是基层单位；公告，使用的单位一般都是高级别的机关。

（2）公布的内容。通告也有“重要”事项，但一般是法定的业务事项；公告公布的都是法定的“重要”事项。

（3）公布的范围。通告公布的范围限于发文机关属下需要周知或遵守的单位和人员，范围有限；而公告的公布范围是“国内外”，范围广泛，其中许多单位和个人与发文机关不存在隶属关系。

（4）约束力。通告的受文对象，多数是发文机关属下的单位和个人，所以通告对其约束力较强，不遵守或者违反，就可能被追究责任；而公告的许多受文单位和个人与发文机关不存在隶属关系。因此，即使是不遵守或者违反，都很难追究责任。

（二）通告和通知的同异

通告和通知都有发布有关单位和人应该周知或办理的事项，但两者有如下的显著不同：

（1）发布的对象。通告的对象宽泛，而且不一定是下属的单位和人员；通知的对象具体明确，都是下属的单位和人员。

（2）发布的方式。通告是公开张贴，很少内部行文；通知一般都是内部行文，极少张贴。

思考与练习

1. 通告的写作要求主要是什么？
2. 病文（2）和病文（3）说事不准确、不清楚，突出表现在哪里？
3. 范文（1）和范文（2）说事准确、清楚，表现在何处？
4. 请以范文（2）和病文（3）为例，说说通告说事必须准确清楚的重要性。

5. 请按通告的写作要求，修改下面一份公文：

公告

我公司得到市政局同意，定于本月10日起改建××××公路桥，改建时间这里不准走路，来往行人车辆请弯路而去。

××公司

××××年×月×日

第五章

决定写作

第一节　写作依据

一、性质

决定，是适用于对重要事项作出决策和部署，奖惩有关单位及人员，变更或撤销下级机关不适当的决定事项的公文文种。

这里的“重要事项”是指事项本身具有非一般性，带有全局意义，有着深远影响；“有关单位及人员”是指贡献突出或错误性质严重、影响大的；“不适当的决定事项”，也多半指明显违反党的方针政策、国家法律，有严重的不良影响的。处理这类的公务，如需要，上至党政领导机关，下至基层单位，都可以用决定行文。

二、功能

决定，由于内容的“重要”、“重大”和使用范围广泛，因此，国家的、地方的、单位的许多“重要”问题的决策，“重大”行动的部署，都以它为工具。由此可知，它在国家管理、社会生活中的影响作用，不但广泛，而且深刻。政治、经济、文化、教育处处都可见其巨大的影响力。

三、特点

（1）约束力强。在法定公文中，决定的制约性和强制性仅次于命令，一旦成文下达，有关单位和部门都必须执行，不得违背。有些还具有法规作用，被视为法规的延伸部分，如违反将会受到惩处。

（2）指导性强。决定是对重要事项的决策与部署。这些决策与部署，有理论指导、政策依据、行动安排，为下级开展工作提供明确的准则，其指导性和指挥性是十分明显的。

四、种类

根据内容和作用的不同，决定可分为两大类：知照性决定和指挥性决定。

（一）知照性决定

这类决定常对重大事项作出决断并予以公布，使有关人员知照，如表彰性决定、处分性决定、机构设置决定、人事安排决定等。如：

范文（1）

中共广东省委、广东省人民政府
关于授予陈观玉同志“广东省学雷锋标兵”的决定
（1996 年 3 月 2 日）

自毛泽东同志发出“向雷锋同志学习”的伟大号召以来，我省群众性学雷锋活动不断深入，涌现出了许多先进人物。深圳市沙头角镇水产公司退休职工陈观玉同志就是众多先进人物中的一个突出的典型。

陈观玉同志 30 年如一日，坚持学雷锋、做好事。几十年来，她从未间断地为当地群众义务理发，为孤寡老人护理生活；她孜孜不倦地从精神上和物质上关心、鼓励青少年的健康成长；她毫不利己，专门利人，为支援灾区，支持教育事业、社会公益事业和有困难的人民群众，慷慨解囊；她爱兵如子，为当地驻军做了大量好事；她言传身教，带领全家学雷锋、做好事，被人民群众和当地驻军誉为“沙头角镇的活雷锋”、“当代沙奶奶”。陈观玉的先进事迹集中体现了中华民族的传统美德和无私奉献的精神。

为表彰陈观玉同志学习雷锋的先进事迹，省委、省政府决定授予陈观玉同志“广东省学雷锋标兵”的光荣称号。

省委、省政府号召全省广大共产党员、共青团员、人民群众，特别是青少年向陈观玉同志学习。学习她数十年坚持学雷锋、做好事的精神；学习她毫不利己，专门利人，救急济困的高尚品格；学习她爱兵如子，爱国拥军的伟大情怀；学习她在平凡的岗位上，显现着的不平凡的人格。要把学习陈观玉和学习孔繁森、李国安、李楚生等英雄模范人物结合起来，进一步推动全省学雷锋活动的深入开展，使雷锋精神在改革开放和社会主义市场经济条件下更加发扬光大，把我省的社会主义精神文明建设提高到一个新水平。

（二）指挥性决定

指挥性决定即对重大事项或重要工作进行部署或安排，要求有关单位和人员遵照执行的决定。这多用于方针政策方面。如：

范文（2）

国务院关于实行公民身份号码制度的决定
国发〔1995〕15 号

各省、自治区、直辖市人民政府，国务院各部委、各直属机构：

建立和实行公民身份号码制度，是国家加强社会管理的一项重要基础建设，也是实现社会信息化管理的重要措施，对于促进我国社会主义现代化建设和经济体制改革，方便群众生活和保护公民的合法权益，具有十分重要的作用。为此，国务院决定，自 1999 年 10 月 1 日起在全国建立和实行公民身份号码制度。

一、公民身份号码按照 GB11643—1999《公民身份号码》国家标准编制，由 18 位数字组成：前 6 位为行政区划代码，第 7 至 14 位为出生日期码，第 15 至 17 位为顺序码，第 18 位为校验码。

二、公民身份号码是国家为每个公民从出生之日起编定的唯一的、终身不变的身份代码，将在我国公民办理涉及政治、经济、社会生活等权益事务方面广泛使用。公安部负责公民身份号码的编制和组织实施工作。

三、各省、自治区、直辖市人民政府和国务院有关部门对公民身份号码的编制和推广应用工作要给予必要的支持。各级人民政府要切实加强领导，提供工作保障，搞好宣传教育，精心组织实施。公安机关要依据《国务院关于修改〈中华人民共和国居民身份证条例实施细则〉的批复》（国函〔1999〕91号），认真做好公民身份号码的编制、使用和管理工作。这项工作争取在今、明两年完成，由公安部作出具体部署。劳动和社会保障、教育、民政、司法、人事、信息产业、卫生、工商、税务、金融、证券、保险、民航等公民身份号码使用部门和单位，要密切配合公安机关做好公民身份号码的编制和推广使用工作。

国务院

一九九九年八月二十六日

五、主体要素

（一）标题

决定标题，一般由发文机关名称+决定事由+文种组成。也有由发文机关名称+文种组成的。

（二）发文字号

发文字号。如果是会议通过的决定，由发文机关代字+年份+发文顺序号组成。还要将通过决定的日期写在标题之下的括号里。

（三）正文

决定的正文由缘由和事项两部分组成。缘由写出决定的理由、根据，即理论根据、政策法律根据和事实根据。要写得合情合理、简明扼要。决定事项，要扣紧缘由、明确果断、切实可行。

从篇幅看，有的决定缘由内容较多，篇幅较长，事项部分则比较简单，如许多奖惩性决定。有的决定则相反，缘由内容较简单，篇幅也短，而事项内容丰富，篇幅长，如许多对重大事项或重要工作作出决策和部署的决定。从结构来看，决定的正文有篇段合一式、多段式和分条列项式。究竟如何才适当，这要从内容和需要的实际决定。原则是要做到条理清楚、层次分明，便于人们阅读和理解。

（四）成文日期、印章

由领导人签发的决定，在正文的右下方盖机关印章，写成文日期。由会议通过的决定，在标题下已用括号注明了通过的会议名称与日期的，这里就可省略。

六、写作要求

（1）**不要滥用**。在法定公文中，决定的约束力和指挥力仅次于命令，对人对事的影响都十分深刻。它的某些功能与有些文种（如通报、通知）有相近或相同之处。有些人撇开所要表达的事情是否“重要”，而用决定行文，就是属于滥用。这种做法不恰当，应尽量避免。

(2) **内容必须客观真实，根据必须恰当充分。**决定要表达的是人们十分关注的“重要”的事情，所以，要确保表达得客观真实，不能虚假片面，夸大缩小；理由根据要说透，法律法规政策根据应恰当、充分，清楚明确，不能空泛含糊、模棱两可；措施办法应具体清楚。各部分内容要注意内在联系，相互照应。内容复杂的，要分条列项、一一说明，以便于理解、接受并贯彻执行。

(3) **语言要简明、果断、利索，注意逻辑性，切忌意义不清、拖泥带水。**

第二节　不应该那么写——病文评改

一、评改病文（1）

（一）病文（1）

中共××县委××县人民政府关于向××同志学习的决定

（××××年×月×日）

1998年×月×日凌晨2时25分，共产党员、县供销社仓库主任××同志值班巡逻到县供销社五号仓库，发现一伙歹徒正在作案。歹徒见他来了，转身就跑。××大喝一声：“站住！”歹徒怔了一下，见只是××一个人，便向××求饶：“你放了我们，哥儿们日后一定给你好处。”“别啰唆，跟我上派出所，争取宽大处理。”××同志义正词严地说。歹徒见软的不行，凶相毕露，从腰间拔出匕首，向××围上来，恶狠狠地说：“你识相些，否则别怪我们不客气。”××同志毫无畏惧地说：“你们这是罪上加罪，放下凶器，跟我上派出所！”罪犯一拥而上，拿着匕首向××同志刺去。××同志一面高喊：“抓强盗！抓强盗……”一面又与歹徒展开搏斗。没多久，××同志被罪犯刺了5刀，鲜血直流。但××同志仍一面高喊抓强盗，一面与歹徒展开殊死搏斗。终因身单力薄，他倒在血泊中。职工群众闻讯赶到把他送进医院。医院立即组成抢救小组抢救。因××同志失血过多，抢救无效，光荣牺牲，年仅30岁。

为此县委、县人民政府决定，在全县开展向××同志学习活动。县委和县人民政府号召，全县广大党员、职工、群众，要以××同志为榜样，忠于职守、勤奋工作，敢于同坏人坏事作斗争，为了国家和人民利益，不惜献出自己的生命，为争取党风、社会风气的进一步好转、为夺取物质文明和精神文明建设的新成就而努力奋斗。

一九九九年八月二十六日

（二）评析病文（1）

此文属奖惩类的决定，格式符合要求。毛病在正文里。

1. 缺少“评价事实”的内容

奖惩类决定的正文，由决定缘由、决定事项两部分四方面内容组成。四方面的内容是：概述事实、评价事实、说明决定、提出希望。这四方面内容，一般都应齐全，不好缺少。这篇“决定”的第一段，属“概述事实”，第二段的第一句话属“说明决定”，其余的是“提出希望”。可见，此“决定”的正文缺少了“评价事实”的内容。

缺少了“评价事实”的内容，就是缺少了对先进人物先进事迹所蕴含的可贵精神与品质的鲜明概括。这种概括，有利于人们对先进人物的理解与认识。就全文来看，缺少了这一方面的内容，就使后面的“决定”和“希望”两方面意见的提出显得突兀，从而削弱了说服力和号召力。

2. “概述事实”内容主次详略不够恰当

这部分，过分地注重事件过程的具体细节的叙述和描写，想以生动性吸引人，却反而使事件的主要情节未能有效地凸显出来。要知道，这类决定，概述事实的主要作用是为“评价事实”、“说明决定”、“提出希望”提供依据的。因此，事实的叙述，从表现主旨的需要出发，抓住要点、突出重点、简明扼要地交代清楚就可以了。就这篇决定要表达的主旨和××的事迹来看，要着重写的是其忠于职守、敢于同坏人坏事作斗争方面的主要事实，至于和歹徒纠缠、搏斗过程的具体行动和语言细节则大可略写。有些如“医院立即组成抢救小组抢救”就可以不写。剪除了不必要的枝节，突出了主干，事件的性质、意义，就可以更鲜明地显露出来，后面三部分的内容安排也就顺理成章了。

（三）病文（1）修改稿

中共××县委　××县人民政府关于向××同志学习的决定

（××××年×月×日）

××××年×月×日凌晨三时左右，共产党员、县供销社仓库主任××同志，值班巡逻到县供销社仓库，发现一伙罪犯正在作案。这伙罪犯见到××同志后，为了脱身，先许以利益，继而拔出匕首威胁。而××同志不畏暴力，坚持要罪犯到派出所投案。结果在和歹徒的纠缠搏斗中，被刺五刀，倒在血泊中。闻讯赶来的群众将他送到医院，终因流血过多抢救无效，牺牲时年仅30岁。

××同志忠于职守，为了保护公共财产敢于斗争、不怕牺牲的精神，充分地表现了一个共产党员和国家干部的优秀品质。为此，县委和县人民政府决定在全县开展向××同志学习的活动。

县委、县人民政府号召：全县广大党员、干部、职工，以××同志为榜样，勤奋工作、忠于职守，为了国家和人民的利益敢于同坏人坏事作斗争，为社会风气的进一步好转，作出自己的贡献。

（印）

××××年×月×日

二、评改病文（2）

（一）病文（2）

关于给予×××以取消学籍处分的决定

×××同学是电子工程系××级学生，于××××年×月×日在校图书馆偷窃《护花铃》等四册书时，被工作人员当场抓住，责成他留下姓名、专业和班级的字条后回去写检讨书。按要求×××于当天下午到图书馆应交检讨书并接受处理。然而他并没有这样做，反而到图书馆后再次偷走上午所偷的图书，并撕去上午留下的字条。图书馆人员经过充分的查证，掌握了×××再次偷书的确凿证据。可是当图书馆人员找到他时，他反而说图书管理人员诬陷他，态度十分横蛮。在确凿的证据面前，在有关人员的耐心疏导下，他最后承认了事实，并交出了所偷图书。根据他的错误性质、根据《××××××条例》，学校给他以留校察看一年的行政处分。

可是，×××同学没有吸取教训，在受处分期间，于1996—1997学年度第一学期末的《法律学基础教程》考试中，夹带作弊，监考教师劝止他时，他不仅不认错，反而辱骂教师。他的行为再次严重违反了学校纪律，根据《××××条例》第××条规定，学校决定给予×××以取消学籍的处分。

××大学

××××年×月×日

（二）评析病文（2）

这一“决定”和病文（1）是同类的，属奖惩类的决定。主要的问题也在材料的取舍方面，但具体的表现不同。前一篇是过于具体地写了人物在事件过程中的行为和语言的细节，这一篇是新旧材料使用不当，把旧的材料作为重点来写。要知道在运用新旧材料来说明主旨的时候，如果两种材料说明问题的角度大致相同的话，就要舍旧取新、详新略旧。对×××为什么要再给处分？就是因为他犯了新的错误，如果他没有犯新的错误，他的已经处理过的旧错误再严重也不能给他新的处分。旧的错误和新的处分有没有关系呢？有些有，有些没有，要具体分析。就×××的情况来看，给他新的更严重的处分，和他旧的错误是有关的。但这种关系，只是程度的影响，不起主要的、决定性的作用。既然有影响，就可以写，但只能略写，就大方面说清楚就行了，不应把它作为重点来叙述。要重点写的、详写的是他新犯的错误。像现在这样新旧错位、轻重倒置、主次不分，不利于新的处分决定（即决定的主旨）的说明，文章的说服力当然会受到严重影响。

另外，这一病文对事实的评价也可以说得更鲜明一点，标题的拟写也应更简洁一些。

（三）病文（2）修改稿

关于取消×××学籍的决定

×××同学是电子工程系××级学生，××××年×月×日因在校图书馆偷窃图书，被学校给予留校察看一年的行政处分。但×××没有吸取教训，在处分期间，于1996—1997年学年度第一学期末的《法律学基础教程》考试中，夹带资料作弊，并对监考教师的多次劝止，不仅不听，反而恶言相向、辱骂教师，严重地扰乱考场秩序。×××的行为说明他目无学校纪律、已丧失了作为大学生的资格。经电子信息工程系上报学校，学校根据《×××条例》第×条规定，于1997年1月18日作出决定：给予×××取消学籍的处分。

××大学（印）

××××年×月×日

第三节　应该这么写——范文赏析

一、赏析范文（1）

《中共广东省委、广东省人民政府关于授予陈观玉同志“广东省学雷锋标兵”的决定》属于表彰性决定。这一决定的格式规范，正文的写作尤其值得借鉴。

正文的缘由和事项这两个部分、四个方面的内容处理，十分到位。

第一、二段是缘由，简述和评价陈观玉同志的事迹。第一段，从说明全省学习雷锋的大好形势中，引出陈观玉，使人知晓陈观玉是“许多先进人物”中的一个典型，是一个“突出的典型”，这就使人们的敬仰之情油然而生，为下面具体、详细介绍陈观玉的先进事迹作了很好的铺垫。第二段，是具体介绍陈观玉的先进事迹。开头一句话“陈观玉同志30年如一日，坚持学雷锋、做好事”是分述前的总说，它使陈观玉这个人立体般地站到读者的面前。“30年如一日，坚持学雷锋、做好事”，不是一朝半夕、一时之事呀，确实是“一个突出的典型”。接着，用五句话，从五个方面，具体介绍陈观玉“从未间断”、“孜孜不倦”、“毫不利己”、“专门利人”、“言传身教”为群众、为孤寡老人服务，精神上、物质上关心青少年，支援灾区、支持教育、爱兵如子的事迹。这一段最后一句话是收束：“陈观玉的先进事迹集中体现了中华民族的传统美德和无私奉献精神。”这是对开头一句话的呼应，更是对五个方面事迹水到渠成的概括，笔到墨到的点睛。整个第二段，7句话、240多个字，就把陈观玉30年如一日学习雷锋的先进事迹，介绍得如此全面、如此鲜明、如此具体实在，确实是煞费苦心之作，对陈观玉的事迹非有充分的了解，非经反复深入分析研究，是写不出的。

第三、四段是决定的事项部分，分别说明省委、省政府决定授予陈观玉同志“广东省学习雷锋标兵”的光荣称号，号召全省广大共产党员、共青团员、人民群众特别是青少年向陈观玉同志学习。学习她的“精神”、“品格”、“情怀”、“人格”，把广东省的社会主义精神文明建设提高到一个新的水平。这两方面的说明，明确、干脆，切实可行。由于有了缘由部分对陈观玉事迹的充分恰当的介绍，决定和号召的作出和提出就是顺理成章的事。号召的五点内容，实际是缘由部分介绍的陈观玉五方面的事迹，集中体现的中华民族的传统美德和奉献精神的引申。这一引申，自然、贴切、实在，既把人们从内心对陈观玉先进事迹的赞许上升到从行动上学习陈观玉的高尚情操，又使决定的缘由部分和事项部分的内容与实质意义有了更为明显、更为紧密的联系。这不仅可以加强人们对缘由介绍的事实的深刻意义的理解，也十分有利于号召的落实执行。这样缜密周到的安排，颇费苦心，值得学习借鉴。

二、赏析范文（2）

《国务院关于实行公民身份号码制度的决定》属指挥性决定，用来部署安排、实行公民身份号码制度这一重大事项、重要工作。格式齐备，书写规范。下面着重说说正文。

全文有四段，结构是分条列项式。第一段是缘由，第一段最后一句话和第二、三、四段是事项。

缘由，说明实行公民身份号码制度的理由根据。用不足140个字，从国家加强社会管理、实现社会信息化管理、促进社会主义现代化建设和经济体制改革、方便群众生活和保护公民的合法权益四个方面，说明了实行公民身份号码制度的十分重要、十分重大的作用。说得明确、果断、充分，有说服力，让人不能不接受。这就为下面说明决定作了最好的铺垫。

事项部分的第一句话，也即第一段的最后一句话，以“为此”开头，紧接着就说明：“国务院决定，自1999年10月1日起在全国建立和实行公民身份号码制度。”然后，就用三段500字左右，分三项说明有关的事项和要求。和缘由部分相比较，这一部分明显篇幅长、字数多。

第二段，即“一”，说明公民身份号码编制的依据及组成。先说整个号码“由18位数字组成”，然后分别说“前6位为行政区划代码，第7至14位为出生日期码，第15位至17位为顺序码，第18位为校验码”。这种由“整”到“分”的说明，使人对公民身份号码有个整体概念，又对所有组成的各种“码”的实际意义十分明晰。

第三段，即“二”，说明公民身份号码的独特的特点、使用的广泛性以及负责编制与实施的部门。说得干脆、肯定，没有丝毫的含糊。要特别指出的是，在这一项里，突出地从对公民个人角度说明身份号码的重要性和作用，是对缘由部分的说明的进一步补充。它让人知晓实行公民身份号码制度，不仅于国重要，于民也一样重要，从而更自觉地贯彻执行决定。

第四段，即“三”，说明对各地方政府和国务院各部门的要求。先总说对所有的政府、部门的要求，然后分别说对负责编制、使用和管理的公安机关，以及负责使用的劳动和社会保障、教育、民政等等部门与单位的要求。这些要求说得切实、恰当，有强烈的针对性。

从上面的介绍可知，这篇决定的缘由和事项部分，无论内容还是形式，都是密不可分的。它们是因与果、目的与措施的关系。事项部分，因为有缘由部分提供的充分有力的理由依据，就使执行单位有了贯彻执行的明确目的和强大动力；缘由部分，由于事项部分的各项说明先后恰当、明确实在、周全严密、有针对性，其提出的目的、作用的实现，就有了可靠的保证。如此，环环相扣的内容安排是决定制作者制作目的明确、思维严密的表现，很值得学习。

这篇决定除了内容安排与说明方面值得学习外，语言的简练、用词造句的恰当也十分值得借鉴。如缘由部分，用四个分句就把建立和实行公民身份号码制度四个方面的重要作用，说得十分清楚明确。其中，以“加强”修饰“社会管理……”，以“实现”修饰“社会信息化管理……"，以"促进"修饰"我国社会主义现代化建设和经济体制改革"，以"方便"修饰"群众生活和保护公民的合法权益"，就非常贴切。在事项（二）中，以"唯一的、终身不变的"来说明每个公民的"身份代码"的独特性质，是非常准确的。在事项（三）中提出实行公民身份证号码制度中的工作要求，对各级人民政府的是"切实加强领导，提供工作保障，搞好宣传教育，精心组织实施"；对负责编制、使用和管理工作的公安机关，则是"认真做好"；对使用部门和单位，则是"要密切配合公安机关……"这当中的用词造句，都因单位、机关、部门的职责不同，任务有别，而不同。用词达意十分准确，有利于人们理解和贯彻执行决定。

第四节　综说与辨析

一、综说

奖惩决定与奖惩通报不能混同。

奖惩决定是决定属下的一种文种，奖惩通报是通报属下的一种文种。两者都是用于奖惩有关的人和事，而且内容结构也大体相同。所以，有些人就把两者混同起来，该用奖惩通报的用了奖惩决定，而该用奖惩决定的却用了奖惩通报。其实，它们和决定与通报一样，区别是十分明显的。下面作较为具体的说明。

（一）撰写的目的和动机不同

决定是用于"重要事项"的决策和"重大行动"的安排的文种。奖惩决定也是用于"决策"和"安排"的文种，即是说奖惩决定也是出于某一事项"决策"或某一行动"安排"的需要而撰写的。《中共广东省委、广东省人民政府关于授予陈观玉同志"广东省学雷锋标兵"的决定》就是中共广东省委、广东省人民政府当年为了在省内进一步开展群众性学雷锋的活动而撰写的。这一"决定"的撰写其实就是当年深入开展群众性学雷锋活动安排的一项重要内容。而奖惩通报撰写的直接目的，不是这样，它是为了某种宣传教育。如"通报"一章举出的范文（1）《关于表彰王××同志不畏强暴勇斗走私犯罪分子事迹的通报》的撰写，中共××县委员会的直接目的，显然不是为了某项决策或某一行动的安排，而是为宣传和教育广大青年学习"为了维护党和人民的利益不畏强暴、勇于斗争的精神和品质"。这里说的是两种文种撰写目的和动机在主要的直接的方面上的不同。

（二）选定奖惩对象的着眼点不同

奖惩决定的撰写是出于事项决策或行动安排的需要，其奖惩对象的选定，自然就要看它们是否符合需要，是否具备了所要求的条件。陈观玉的现实表现，是符合当年开展群众性学雷锋活动的需要的，也具备了"广东省学雷锋标兵"的条件，所以，她就被选定为该决定的嘉奖对象。通报的奖惩对象的选定主要看对象是否具有宣传教育的典型意义，王××的现实表现有宣传教育"为了维护党和人民的利益不畏强暴、勇于斗争的精神和品质"的典型意义，所以就被中共××县委会选定为通报表彰的对象。这就是说，决定奖惩对象和通报奖惩对象选择的着眼点是不一样的。

（三）材料的详略要求有差别

无论是决定还是通报对所写的人和事，都要概说，要简明扼要。但由于两种文种的性质、功能的差别，它们对所写的人和事的“概说”和“简明扼要”的要求也是不一样的。决定要求对相关的事实的性质、结果、范围、程度等作出概括的说明，一般不要求交代发生发展的过程。对于群体性的对象事迹的概述更是这样。《中共广东省委、广东省人民政府关于授予陈观玉同志“广东省学雷锋标兵”的决定》对陈观玉“30年如一日，坚持学雷锋、做好事”的概述只用1个段落、7句话、240多个字，就说得实实在在、明明确确。这里把事情的过程和细节都几乎省略了，真的是高度概括。通报对所写的人和事的介绍也要求概括，但这种“概括”和决定的“概括”相比，还是较具体较详细。如《关于表彰王××同志不畏强暴勇斗走私犯罪分子事迹的通报》对王××“勇斗走私犯罪分子事迹”介绍，虽然也很概括，但仍写出了他“查获”走私、拒绝贿赂、英勇搏斗的整个过程及一些必要的细节。这是由文种的宣传教育功能的需要所决定了的。奖惩性通报主要是靠事实来教育和感动读者。

此外，“希望”这部分在奖惩通报中，是不可以没有的，但在有些奖惩决定中，正文说完了决定内容就结束。这也不能说一定不可以。

知道了上面的区别，有利于两种文种使用的选择，也有利于在撰写中突出两种文种的不同特点。

二、辨析

（一）决定和命令的同异

决定和命令是约束力和指挥力很强的文种。《条例》规定：“命令”适用于公布行政法规和规章；宣布施行重大强制性的措施；批准授予和晋升衔级嘉奖有关单位及人员。这里的前三种功能，决定是没有的，后一种的“嘉奖有关单位及人员”功能，和决定的“奖惩有关单位及人员”的功能，相同的是“奖”。这里，“奖”和“嘉奖”也是有区别的。“嘉奖令”作为命令中的一种，按规定也只有县以上的各级人民政府才有权使用。它是用于嘉奖为国家、为地方、为某一事业或某一重大工程作出杰出贡献或在某一非凡岗位上取得重大成就的单位和人员，强调的是“杰出”与“卓越”。而决定中的“表彰决定”，是用于奖励符合某种奖励条件的单位和人员，符合条件的就给予奖励。使用“表彰决定”的机关，也没有使用“嘉奖令”那样的严格规定。

（二）决定和决议的同异

决定和决议都是适用于对重要事项、重大行动作出安排和决策的文种。事实上，“决议”这种文种，在行政机关中比较少用。而党、人民团体和人民代表大会及其常务委员会的会议，则常常用“决议”直述根据法律程序讨论通过的重要决策事项。

决议的内容，必须由某一级领导机关或组织法定的正式会议表决通过，才能形成文件，并以会议名义发布，代表的是会议意志。决定则不同，它既可以经某种会议讨论通过，以机关的名义下发，也可以由领导机关直接制定发布。内容相对来说，决议涉及的范围较广泛较全面，而决定则比较集中，比较具体，有较强的针对性。

行文用语上，决议常用“会议认为”、“会议指出”、“会议号召”等惯用语领起下文，而决定的缘由和事项两部分之间常用“为此特作如下决定”之类的惯用语过渡。

（三）决定与通知的同异

决定和通知，同样有向下级机关布置工作阐述有关指导原则、方针、政策，说明工作措施、办法的功能。但是两者所说明的事情是有明显差别的，决定所阐述的是属于“重要”的问题，通知所阐述的多属较一般的问题。就以对下属单位的约束力、指挥力来说，决定也比通知要大得多、强得多，用语也更加庄重、严肃。有些人为了使所用的行文有更大的约束力、指挥力，而不看所要阐述的问题是否“重要”的实际而不选用通知，选用决定，是不恰当的。

思考与练习

1. 决定所要阐述的事情或问题是怎样的？它和决议与通知在这一点上有什么相同或不同之处？

2. 病文（1）修改稿对病文（1）的主要修改在哪个方面，为什么进行这样的修改？

3. 按要求修改以下病文。

关于开展向李春芳同志学习的决定

各车间、班组，各党支部：

我厂装配车间职工李春芳在上月十五日的特大洪水灾害中，抢救国家财产不幸身亡。厂党委和厂管委会决定在全厂开展向李春芳同志学习活动。

一、学习李春芳同志公而忘私，奋勇保护国家财产的高尚品德，爱祖国爱人民，敢于牺牲的精神。

二、李春芳同志平日忠于职守、努力工作、团结同志、积极向上，根据他生前的表现和愿望，追认李春芳同志为中共党员。

三、在全厂广泛宣传李春芳同志的先进事迹，运用这一典型对全厂党员职工进行一次努力奉献、坚持改革、敢于进取的革命精神，以及勇于献身的革命英雄主义精神。宣传科和工会要把李春芳同志的事迹编成小册子、墙报，广为发放。

四、各车间、班组、党支部要开展讨论，学习李春芳同志的优秀品质，开展比、学、赶、帮活动。争取生产上一个新台阶。

厂党委和厂委会号召全厂党员、职工，化悲痛为力量。努力工作，创造更好的成绩，为改革开放事业作出更大贡献。

中共××厂党委

××厂管委会

××××年×月×日

第六章 通报写作

第一节　写作依据

一、性质

通报，是用于表彰先进、批评错误、传达重要精神和重要情况用的公文。

二、功能

通报属下行公文。机关单位制发通报，主要是让有关的单位和广大的干部群众了解与本身工作有密切联系的重要信息和典型材料，从而达到提高认识、规范行动、改进工作的目的。它有表彰倡导、批评告诫和交流促进的作用。

三、特点

通报具有以下特点：

（1）教育性。许多下行公文，如命令、通知等，是直接告知人们在工作中要做什么和怎样去做，具有较强的指导性。但通报却不是这样，它是通过让人们了解有关重要情况及正、反两方面的典型材料，使人们受到教育、提高认识，以先进典型做榜样，以反面典型作警戒，从而知道应该做什么、不应该做什么。

（2）时效性。制发通报必须注意时效性。适时地表彰先进，能使被表彰单位或个人受到鼓励，继续努力把工作做得更好，其他单位和个人学有榜样，赶有方向；适时地批评错误，能使被批评的单位或个人有所觉醒，改正错误，其他单位或个人能引以为戒，避免犯同样的错误；适时地传达重要精神和情况，能使有关方面得到有用的信息，适时地采取有效措施，更好地工作。因此，讲究时效是通报的又一特点，也是通报发挥作用的一个重要条件。

（3）代表性。通报的人物事件或情况，一般都有普遍意义，也有特殊性。代表性是通报的功能作用所要求的，也是它有明显的教育和启发作用的原因所在。

四、种类

按内容和性质来分，通报可分为三种：

（一）表彰性通报

表彰性通报就是表彰先进单位或先进个人的通报。如：

范文（1）

关于表彰王××同志不畏强暴勇斗走私犯罪分子事迹的通报

全县各级党组织：

共产党员王××同志是我县工商管理局一名青年检查员。2010年2月21日清晨，他在对一辆长途客车例行检查任务时，查获走私犯罪分子张××走私黄金×××克，在押送途中，张先以人民币×千元妄图贿赂王××同志，被王××同志严词拒绝后，就凶相毕露拔刀行凶，刺伤王××同志脸部、胸部。王××同志身负重伤，但临危不惧，英勇地与张犯搏斗，在群众协助下，终于将张犯扭获。

王××同志今年26岁，参加工作4年来，机智地战斗在缉私岗位上，先后破获各种走私案件10余起，连续四年被评为县先进工作者。

鉴于王××同志一贯表现突出，在关键时刻又经受住了严峻考验，特予以通报表扬。

希望各级党组织发动党团员和广大青年，学习王××同志为维护党和人民的利益，不畏强暴，坚决同违法犯罪分子作斗争的英勇事迹，学习他热爱本职工作，出色地完成党交给的艰巨任务的崇高品质，在党和政府的领导下，为我县的各项事业作出更大的贡献。

中共××县委员会

二〇一〇年三月二日

（二）批评性通报

批评性通报就是批评犯有错误的典型人物或单位，批评社会上某些不良倾向或丑恶现象的通报。如：

范文（2）

国务院办公厅关于四川山东两省部分市（县）乱集资乱收费问题的通报

国办发〔1996〕52号

各省、自治区、直辖市人民政府，国务院各部委，各直属机构：

根据国务院领导同志指示，财政部和中国人民银行组成联合调查组，对群众来信反映的四川省德阳市、黔江县、石柱县和山东省临邑县乱集资、乱收费问题进行了调查，现将主要问题和处理决定通报如下：

1995年8月和10月，四川省德阳市政府为承办1998年省第四届青少年运动会，因修建体育场馆资金不足，先后两次发文，对全市办理工商执照年检和机动车辆年检的机关、企事业单位和个人，进行强制性无息集资，集资期限为三年。截至1996年8月26日，已集资855万元，其中拨付体育场馆建设790万元。

1996年3月，四川省黔江县财政局为缓解财政资金周转困难，决定以年利率24%、期限一年为条件，向本局每个干部职工集资10万元，共筹集1 322万元。中国人民银行黔江地区分行发现问题后，立即通知黔江县政府和财政局停止非法集资活动，并作出处理决定。但黔江县财政局却以承销企业债券的方式，将集资款转化为企业债券，并用于发放干部职工工资、农业投资和企业技术改造等。

四川省石柱县一些乡镇在婚姻登记中，搭车收取农村社会养老保险金每人200元，计划生育证工本费每证20～40元，节育押金每人20～70元，婚前财产公证费每件10～30元以及小儿免疫接种费等。

山东省临邑县于1996年4月先后两次发文，要求全县干部群众将存款存入城市信用社，期限为两年，按银行同期储蓄存款利率计息。7月中旬，中国人民银行德州市分行发现问题后，督促临邑县政府于7月18日发文停止了这项活动。截至7月18日，该县共组织城市信用社储蓄存款3 817万元，主要用于县石油化工厂20万吨重油催裂化技改项目。

四川省德阳市、黔江县、石柱县和山东省临邑县的上述做法，严重违反了国家有关坚决制止乱集资、乱收费的规定和有关金融法规，加重了企事业单位和群众的负担，扰乱了当地的金融秩序，错误是严重的。为维护国家法律、法规和政令的统一，严肃纪律，保护企事业单位和人民群众的合法权益，国务院决定：

一、对四川省德阳市政府、黔江县政府、石柱县政府和山东省临邑县政府给予通报批评。

二、四川和山东两省政府要责令上述市（县）立即纠正违纪行为，限期将非法筹集和收取的资金全部退还有关单位或个人。同时，要追究主要责任人和直接责任人的责任。

各地区、各部门要以此为鉴，吸取教训，认真学习国家财政金融法规和政策，正确处理局部利益与全局利益的关系，自觉维护国家政令的统一。各级财政、金融等部门要加大对乱集资、乱收费的查处力度，确保国家各项方针、政策的贯彻落实。

中华人民共和国国务院办公厅

一九九六年十二月二十三日

（三）情况通报

情况通报就是传达重要精神和情况的通报。这类通报，有的反馈社会信息，使受文单位了解相关情况；有的是介绍某项工作的进程或有关情况，针对工作中存在的带普遍性或比较突出的问题，提出意见或要求。如：

范文（3）

国家工商行政管理局广告司

关于美英烟草公司违法在上海进行卷烟广告宣传活动的通报

广字〔××××〕第27号

各省、自治区、直辖市及计划单列市工商管理局：

上海工商行政管理局简报第22期反映美英烟草公司利用宾馆、饭店、餐厅为媒介，以赠送卷烟和提供赞助为名，在上述地点的音乐茶座举办冠以各种卷烟商标名称的活动，并借机张贴海报、在场地内悬挂宣传卷烟的广告立牌和横额以及赠送顾客卷烟等，直接或变相进行广告宣传，目前虽已被当地工商行政管理局取缔，但这种动向值得注意。

为了进一步加强对卷烟广告的管理，保障人民身体健康，现重申如下几点：

一、各地要严格执行国家工商行政管理局〔84〕工商24号文件“禁止利用广播、电视、报纸、书刊、路牌、灯箱、霓虹灯、招贴等媒体做卷烟广告”的规定。

二、根据〔86〕工商24号文件规定，馈赠的实物广告（包括馈赠卷烟以及标有卷烟商标和烟草企业名称的实物），必须报市以上工商行政管理局批准。

三、根据〔85〕工商174号文件规定，凡是以烟草企业名称或卷烟商标名称的名义举行的赞助广告活动，必须按规定经省、自治区、直辖市以上工商行政管理机关审查批准方可举办。

对于违反上述规定，直接或变相搞卷烟广告宣传，一经发现，要及时严肃查处。

（印）

××××年×月×日

五、主体要素

（一）标题

常见的是由发文机关+事由+文种组成，如范文（2）的标题《国务院办公厅关于四川山东两省部分市（县）乱集资乱收费问题的通报》。有些通报以文件形式下发，因为眉首部分已有发文机关名称，因此在标题中就省略掉，只由事由+文种组成，如范文（1）的标题《关于表彰王××同志不畏强暴勇斗走私犯罪分子事迹的通报》。

（二）正文

不同种类的通报，其正文部分的写法有所不同，下面分别予以介绍。

1. 表彰性通报。正文一般由概述和评价事实、说明决定、提出希望和号召三部分组成。如范文（1）第一、二段是概述王××的先进事迹，第三段实际上是对王××先进事迹的评价，第四段是提出希望。表彰先进群体的通报的正文内容的安排通常都是这样。

2. 批评性通报。正文，一般由缘由、概述和评价事实、说明决定、提出希望和要求四部分组成。如范文（2）第一段是说缘由，即通报的依据；第二至第六段是概述和评价事实；第六段的最后一句和第七至第八段是说明批评的决定；第九段是提出希望和要求。

3. 情况通报。正文一般由缘由、概述情况、提出要求三部分组成。范文（3），开头一段属缘由，说明通报依据，最后一段是希望和要求，中间的五段三点，说明考评情况。

（三）成文日期，印章

成文日期写在正文的右下方。用汉字书写，年、月、日都得写全。

印章应与署名机关相符，下沿略压成文日期。要清楚、端正。

六、写作要求

通报的主要功能是宣传教育。这就要求它所写的人物、事件应该是典型的、真实的，撰写也必须适时。

（1）**典型的**。是指人物、事件、情况有代表性，内容意义能鲜明地表现某一需要提倡或应该注意的倾向。这样才能对人们有吸引力、有启发教育作用。

（2）**真实的**。是指所写的人物、情况都应该是客观存在的，不能虚构。要在写作中表现出真实性，可以概括、集中，但不允许夸大或缩小，更不容许无中生有。因为所写通报的人、事、情况，无论是褒是贬，是表扬还是批评，都关系到当事人的名誉，所以，必须真实，必须客观。真实才有力量，客观才能经得起考验。

（3）**适时**。就是撰写和发出的时机要适当。通报的宣传教育只有配合现实工作的需要，才能发挥更大的作用。抢先不好，滞后不行，火候到了，就撰写，就发出，就能引起人们的关注，充分地发挥作用。

第二节　不应该那么写——病文评改

一、评改病文（1）

（一）病文（1）

关于李××的通报

各系、处，室各班级：

我院××计算机班学生李××，××××年11月30日中午到学院饭堂吃饭的时候，看到排队打饭的人多，就要强行插队打饭。有同学劝他要遵守纪律时，他还大声说：“关你屁事！”一位纠察队员走过来阻止他，他不管三七二十一，拿起搪瓷饭碗打在纠察队员头上，致使那位纠察队员头部受伤。李××的行为引起了在场其他同学的公愤，有人甚至叫嚷要把他拉到派出所去关押起来。

据查李××平时学习也不够刻苦，上学期期末考试有一科仅得61分。

经学院领导研究决定，给予李××以记大过一次处分。

希望广大同学以此为戒，努力学习，争取在学年考试中取得好的成绩。

××职业技术学院

××××年×月×日

（二）评析病文（1）

此文属于批评性通报。表彰性通报和批评性通报其正文的内容结构由概述事实、评价事实、说明决定、提出希望四个部分组成。其作用主要在于宣传教育、提高认识，不是布置工作。所以，对事实、情况除了选择上要注意倾向性、典型性外，叙述也相对地要求更具体详细一些。此篇通报存在的问题有：

（1）有些材料不是主旨需要的。这篇通报的主旨是要通过对李××严重违纪伤人事件的处分，教育学生加强纪律性和道德品质的修养。但其中却写入了李××平时学习不够刻苦，“上学期期末考试有一科仅得61分”的材料，这显然是不恰当的。如果李××在平时也有类似的违纪的错误行为，也只能作为背景材料简略写出。像现在把与主旨无关的材料写上，不利于对学生的教育，当然也不利于主旨的表达。

（2）缺少对李××错误事实性质的评价。这既不利于主旨的鲜明突出，也不利于提高学生的思想认识。

(3)“提出希望”部分的内容，离开主旨，离开李××违纪伤人事实意义的范围。“希望广大同学以此为戒，努力学习，争取在学年考试中取得好的成绩”，实在离题。

(4) 语言欠提炼。如“他还大声说：‘关你屁事!’”和“他不管三七二十一”等，都比较粗俗，不符合公文语言的简练庄重的要求。

(5) 标题的意义不够清楚。主要是事由不完整具体。

(三) 病文 (1) 修改稿

关于李××扰乱饭堂秩序违纪伤人的处分通报

我院××级计算机班学生李××，在××××年11月30日中午到学生饭堂吃饭时，看到排队打饭的人较多，就强行插队打饭。同学劝他遵守纪律，他用粗言滥语骂人；当纠察队员走过去劝阻他，他拿起搪瓷碗就往纠察队员头上砸，致使纠察队员头部受伤，血流满面。

李××的粗野行为严重违反了学校纪律，也不符合一个大学生应有的道德标准。为了使他得到应有的教育，严肃学校纪律，学院根据《××××管理条例》第×条规定，决定给予李××记大过一次处分，并通报全校。

学院希望李××同学深刻认识错误吸取教训，也希望广大同学以李××为鉴，遵守学院纪律，把自己培养成言行文明、有高尚道德的大学生。

××职业技术学院

××××年×月×日

二、评改病文 (2)

(一) 病文 (2)

关于对杨××等四位同志的批评通报

各党总支、直属党支部，各单位：

4月25日上午，学院召开全院防控“非典”大会，明确要求院防控领导组、各校区防控领导组、院防控‘非典’督查组成员和各单位负责人及各教学系主任、总支书记、政治辅导员，必须准时参加会议。绝大多数单位接通知后迅速通知了参会人员，并对参会人员的其他工作作了适当调整，以确保按学院要求参加会议。但也有个别单位的应参加会议人员迟到，个别单位的应参会人员不到会。学院决定，对不按要求参会的有关人员通报批评如下：

一、中文系党总支书记杨××（东校区防控领导组副组长、系防控领导组副组长）接会议通知后，未经党委批准，擅自批准政治辅导员刘××口头请假推迟参加会议时间，刘××同志本人直到会议结束才到会。对杨××同志越权准假特提严肃批评，责令其本人写出书面检查交回学院，并以其三月份的工作津贴和课时津贴之和622元为基数，扣发杨××同志两个月工作津贴和课时津贴共计1 244元。

二、政教部部长李××（政教部防控领导组组长）接学院会议通知后，擅自决定本单位应参会的副部长辛××（学院防控督查组第9组副组长、政教部防控领导组副组长）不参会。对李××同志特提出严肃批评，责令其本人写出书面检查交回学院，并以其三月份的工作津贴和课时津贴之和1 727元为基数，扣发李××两个月的工作津贴和课时津贴共计3 454元。

三、地理系副主任冯××（院防控督查组第6组副组长、系防控领导组副组长）4月22日未向所在系和学院履行正式请假手续，向系主任吴××（东校区防控领导组副组长、系防控领导组组长）口头打招呼离校。4月24日返校。对冯××同志特提出严肃批评，责令其写出书面检查交回学院，并以其三月份的工作津贴和课时津贴之和954元为基数，扣发冯××同志两个月的工作津贴和课时津贴共计1 908元。

四、附中教师褚××未经北校区防控领导小组、附中防控领导小组批准，于4月25日上午10时，擅自将在侯马市工作的妻子带进附中校园，违反了学院防控工作有关规定。对褚××特提出严肃批评，并以其三月份的代课费661元为基数，扣发褚××同志的代课费661元，并责令其妻子立即离开校园。

学院认为，为了教育本人，惩前毖后，杜绝以上违反学院纪律问题再次发生，必须严格纪律，加强管理，切实做到令行禁止，以保证学院各项工作的顺利进行。为此，学院要求：

一、各单位和全体师生必须严格执行学院防控“非典”工作的有关规定和其他各项管理规定，服从调配、忠于职守、认真工作。全院教职工，特别是党员领导干部，要本着对师生员工的生命和健康安全高度负责、对学院事业发展高度负责的思想，切实从自身做起，模范遵守纪律，扎扎实实完成学院交付的各项工作任务，确保我院防控“非典”工作和教学等各项工作有序进行，确保师生的健康与安全。

二、对违反学院纪律规定和不服从学院统一工作调配的人员，要及时严肃处理。

三、受学院批评通报的人员，要尽职尽责地工作，以实际行动挽回不良影响。学院将视其检查态度和工作表现，确定是否对其进一步处理。

四、学院计财处要在发放五月份的工资和津贴时，从杨××等四位同志的工作和课时津贴中按照上述决定分别予以扣发。

特此通报。

××学院

二〇〇三年四月二十五日

（二）评析病文（2）

《关于对杨××等四位同志的批评通报》，这里把它作为病文，并不是说它没有优点。其实它的优点也很突出：

一是事情典型，通报发得也很适时。2003年4月我国“非典”肆虐，防控“非典”的战斗紧张进行。要保证战斗的胜利，要特别做好的事情很多，其中重要的一个方面，就是要使有关的人员遵守纪律、服从指挥。否则许多“对症”做法、有效的措施，就会功亏一篑。××学院4月25日发现突出的“不听指挥”“违反纪律”的人和事，学院马上抓住，对有关的人和事进行批评处理，当日就以通报的形式告诉大家，真是击到了“绷得最紧的弦上”。这就使这一“通报”能最好地实现自己的职能，发挥教育作用，为保证防控

"非典"战斗的胜利作贡献。

二是材料具体、实在，充分地表现出"真实性"。所写的事件，时间、地点、原因、结果，来龙去脉一清二楚。所写的人，姓名、职务、职责、所做的违纪事情、所受的处分，一一明确、毫不含糊。而且这些事和人都是在通报的开头就交代明白的防控"非典"的紧张战斗的环境里发生的。这就更能引起人们的关注，给人以深刻的思考和启发，教育作用也更大。

把这篇"通报"作为"病文"，原因在于，它在材料裁剪和归类综合方面下工夫不够。所写四位同志的违纪事实的内容性质、所受的处分的内容，大体相同，因此，就要归类综合。相同的一并叙述说明，不同的分开叙述说明。现在一个人一个人地叙述、说明，都叙述每个人犯错误的事实，都说明受处分的内容，好些地方就难免雷同、重复，徒然地增加了文字和篇幅。相同的综合起来写，不同的分开来说，由犯错误的事实到受处分的内容，一层一层地说，这样就可避免雷同，减少文章篇幅，也有利于集中、鲜明地表现主旨。

另外，在概述各人犯错误的事实之后，在评价时，还应先概括地点明他们所犯错误的严重性质和严重后果。"通报"没有这样，就说给予处分的目的，显然欠周全。"希望"部分也可以从用词造句上使内容更鲜明地突出防控"非典"的时代性。

最后，从内容看，这篇通报应该是学院的党政联合行文。落款应反映出这一点，即补上：中共××学院委员会。

（三）病文（2）修改稿

关于对杨××等四位同志的批评通报

各党总支、直属党支部，各单位：

4月25日上午，学院召开全院防控"非典"大会的通知中，明确要求院防控领导、各校区防控领导组、院防控"非典"督查组成员和各单位负责人及各教学系主任、总支书记、政治辅导员，务必准时参加会议。绝大多数单位接通知后迅速通知了参会人员，并对参会人员的其他工作作了适当调整，以确保按学院要求参加会议。但仍有个别单位的应参会人员迟到，或不到会。严重违反了学院的要求，影响了会议的进行。学院经研究决定，对违反要求的人员作出严肃处理。现通报如下：

中文系党总支书记杨××（东校区防控领导组副组长、系防控领导组副组长），接会议通知后，未经党委批准，擅自批准系政治辅导员刘××口头请假推迟参会时间，刘××直到会议结束时才到会。杨××同志是越权准假。

政教部部长李××（政教部防控领导组组长），接学院会议通知后，擅自决定不通知应参会的副部长辛××（院防控监督组第9组副组长、政教部防控领导组副组长）参会，致使辛××没有出席会议。

地理系副主任冯××（院防控督查组第6组副组长、系防控领导组副组长），4月22日未向系和学院履行正式请假手续，向系主任吴××（东校区防控领导组副组长、系防控领导组组长）口头打招呼离校，直至4月24日才返校。违反了防控"非典"期间的有关规定。

附中教师褚××，未经北校区防控领导小组、附中防控领导小组批准，于4月25日上午10时，擅自将在侯马市工作的妻子带进附中校园，违反了学院防控工作有关规定。

鉴于杨××等四位同志，在防控“非典”紧张时刻，如此无视组织纪律，擅自主张，擅自行动，干扰了学院防控“非典”工作，影响恶劣，为了教育本人，惩前毖后，杜绝违反学院纪律的现象再发生，学院决定，对杨××等四位同志给予严肃批评和应得的处分。

一、杨××等四位同志各人必须在×月×日前写出深刻的书面检讨，交学院党委办公室。

二、扣发杨××等三人，以各人三月份的工作津贴和课时津贴之和为基数的三月四月两个月份的工作津贴和课时津贴；扣发褚××的以其三月份的代课费为基数的一个月代课费。

经核算，上述四人各人应扣款：杨××为1 244元，李××为3 454元，冯××为1 908元，褚××为661元。

学院计财处要在发放五月份工资和津贴时，从以上四人的工资和津贴中扣发上列应扣款。

三、褚××同志妻子应立即离开校园。

学院希望：一、被通报处分的同志，能以对自己高度负责、学院师生健康高度负责的态度正视错误、检讨错误、改正错误，加强组织纪律观念，忠于职守，做好工作，以实际行动挽回不良影响。

二、全院师生员工要以被通报同志的错误为鉴，加强组织纪律观念，服从命令听指挥，以全院师生员工的生命和健康安全为重，做好本职工作，完成学院下达的各项任务。特别是党员干部更要以身作则，以模范行动，遵守纪律，做好工作，确保我院防控“非典”工作和教学等各项工作的顺利进行，确保师生员工的健康与安全。

三、学院各单位对违反规定和纪律的事件要及时制止，对有关人员要及时严肃处理，有关情况要及时向学院报告。

中共××学院委员会

××学院

二〇〇三年四月二十五日

第三节 应该这么写——范文赏析

通报的范文在格式写作上一般都符合要求，下面要说的是范文（1）、范文（2）在撰写技法上较突出的方面。

一、赏析范文（1）

范文（1）和病文（1）的写作对象都是人，不同的是一个是正面的、表彰的，一个是反面的、批评的。前者的主旨意义得到了充分的表现，而后者则没有得到应有的说明。

为什么？主要的原因在材料的裁剪、安排和各部分内容互相呼应上。如前面已说到的，病文（1）所写的事实有些是与主旨无关的，“希望”部分的内容更脱离了主旨。而范文（1）各部分的内容都是紧扣主旨的，从充分地表现主旨的需要出发进行裁剪、作出安排的，主次详略一目了然。

范文（1）写王××的先进事迹中包括与走私犯张××的搏斗和其平日的表现。前者是他受表彰的直接事实，是主要的，详写。就是详写，也只写了他对走私犯张××走私黄金的“查获”和押送途中的拒绝“贿赂”，以及搏斗中虽身负重伤，仍临危不惧、英勇顽强的事实，而把现场的许许多多的细节、情景裁剪掉了。这虽然少了一些“生动”，但符合公文写作要求，可凸显人物的精神品质。为了把与走私犯搏斗这一“红花”衬托得更“红”，通报也写了王××的平日表现。这是必需的，但是次要的，略写。略写到只用一句话，点明他“参加工作四年来”“先后破获各种走私案件10余起，连续四年被评为县先进工作者”。这一概述，实在、明确，不笼统、不含糊。有了这一“绿叶”的“扶持”，王××与走私犯张××“搏斗”这一“红花”，就更加鲜艳夺目，使人们深信王××英勇顽强表现的必然性。这就为后面号召学习王××的“崇高品质”作了最好的铺垫。病文（1）虽然也写了李××平日的表现，但那是离题之笔，成为通报的“赘物”，不可取。

范文（1）的第三段是对概述事实的评价和决定的说明。但评价只肯定了事实，没有说出事实的思想意义。为什么？显然，撰稿者有意留在第四段里说。第四段从“希望”的角度，说出了王××“崇高品质”的内涵，说得非常贴切、明确，是对概述事实的“点睛”，说出读者心中对事实的评价。这样的“希望”，当然可以有效地化作人们的行动。从写作角度看，这也是对前面各部分内容的呼应，对主旨意义的深化。

范文（1）各部分内容的表述十分精炼，各部分内容环环相扣、步步深入，全文浑然一体，值得借鉴。

二、赏析范文（2）

把范文（2）和病文（2）对照着看，不难发现，这两篇通报都是批评违规违纪的，批评的对象也都是四个（单位或人），都有鲜明的真实性、针对性、适时性。但行文的简明扼要、说明问题的周全，范文（2）远远胜于病文（2）。对于病文（2）存在的问题在“病文评改”中说了，这里只谈谈范文（2）值得借鉴之处。

范文（2）批评的对象：四川省德阳市政府、四川省黔江县财政局、四川省石柱县一些乡镇、山东省临邑县等，这四个单位违规违纪的具体事实是不一样的，其应得的处分也不尽相同，但他们的错误性质和造成的后果，大体来说是相同的。因此，通报的撰稿者，从实际出发，经过认真的分析研究，归类综合，先一个一个单位地陈述他们违规违纪的具体事实，接着指出他们违规违纪的严重性质和严重后果，然后说明他们应受到的处分，相同的一起说，不同的分开说。最后提出希望与要求。这样的安排处理，不仅使通报的内容层次分明，还使行文简明扼要、短小精悍。和病文（2）的把不管不同的或相同的内容，都一块儿地写在各个对象的名下，使许多内容雷同、重复，徒然增加通报的篇幅相比，范文（2）这一长处，更值得人们学习。

第四节　综说与辨析

一、综说

“评价事实”部分不可缺少。

“评价事实”是奖惩通报的重要组成部分，是对概述的事实的本质意义的揭示。第二节评改的两篇病文均缺少这一部分。这就使通报的内容结构不完整，使人觉得在“概述事实”和“说明决定”、“提出希望”之间少了一环，过渡、联系都显得突兀，不自然，也使通报所概述的事实的意义未能鲜明地显示。这不符合通报撰写的要求，也不利于通报的“教育作用”的发挥。所以，通报的“评价事实”这部分内容，不但不应该缺失，而且应该认真地写好。

范文（2）在分别概述了“四川省德阳市”等四个单位犯错的事实后，接着就专门写了一段评述：“四川省德阳市、黔江县、石柱县和山东省临邑县的上述做法，严重违反了国家有关坚决制止乱集资、乱收费的规定和有关金融法规，加重了企事业单位和群众的负担，扰乱了当地的金融秩序，错误是严重的。”这一评述意思准确、鲜明，语言简明有力，是前面概述事实蕴含意义的点睛之笔。这样的评述，对犯错的当事人认识错误、接受处分，是必要的，有积极的深刻的教育作用；对其他部门单位的引以为戒的宣传教育作用，也是必不可少的。这样的评述可以使人们更明确地认识事情的本质意义，领会发布通报的目的性。就从通报的结构看，有了这部分，“概述事实”与“说明决定”、“提出希望”衔接过渡就顺理成章了。事实上，这部分的内容既点明了“概述事实”的本质意义，又为“说明决定”、“提出希望”作出有力的铺垫，提供明确的依据，有承上启下的作用。

“评价事实”，应该准确鲜明。这就要对所概述的事实，进行深刻的分析研究，抓住事实的本质，并且以简洁鲜明的语言来表述。要注意评价的不充分不全面，也要防止夸大其词、含糊不清、语言重复。

二、辨析

通报和通知虽然在功能上有相同之处，但它们的区别是十分明显的。

（一）目的要求不同

通报告知事项的目的，在于通过正反典型事例，表彰先进，批评落后，鼓舞人们学习先进和以后进或错误为借鉴，重在宣传教育。通知告知情况的目的，在于布置工作，部署行动，要人们遵照执行。

（二）内容范围不同

通报是告知正反面的典型人、事，或有关的重要情况；而通知是发布行政法规和规章，批转和转发公文，告知需要办理和周知的事项。

（三）撰写方法不同

通报常常采用概述兼说明、议论的方法。根据需要陈述事实、分析意义、作出评价，使人了解事实真相，受到教育，有较强的感情色彩。通知主要是直陈直叙告知人们做什么，怎样做，具体明白、平实质朴。

思考与练习

1. 通报的主要功能是什么？请举例说明。
2. 在撰写中如何努力使通报的特点鲜明突出？
3. 请评说一下，病文（2）修改稿对病文（2）主要毛病的修改。
4. 请评改下面病文：

××石化厂关于我厂连续发生火灾的情况通报

各科、室、车间：

进入元月以来，不到二十天，连续发生四起火灾，给生产和职工生命财产造成不应有的损失，如：

一月八日十一时，运输车间汽车间汽车修理工段设明火取暖，工人杨××在明火附近用汽油洗手，油星溅入炉火内引起火灾，杨××等四名工人被烧成重伤住医院，财产损失达二万九千四百余元。这起重大火灾是多年来我厂从未发生过的。一月十四日上午九时三十分，单身宿舍六号楼203房间，下夜班工人蒋××由于吸烟不慎，把烟头扔在床下，引起床下的棉纱起火，将该宿舍的衣物、被褥、书籍、生活用具等全部烧光，直接损失七百多元。

四起火灾，均系有关人员思想麻痹，违反安全防火要求所致。这也反映了我们的防火宣传工作做得还不够深入，防火措施还没落到实处，存在死角。为此，必须引起我们各科室、车间领导同志的高度注意，从上述事故中吸取教训，根据各部门的具体情况，结合安全大检查，向职工广泛进行一次安全防火的教育，狠抓薄弱环节和死角，堵塞一切漏洞，落实好各项防火措施，严防火灾发生，以确保生产的顺利进行，保卫国家及群众生命财产的安全。

第七章 请示写作

第一节 写作依据

一、性质

请示，是下级机关向上级机关请求指示、批准的上行文种。是下级机关在公务活动中，遇到需要办理但自己又无权决定或无力办理不能解决，需要得到上级的批准、指示后，方可付诸实践的时候，用来向上级机关说明情况，提出请求的文种。

二、功能

请示的功能广泛，其主要作用，是保证党政机关的公务活动在规定的职权范围内正常开展，保证上级的权威和工作意图能在下级机关的工作中体现，保证下级机关能及时有效地得到上级机关的指导和帮助，从而减少损失，多创成绩。

三、特点

请示的主要特点有：

（1）制发时间的事前性。即请示是在有关工作开始实施之前行文的。既然请示的事项是必须得到上级机关批准或指示后才能做的事情，当然就不能“先斩后奏”。在事情开始后再制发有关的请示，是不允许的。

（2）发文的目的限于为办理本单位的事情而请求上级机关批准或指示，也就是说，如果不是为办理本单位自己的事情而向上级机关有所请求，不应该用请示。

（3）发文的内容是“一文一事”。“一文多事”在“请示”里是不允许的。这是保证“请示”能得到上级机关及时、有效的批复所需要的。

（4）有明确的批复请求。这是祈求请示目的要求落实的表现，凡是请示行文都得有，不能漏。

四、种类

按请示的职能，可以将请示大体分为：请求批准的请示，请求指示的请示，请求支持、帮助的请示三种。

（一）请求批准的请示

这是下级机关根据职权范围的规定，在办理自己无权决定的事项之前，请求上级机关审核、批准的请示。这类请示多用于机构设置、审定编制、重要决定、重大决策、大型项目的安排等事项。如：

范文（1）

关于丹霞山风景名胜区列为国家重点风景名胜区的请示

国务院：

丹霞山风景名胜区位于我省韶关市仁化、曲江两县境内，面积180平方公里，分丹霞山、韶石山、大石山三个景区，距韶关市区最近处10公里，最远处50公里，柏油公路直达主峰景区，观光旅游的交通十分方便。

据地质考证，6 500万年前丹霞山所在地是一个大湖泊，由于造山运动，形成红岩峭壁和嶙峋洞穴，构成奇异自然风景。在全世界同类地形中，以丹霞山为最典型，“丹霞地貌”已成为国际地质学名词。现丹霞山景区已开发接待游人的范围为12平方公里，主要景点有87处，山、港、江、湖兼备，绿化良好，兼之摩崖石刻、寺庵、亭台楼阁点缀其间，自然及人文景观丰富。靠丹霞山南侧的韶石山景区，滂于浈水，是历史上舜帝南巡奏乐之处，内有“三十六石”的奇景；丹霞山西侧的大石山景区，类似丹霞山的奇山异峰，有丹寨幽洞、岩柱等自然景观。

在丹霞山风景名胜区附近，有“金鸡岭”、“九龙十八滩”、“古佛岩”、“南华寺”、“马坝人遗址”等风景区及名胜古迹，总面积约400平方公里。目前，粤北地区以丹霞山风景名胜区为中心形成了我省一条重要的旅游线。

根据国务院《风景名胜区管理暂行条例》，我们对丹霞山风景名胜区进行了资源调查、评价，编制了总体规划。现申请把丹霞山风景名胜区列为国家重点风景名胜区，请审批。

广东省人民政府

××××年×月×日

（二）请求指示的请示

这是下级机关在工作中遇到对某一方针、某一政策不够明确、不够理解，或对新问题、新情况不知如何处理时，请求上级给予明确的解释和指示的请示。如：

范文（2）

关于海关车辆养路费缴纳标准问题的请示

［1990］×关财字19号

海关总署：

我关自用车辆在1990年以前一直是按有关减免征收行政机关自用车辆养路费的规定，免交车辆养路费的，但是自1990年1月1日起，××省交通厅，对我关的自用车辆实行了全额征收养路费的规定。理由是根据1985年财政部〔85〕财文字第40号《关于改革海关行政经费供应办法的复函》，海关行政经费由国家预算拨款的办法改为由关税收入中提成解决，海关由此作为有经费的事业单位应全额征收车辆养路费。然而我们认为根据《中华人民共和国海关法》和国务院国发〔1980〕42号文件《关于改革海关管理体制的决定》规定，海关是代表国家在口岸行使监督管理职权的机关，各地海关的人员编制、经费、基建、物资、外汇等均由海关总署统一管理。海关行政经费供应渠道改变后，其开支范围和标准仍按国家对行政机关的规定执行。这并没有改变海关是行政机关的性质，海关经费仍属于行政经费范畴，纳入国家预算管理。而我关的经费开支中并无车辆养路费这一项。鉴于以上理由，我们认为海关自用车辆应与党政机关车辆同等对待，可以享受行政机关车辆减免征收养路费的待遇。就此问题我们与××省交通厅多次专协，未能取得统一意见，现请示如下：

1. 我关自用车辆是否要缴纳全额养路费？

2. 如需缴纳车辆全额养路费，其费用应从哪项经费中开支？

以上问题，请裁示。

××海关

××××年×月×日

（三）请求支持、帮助的请示

这种请示是下级机关在工作中遇到了自身很难克服或者无法克服的困难时，请求上级机关给予支持、帮助用的请示。如：

范文（3）

关于要求追加我省自然灾害救济款的请示

（省略发文字号）

国务院：

今年我省自然灾害频繁，损失严重。上半年我省十多个市遭受寒潮、霜冻、龙卷风、冰雹和洪涝灾害；下半年第二、第九、第十五、第十六、第十八、第二十三号强台风先后在我省五个县（市）登陆，台风伴随暴雨，造成洪涝灾害，损失严重。据统计，全省受灾人口××××人，死亡×××人，伤×××人，倒塌房屋×××间，损坏房屋×××间，受灾粮食作物×××公顷，其中成灾×××公顷，绝收×××公顷，交通、通讯设施和工商业等损失也很严重。因灾直接经济损失××××亿元。夏粮减产××××吨，初步估算秋粮减产××××吨。

国务院对我省灾情非常重视，今年已经拨给我省救灾补助款××××万元；十一月五日我省赴京汇报后，国务院初步确定再增拨给×××万元救灾款。我省各级正按照国务院领导的指示精神，安排好国家补助的经费，继续部署救灾救济工作，广泛发动群众生产自救。但是，由于受灾面积广，人口多，需要救灾救济款数额大，无法全部解决灾区群众的困难。鉴此，除继续发动灾民生产自救和依靠各级地方政府财政支持外，恳请国务院再拨给我省冬令救济款××××万元。

以上请示，请批复。

××省人民政府

××××年×月×日

五、主体要素

（一）标题

请示的标题，一般由发文机关、事由和文种构成，如《××省财政厅关于解决××县广播电视设备问题的请示》。也有许多标题是省略发文机关，由事由和文种构成的。上举的三篇范文的标题属此类。拟写请示标题要注意，不能将“文种”写成“报告”，也不要出现“申请”、“请求”之类的多余词语。

（二）主送机关

请示的主送机关，一般只能写一个。根据隶属关系和职权范围，所要请示的事项属谁主管就请示谁。上举三篇范文都遵循了这一要求。如果写了两个或两个以上的主送机关，就违反了请示不能多头或越级请示的规则，从而影响上级机关及时、有效地批复。

（三）正文

正文，是请示最重要、最关键的部分，通常由请示缘由、请示事项、结束语三个较稳定的部分组成。这三部分的内容各有侧重，但都得紧扣主旨，清楚明确。

（四）成文日期与印章

成文日期写在正文下方的适当位置上，年、月、日都得写全，要用汉字书写。机关印章是请示公文的有效标识，其下沿压在成文日期上。印章必须端正清楚。

六、写作要求

（一）遵守请示规则

按《办法》请示是上行文，《条例》第十五条规定，向上级机关的行文应遵循以下规则：

（1）原则上主送一个上级机关，根据需要同时抄送相关上级机关和同级机关，不抄送下级机关。

（2）党委、政府部门向上级主管部门请示、报告重大事项，应当经本级党委、政府同意或授权；属于部门职权范围内的事项应当直接报送上级主管部门。

（3）下级机关的请示事项，如需以本机关名义向上级机关请示，应该提出倾向性意见后上报，不得原文转报上级机关。

（4）请示应当一文一事。不得在报告等非请示性公文中夹带请示事项。

（5）除上级机关负责人直接交办事外，不得以本机关名义向上级机关负责人报送公文，不得以本机关负责人名义向上级机关报送公文。

（6）受双重领导的机关向一个上级机关行文，必须抄送另一个上级机关。

（二）事项与理由，应当实在、清楚、充分，请求必须明确

事项与理由是领导批准的依据，因此，务必写得实在、清楚、充分，不可笼统含糊。请求必须明确、恰当、符合实际，利于领导批准。

（三）态度要恳切，用语要得体

对上级当然必须尊重，但不需讨好、恭维，该怎么说就怎么说。

第二节　不应该那么写——病文评改

一、评改病文（1）（2）

（一）病文（1）

关于要求解决学生宿舍拥挤等问题的请示

××人民政府、市教委：

我校今年由于住校生急剧增加，现有学生宿舍已无法容纳，现在住校生基本上是一铺二人住宿，严重影响学生的身心健康。为解决这一困难，我校需再建一栋学生宿舍。另外，我校图书馆也尚未达省“两基”标准，望上级部门给予适当支持。

特此请示，请回复。

××市第二职中

××××年×月×日

（二）评析病文（1）

这篇病文，主要毛病有：

（1）未遵守请示应“一文一事”的要求。从标题和正文内容可以看到，此文请示两件事，即要求解决学生宿舍拥挤和图书馆尚未达“两基”标准问题。这两件事如果都有必要请示的话，那就应分开各写一个请示，以利于上级审批。

（2）标题中的“事由”表达不清楚。“解决学生宿舍拥挤”问题，可以有多种途径和方法，如借房、租房、减少招生数、建新宿舍等。事由的不清楚，表现出主旨不明确。从正文内容，我们知道这一请示要说的是“再建学生宿舍”。既然如此，就得在标题的“事由”中说清楚。既然一篇请示只能写一件事，标题中的“等”字就要删去。“要求”的意思和“请示”的意思有所重复，删去“要求”。

（3）主送机关写了两个也不恰当，只能写一个。从机关的隶属关系情况看，“××市第二职中”的直接领导机关是“市教委”，也就是说，批复“请示”的有关事项的是“市教委”。因此，此文的主送机关写“市教委”就可以了。××市人民政府虽然也是上级领导机关，但不是直接上级，它的权力大，但按规定它不能越权审批属于自己下属机构权限内审批的事项，所以，应删去。

（4）理由根据只写“住校生急剧增加”、“宿舍已无法容纳”，过于笼统，应该写出具体实在的事实，写出相应的数字，才有说服力。

（5）请求事项“望上级部门给予适当支持”，既不明确也不实在。“支持”什么？是钱还是物？“适当”是多少？上级机关都不容易确定的，当然也就不容易批复。

（6）结束语“……请回复”，应明确地说“请批准”。

据说，上面病文，上级机关从大的方面指出了毛病后，发文单位重新写了如下的第二稿，即病文（2）。

（三）病文（2）

关于解决学生宿舍拥挤问题的请示

市教委：

我校1995年有学生1 200人，其中住宿生600人，今年学校扩招，学生增加到2 600人，住宿生也急剧增加到1 300人，现在住宿生绝大部分是一铺两人。本来已经不宽的床位，睡了两人，连翻身都有困难。已有20人在睡觉时摔到地上，其中一年级二班的李明和二年级一班的陈勇同学分别摔断了左手和左腿，不能正常上课了。其次，由于太拥挤，住宿生中曾有290多人患上皮肤病。还有，住宿生每天洗澡也得排上近1小时的队，严重影响了晚自修。总之，由于住宿太拥挤，学生的身心健康受到严重影响。为了解决这一问题，我们急需建一栋新学生宿舍楼，望拨给我校70万元建筑费。

请批准为要。

××市第二职中

××××年×月×日

（四）评析病文（2）

病文（2），即××市第二职中写的“请示”的第二稿，总的来说比第一稿好，第一稿即病文（1）存在的多数毛病已经修正。理由根据一项，已由“笼统”变为具体实在，这是应该肯定的。但是须知，任何事情都有一个“度”。理由根据“笼统”没有说服力，应该避免，但是为了追求具体实在，把事实说得过详、过细，变成琐碎、累赘，不仅使文章徒增字数、篇幅，也同样会削弱理由根据的说服力。因此，任何事情都不能“过”，不能由一个极端走到另一个极端。病文（2）里作为请求批准事项理由根据的事实，即由于床位太少，给学生的学习生活带来困难，给学生的身心健康造成不应有的影响的事实，就写得过分具体、翔实了，这反而影响了事实意义的简明表达，是不符合应用文写作要求的。因此，修改时，要从事实的整体出发，抓住实质性的内容，简明扼要地陈述，让受文者能比较容易地领会和把握其中的关键性的意义。

下面的“修改稿”是针对“病文（1）”、“病文（2）”存在的问题进行修改的，而且是就“解决学生宿舍拥挤”问题的“请示”进行修改的。至于图书馆尚未达标问题，就不再拟写修改稿了。

（五）病文（1）、（2）修改稿

关于拨给新学生宿舍楼建筑资金的请示

市教委：

我校近几年按照市下达的计划招生，造成住宿生急剧增加，学生宿舍十分拥挤。1995年我校学生为1 200多人，住宿生600人，到今年10月份学生增加到2 600人，其中住宿生增加到1 300多人。而学生宿舍没有增加，仍然只有三栋700多个床位。现在有四分之三的住宿生是两人一铺。这不仅给学生的生活、学习造成了许多困难，更大的问题是严重地影响学生身心健康发展。为解决这一问题，我校拟于1999年初在我校校园东面的一块空地上建一栋七层有800个床位的学生宿舍楼。建楼需资金130万元，我校自筹60万元，尚差70万元。请市教委支持我们，拨给我校70万元学生宿舍建筑资金。

以上请求，恳请批准。

××市第二职中

××××年×月×日

二、评改病文（3）

（一）病文（3）

关于增拨办税大厅基建经费的请示

××省人民政府、××省长：

1995年11月，我局派出调查组到广西柳州市国税局学习考察其办税大厅的建设情况。调查组认为办税大厅功能较齐全，适应税收征管模式的改革，方便纳税人缴纳税款。为此我局于1996年决定建办税大厅，并得到省人民政府的支持，在×府〔1996〕×号文“关于拨款修建办税大厅的批复”中，拨给我局150万元，此项资金已专款专用。

但由于建筑材料涨价，原预算资金缺口较大，恳请省人民政府拨给不足部分，否则将影响办税大厅的竣工及我省税收任务的完成。

特此请示报告。

××省地方税务局

××××年×月×日

（二）评析病文（3）

这篇“请示”的主要毛病有：

（1）缘由部分，没有把请示理由、根据说清楚，当然更谈不上充分了。其对上级机关提出的要求是“增拨办税大厅的基建经费”。既然是“增拨”，就应该把“增拨”的理由、根据，作为重点说清楚、道明白、讲充分。然而“请示”拟写者似乎没有这样的认识。不然的话，他为什么用整整的第一大段去说为什么要建“办税大厅”的理由（也没有说到点了上）和省政府的批复这些与“增拨”关系不太大的情况呢？第二段虽然写到了要“增拨”经费的原因，但仅有“由于建筑材料涨价，原预算资金缺口较大”的空话，没有事实、没有具体情况，能有说服力吗？看来“请示”的拟写者在动笔之前，压根儿没有对所要请示的事项作应有的分析研究，没有准备应有的事实和数字。这样，这篇失败之作的产生就不奇怪了。

（2）请示事项不明确。“恳请省人民政府拨给不足部分”中“不足部分”是几元几角？不清楚。像这样笼统含糊的“请示事项”，即使前面理由根据说得明白充分，上级机关也难以作出批示。

（3）“主送机关”部分，违背了“除上级机关负责人直接交办事项外，不得以本机关名义向上级机关负责人报送公文”的规则。“××省长”应删去。

（4）“结束语”不恰当。没有表达出“请求”的意思。应改为“以上请求，恳请批准。”“请示报告”的说法不伦不类，应把“报告”删去。

这篇“请示”有如此之多的毛病，当然不能完全排除拟写者对有关的知识没有掌握好的原因，但主要的还是拟写者态度不认真不严肃，敷衍塞责所致。

（三）病文（3）修改稿

关于增拨办税大厅基建经费的请示

××省人民政府：

省政府1986年拨给我局修建办税大厅的基建费150万元，我们专款专用。办税大厅的基建也严格按计划进行。但由于近两三年来建筑材料大幅涨价（钢材每吨由××××元涨到××××元，涨幅××%；水泥每吨由×××元涨到×××元，涨幅××%），致使办税大厅的基建预算资金出现××万元的缺口，这将严重影响办税大厅修建的进度。为了保证办税大厅的修建如期竣工，我们请求增拨办税大厅基建费xx万元。

特此请示，恳请批准。

附件：××办税大厅基建费开支情况表一份。

××省地方税务局（印）

××××年×月×日

第三节　应该这么写——范文赏析

在第一节种类部分，我们列举了范文（1）《关于丹霞山风景名胜区列为国家重点风景名胜区的请示》、范文（2）《关于海关车辆养路费缴纳标准问题的请示》、范文（3）《关于要求追加我省自然灾害救济款的请示》三篇范文。这三篇范文在撰写上都是规范的。下面我们不一一赏析，只把三篇请示正文的请示缘由、请示事项、结束语三部分的共同可借鉴之处，综合起来说一说。

（一）请示缘由

这是提出请示事项和要求的理由与根据，主要是交代请示的原因、背景、基本情况。这部分的写作既要实事求是、有理有据、说明充分，又要开门见山、条理清楚、简明扼要。上举三篇范文的写作都做到了这些要求。范文（1）的第一段至第四段的第一句话，属这一部分。这一部分，分别介绍了“丹霞山风景名胜区”的方位，说明了“丹霞山风景名胜区”奇异的自然风景、丰富的人文景观、周边的风景及名胜古迹；交代了根据国务院《风景名胜区管理暂行条例》完成了对景区“资源调查、评价，编制了总体规划”。这些介绍、说明、交代，具体实在、清楚，抓住了特点，为下面提出“请批审”提供了有说服力的理由和条件。范文（2）的第一段属这一部分。撰稿人在这一部分里，先交代1990年前的情况，后说1990年1月1日起的情况。说1990年1月1日后的情况，又先说××省财政厅的“规定”及“根据”、我们的“根据”与认为，再说“就此问题我们与××省交通厅多次专协（这是生造词——引录者）未能取得统一意见”。这就把要请示事项的来龙去脉、前因后果，交代得明明白白。这样后面的请示事项的提出，就是水到渠成的事了。范文（3）的第一段至第二段的“……无法全部解决灾区群众的困难”处，属这一部分。这篇请示开头先以“今年我省自然灾害频繁、损失严重”总括，然后以事实和数字，具体、简明地说清“灾害频繁、损失严重”的实际情况。这样概括与具体结合的说明，为下面的请示事项、请示要求的提出，准备了充足的理由。

三篇范文的这一部分，具体内容不同，但共同的都是为“请示事项”的提出说明理由根据。这些说明，都实在具体、充分，说服力很强，为上级机关对“请求”的审批提供了恰当的依据。

（二）请示事项

这是请求上级机关批准、解答、指示的具体事项。这部分要明确具体、合情合理。如果请示的事项内容较复杂，要分清主次，一条一条地写出来。范文（1）的最后一段最后一句话，属这一部分。请求“审批”“把丹霞山风景名胜区列为国家重点名胜区”，这一请求切合实际。范文（2）第二段之后的“1”、“2”两点属这部分。把裁示的请求以提问的形式表达，确切、客观、自然。范文（3）的第二段最后一句话属这部分。这句话的意思十分明确。它不但说清楚了恳请国务院拨给“救济款××××万元”这一重要意思，而且说明了这“救济款”是“再拨”，是“冬令救济款”。这样既照应了前面叙述的情况，又把请求事项的意思说得十分贴切、十分准确。

（三）结束语

在请示里又称请示要求。是请求上级机关对请示事项作出答复的一句话，也是表示正文部分结束的一句话。这句话在其他文种里可以省略，但在请示中不能省略。范文（1）的“请审批”，范文（2）的“以上问题，请裁示”，范文（3）的“以上请示，请批复”都属这部分。请示的这部分，即结束语，多数写成“以上请示，是否妥当（妥否、当否、可否），请批复（批示、指示、审批、批准等）”。但是如果能根据请示不同的类型和具体目的的差别，在后半句中选用相应的更贴切的词语就更好。一般来说，请求明确指示的，用“请指示”；请求表态、裁决的，用“请批示（或裁示）”；请求同意、批准的，用“请批准”。细细地推敲三篇例文的结束用语，可以知晓这样表达意见除更为准确外，也与“事项”部分的内容更为协调。

以上的具体评说表明，三篇范文正文部分的缘由、事项、结束语的撰写，都是很规范的，值得借鉴。

第四节　综说与辨析

一、综说

请示的理由根据必须明确、恰当、充分。

第二节评析的三篇病文一个突出的共同毛病，就是请示理由根据的说明不够恰当，不够实在，不够充分，这必然会影响上级对请示事项的批准。病文（3）的请示事项是请求“增拨办税大厅的基建费”，而理由根据的重点在说“为什么要建办税大厅”，而不是说为什么要“增拨”建办税大厅的经费，这就是话不切题。病文（1）、病文（2）所说的理由根据切合请示要求，但说得太笼统或说得过于具体琐碎，都是不恰当的。

"请示"，要使上级批准请示事项，请示的理由根据就应该说得恰当、实在、充分、简明。这方面，第一节举出的三篇范文是处理得很好的。这在第三节已作详细的分析，这里不多说了。就以三篇病文的"修改稿"来说，在这方面也比较好地修正了病文的毛病。病文（3）修改稿一开头就交代：省政府已拨给我局修建办税大厅的基建费"我们专款专用"，又说"办税大厅的基建也严格按计划进行"。接着就集中笔力说明"增拨办税大厅基建经费"的理由根据。在概述"近两三年来建筑材料大幅涨价"时，以括注的方式点明主要建筑材料大幅涨价的数据。这就是以概括又实在的理由根据，有力地说明了办税大厅基建预算资金为什么会出现××万元缺口，为什么要求增拨××万元的原因。这样的说明与病文的"离题"废话、空洞说辞相比较，谁优谁劣，是一目了然的。病文（1）、病文（2）的修改稿对"理由根据"这部分的修改，只要将它和病文相对照、相比较，也不难发现谁精谁粗。病文（1）、病文（2）的修改稿，对理由根据的说明做到了既具体实在，又简明扼要，没有笼统、琐碎的问题。

为什么三篇范文对"理由根据"的说明，能很好地做到恰当、实在、充分、简明呢？两篇病文的修改稿也能较好地达到要求呢？原因在于它们的撰稿者能实事求是地抓住要办事情的关键，话不离题。该说的话认真地说，用事实说，注意剪枝强干、删繁就简。文稿的事实清楚地说明着这点。这是要认真研究学习的。

二、辨析

（一）请示和报告的同异

请示和报告同是上行文，在行文时都要遵循《条例》第十五条向上级机关行文的规则。在实际工作中两种文种常有混用或错用的情况。其实两者既有相同之处，又有明显的区别。两者的区别在于：

（1）行文内容有别。请示是向上级机关请求指示和批准的公文，具有请求的性质；而报告是向上级机关汇报工作、反映情况、答复上级机关的询问的公文，具有陈述性质。

（2）行文目的不同。请示是为解决单位自身的某一具体事项，请求上级机关指示或批准的公文；而报告是向上级机关汇报情况，为上级机关的决策提供信息和依据的公文。请示明确地要求上级机关作答复，上级机关也一定作答复；而报告不要求上级机关作答复，上级机关一般也不作答复。

（3）行文时机不同。请示必须在事前行文，等上级机关作了答复之后才付诸实施；报告则在事后行文，也可在工作进行中行文，一般不在事前行文。

（4）请求事项不同。请示要求一文一事；报告在"一文一旨"的前提下，可以一文一事，也可以一文数事。

（二）请示和上行意见的同异

请示和意见中的上行意见，都属上行文种，都是对上级机关有所请求而制发的。然而，两者所请求的实际内容有明显区别。请示所请求的内容广泛而具体、实在。凡是发文单位自身工作中遇到的问题和困难，确需上级给予指示和支持帮助的，从方针政策到人、财、物，都可以用请示提出。而上行意见一般限于工作中遇到的新问题需要解决而且有了解决的措施、办法或方案，要上级机关批示予以肯定或批转有关单位贯彻执行，也就是说是请求给予政策办法，不是人、财、物的支持帮助。这是请示和上行意见最明显的不同。另外，上级对请示的答复是用批复行文，而对上行意见用批示行文。

（三）请示和请批函的同异

请示和请批函都有向受文单位请求指示和批准的内容，但请示是向有隶属关系的上级机关行文，而且内容广泛。请批函是向业务主管部门行文，内容多是业务范围内的事。这一业务主管部门和发文单位一般是业务方面的主管与被主管的关系，没有行政上的领导与被领导关系。受文机关对请示的回答用批复，对请批函的回答用复函。

思考与练习

一、请判断下列各题对错并简述理由。

1. ××县教育局，要修建局办公楼，向县财政局请求拨给有关经费，用请示行文。

2. 为了争取工作主动，在向上级写请示时，发文机关应同时抄送给下级单位。

3. 为了提高办事效率，可在一份请示中请求指示或批准若干件事项。

4. ××单位向上级请求批转解决某一问题的方案，用请示行文。

二、请以范文（3）和病文（3）为例，说说要撰写出合格的请示，应该注意的主要方面是什么。

三、请指出病文（1）、病文（2）各自在撰写请示的理由根据方面存在的主要问题，然后与该两病文的修改稿对照，说说撰写请示的理由根据要遵循什么原则，注意什么问题。

第八章 批复写作

第一节 写作依据

一、性质

批复，是适用于答复下级机关请示事项的下行公文。

二、功能

有请示才有批复，没有请示就不会有批复，所以，批复是专用来答复下属机关请示事项的被动性行文。

三、特点

第一，强烈的针对性。批复的各项内容必须紧扣来文的请示。一事一批复；请求什么就回答什么，无论是同意还是不同意，都应作有针对性的答复；谁请示的就向谁行文。

第二，明确的指示性。批复所答复的问题，都是来文单位无法解决或无权决定的事项。所以，批复对有关事项的意见，总是具体鲜明的，有强烈的指示性，要求来文单位遵照执行。

这两个特点，看看如下范文就可了解。

范文（1）

关于重建何香凝故居问题的批复

厅字〔1990〕14 号

中共广东省委、省人民政府：

1990 年 3 月 5 日《关于重建何香凝故居的请示》收悉。鉴于广州市已有一座廖仲恺、何香凝纪念馆，根据中央、国务院有关规定，按原貌重建何香凝芳村故居一事缓办，可在芳村故居建立一简易纪念标志。

此复。

中共中央办公厅

国务院办公厅

一九九〇年四月十七日

范文（2）

国务院关于全国地下水污染防治规划（2011—2020 年）的批复

国函〔2011〕119 号

各省、自治区、直辖市人民政府，发展改革委、财政部、国土资源部、环境保护部、住房城乡建设部、水利部：

环境保护部《关于上报〈全国地下水污染防治规划（2011—2020 年）〉修改稿的请示》（环发〔2011〕104 号）收悉。现批复如下：

一、原则同意《全国地下水污染防治规划（2011—2020 年）》（以下简称《规划》），请你们认真组织实施。

二、《规划》实施要深入贯彻落实科学发展观，坚持保护优先、预防为主、防治结合、落实责任、强化监管的原则，加大对地下水污染状况调查力度，健全法规标准，完善政策措施，依法推进综合防治，切实保障地下水饮用水水源环境安全，逐步建成以防为主的地下水污染防治体系，保障地下水资源可持续利用，推动经济社会可持续发展。

三、通过实施《规划》，到 2015 年，基本掌握地下水污染状况，初步控制地下水污染源，初步遏制地下水水质恶化趋势，全面建立地下水环境监管体系；到 2020 年，对典型地下水污染源实现全面监控，重要地下水饮用水水质安全得到基本保障，重点地区地下水水质明显改善，地下水环境监管能力全面提高，地下水污染防治体系基本建成。

四、各省（区、市）人民政府是《规划》实施的责任主体，要切实加强组织领导，将《规划》确定的目标和任务纳入本地区经济社会发展规划，并制订年度实施计划。要加强规划衔接和项目协调，建立多元化投融资机制，加大资金投入力度，加强环境监测和执法监督，落实企业责任，综合推进规划实施。对符合规划要求项目，中央财政将在现有投资渠道中予以支持。

五、有关部门要根据各自的职能分工，建立联动机制，加强对《规划》实施指导、支持和监督，统筹规划完善地下水监测网络，建立信息共享平台，统一发布相关环境信息。环境保护部要会同有关部门抓紧制定《规划》实施的评估机制，提出《规划》后续实施方案。

《规划》是我国地下水污染防治、保护和管理工作的重要依据。各地区和部门要统一认识，密切协作，确保《规划》顺利实施，切实提高地下水对经济社会发展的支撑和保障能力。

国务院

二〇一一年十月十日

四、主体要素

批复主体通常有标题、主送机关、正文、成文日期、印章等部分。

（一）标题

批复的标题通常有三种形式。

（1）完整式标题，又称三项式标题。由发文机关 + 事由 + 文种三要素组成。

（2）省略式标题，又称两项式标题。由事由 + 文种组成，即省去了发文机关。

(3) 特殊式标题，又称四项式标题。由发文机关 + 事由 + 主送机关 + 文种组成，如《国务院关于同意安徽省设立滁州市、巢湖市给安徽省人民政府的批复》。

(二) 发文字号

由发文机关的代号、年份、发文顺序号组成。写于标题的下方靠右侧的适当位置上。

(三) 主送机关

哪个机关来文，哪个机关就是主送机关。主送机关一般是一个，但如果批复的事项也是其他单位必须办理的，就把其他的有关单位也列为主送机关。如范文 (2)，关于《全国地下水污染防治规划 (2011—2020 年) 修改稿》的请示，是环境保护部上报国务院的。但《全国地下水污染防治规划 (2011—2020 年)》贯彻执行，却是全国各省、自治区、直辖市人民政府和国务院的其他的许多部门，都必须负责的。所以，这一批复就把这些单位、部门和环境保护部一起列为主送机关。

(四) 正文

一般由批复原因、批复事项、结束语三部分组成。

(1) 批复缘由，即批复根据。一般以开头一句话如范文 (1) 或开头的一段话如范文 (2)写出，让受文单位明确这份批复是针对哪篇请示，什么问题而发的。常见的写法是用简明扼要的语言引述请示的标题、发文字号，或概述来文的主要内容，以作为批复事项的依据。

(2) 批复事项，也称批复意见。这是正文的核心部分，是批复机关对下属单位的请示事项作出明确表态，提出贯彻执行的具体要求。

(3) 结束语。常用的是"此复"或"特此批复"。在批复事项后，单独一行写出。也有一些批复没有单独的结束语的，写完事项后自然就结束，如范文 (1)。

批复正文，如果内容比较简单，可采用篇段合一结构写出，如范文 (1)；如果内容比较丰富，意见要求涉及的方面较多，则应采用分条列项的形式，将批复缘由和批复事项分段，将意见、要求分点写出，如范文 (2)。

(五) 成文日期和印章

成文日期即发文时间应用汉字书写年、月、日，要写全。印章下沿略压成文日期，要端正、清楚。

五、撰写要求

(1) **撰写要慎重、及时**。下级请示的问题，常常是需要得到上级的帮助或提出明确的意见后才可以办理的事项。所以，上级机关就得认真地分析研究，看看是否需要办，是否可能办，在政策措施方面要注意些什么，并把形成的意见用批复及时地告知请示单位，让请示单位能及时地处理有关事项。

(2) **批复意见要实事求是，鲜明、实在**。下级请示的事项有的正确，有的可能错误。这就要求批复机关，要根据实际情况，按照党和国家的方针政策提出意见，作出处理。该同意的则同意，该否定的则否定，该修正的则修正。态度要鲜明果断，意见要有理有据，要求要实在可行。绝不可含糊其辞，模棱两可。

(3) **要坚持一个请示一个批复，严防一个请示多个批复**。一个请示一个批复有利于批复意见的贯彻执行，也是维护批复的权威性和庄重性的需要。一个请示多个批复既不利于批复意见的贯彻执行，更会给批复这种文种及其发文机关的权威性带来损害。

第二节　不应该那么写——病文评改

一、评改病文（1）

（一）病文（1）

关于修建新办公楼请示的批复

××字［1999］24号

××厂：

有关请示已悉。关于修建新办公楼一事，经研究，还是以不建为宜。此复。

××××公司

一九九九年五月五日

（二）评析病文（1）

这篇批复的主要问题有：

（1）发文缘由交代不清。文中首句"有关请示已悉"，究竟有关什么问题的请示，没有说清楚；也没有引述来文的发文字号、标题等，缺乏明确的发文依据，直接影响批复的效力。

（2）态度含糊不清。文中提出"还是以不建为宜"，语气不坚决、不明确，使人以为还有进一步讨价还价的机会。

（3）缺少适当的说理。批复是要对请示事项表明同意或不同意的意见的。但表明有关意见的同时，得进行适当的说理。表示不同意请示事项的批复更应如此。这是取得请示单位的认同和支持所需要的。病文（1）没有这样做，只以一句话否定请示单位的要求，是容易引起对方的误解和反感的。这样不利于工作，不利于双方关系的和谐，应修正。

（三）病文（1）修改稿

关于××厂修建新办公楼请示的批复

××字〔××〕24号

××厂：

××××年×月×日《关于修建新办公楼的请示》（××〔××〕27号）收悉。经公司领导研究，认为你厂现有的办公楼虽然陈旧一点，但适当装修后仍可使用，近期内不会影响办公事务的开展。因此，不同意修建新办公楼。

特此批复。

××××公司（印）

一九九九年五月五日

二、评改病文（2）

（一）病文（2）

关于免征税问题的批复

×××厂：

××税务所转来的你厂有关请示收悉。你厂由于受3号强台风袭击，车间倒塌，设备被破坏，严重影响企业生产，因而要求免征销售产品税。经我局研究，同意××税务所的意见。希望××税务所尽力帮助该厂尽快抢修被破坏的厂房和设备，迅速恢复生产，恢复税收。

特此回复。

××××公司

××××年五月五日

（二）评析病文（2）

此文毛病较多，基本上不符合撰写要求。

（1）标题事由过于空泛。有关“免征税问题”不仅范围广泛，内容也较繁多，应该具体说明×××厂所要求的是免征什么样的税种。从批复正文中，可以知道，所谓“免征税问题”，实际上是指免征×××厂的销售产品税。标题的事由中就应如实地说清这一意思。

（2）欠缺发文字号。批复的文种性质特点要求必须有发文字号。况且这一批复的内容重要，更不能缺少发文字号。

（3）主送机关不恰当。从正文内容可知道，关于免征销售产品税，是×××厂受灾后提出的请求。这一请求按行政管理程序由××税务所转呈×××税务局审批。因此，××税务局的“批复”，一般情况下，也应该按程序由××税务所转给×××厂。现把×××厂作为主送单位是有违正常程序的，不利于工作。事实上也已明显地影响了正文有关内容的恰当表达。

（4）正文内容表述不正确，主要有三点：①“有关请示”的说法，太空泛、不具体、不实在。应如实地写出来文的标题和发文字号。②所述内容针对的单位不统一。批复正文内容实际上分两方面。第一方面，“你厂……而要求免征销售产品税”是转述来文的内容，是对“你厂”说的。而第二方面“经我局研究……恢复税收”，是批复意见，则是对××税务所说的。由于针对的单位不同，把本来密切相关的两方面的内容，人为分割开来，造成脱节，在意义和语言上都难以衔接。这和主送机关确定不当有密切关系。③批复的意见，不明不白。在前面转述来文内容中，只有×××厂的“请求”，没有一字提及××税务所的“意见”。这里突然说“同意××税务所的意见”，这就使人莫明其妙。从这句话，人们无法知道××税务所“意见”的内容，当然也无从了解××局的批复内容的意思。这样，就使整篇“批复”成了一纸空文。这是极严重的失误。造成这一失误的根本原因，是批复的拟稿者下笔之前，没有认真地把要批复的有关方面的内容，如工厂的要求是什么，税务所的意见怎样，局里的看法应该怎样等问题认真地研究清楚，形成一个明确的撰写主旨所致。如果研究清楚了，形成了一个明确的主旨，然后按主旨的需要下笔为文，就可以避免这些失误。

(5) 结束语不规范。应将“特此回复”改为“特此批复”。

(三) 病文 (2) 修改稿

关于免征×××厂销售产品税问题的批复

×税字〔××××〕28号

××税务所:

你所报来的有关×××厂请求免征销售产品税的请示(××字〔××××〕×号)收悉。经我局研究认为×××厂受灾情况属实。根据《中华人民共和国××税收条例》规定,同意你所提出的给予×××厂从×××年×月×日起至×××年×月×日止,两年内免征销售产品税的意见。请你所将此意见及时转告×××厂。希望你所采取措施帮助×××厂尽快地修复厂房和有关设备,恢复正常生产。

特此批复。

××税务局(印)

××××年五月五日

第三节 应该这么写——范文赏析

第一节列举的范文(1)、范文(2)两篇批复范文,无论是格式撰写还是正文内容处理,都是典范。只要认真地把这两篇范文和第二节评改的两篇病文对照起来认真阅读,就不难发现:两篇病文明显的毛病正是两篇范文突出的优点。

病文(2)和范文(1)要批复的事项,同样是由直接的下级机关转呈的下属单位的要求,但病文(2)由于主送机关确定的错误,造成了正文的批复缘由和批复意见两部分内容的脱节。而范文(1)的主送机关恰当,把请求批复的事项综合到主送机关的请示内容里,自然地作为批复的缘由写出。这就避免了病文(2)存在内容脱节、混乱的毛病,而使行文顺当、紧凑,显出因果关系。

病文(1)和范文(1)同样对请求批复事项持否定的态度。但是前者没有说理,后者不但以有关的政策、事实证明自己所持意见的合理性,还提出了切实可行的建议,这就不仅可以避免病文(1)的简单表示不同意见可能产生的副作用,而且从情理上大大增强了批复意见的可接受性。

范文(2)批复的是环境保护部报送的“全国地下水污染防治规划(2011—2020年)”。这一规划内容丰富、意义重大,其贯彻执行涉及国务院众多部门的工作,涉及全国各级地方政府的责任,条块众多、情况复杂。可国务院的拟稿者围绕着全国上下左右都要以深入贯彻落实科学发展观等原则为指导,各单位、各部门要统一认识、各尽其职、密切协作,确保《规划》的顺利实施的主旨,安排内容、说明意见,以不到900字的篇幅,把批复写得观点鲜明、重点突出,措施要求既实在又很有针对性。

这篇批复的正文有七段两个部分。

第1段属第一部分。说明的是批复依据。把依据的文件及其发文字号，交代得清清楚楚。

第2~6段属第二部分。说明的是批复意见。有主有次、有总有分，精警扼要、针对性强。

这一部分的第一点，说的是基本态度和总体要求，就是“原则同意”和要“认真组织实施”；第二点，是说实施时要“深入贯彻落实科学发展观”等原则；第三点，是说实施的两个阶段要达到的要求标准；第四点及第五点，分别对各级地方政府和国务院有关部门的职责提出要求。

第7段，从内容看也属第二部分，画龙点睛地指明《规划》的重要性和对各地区、各部门的要求。

这实际上是对前面各点内容的概括和照应，使批复行文显得主次得当、总分有序、开合自然，有利于增强人们对批复内容的理解与记忆。如此布局安排很值得学习。

第四节　综说与辨析

一、综说

从第二节评改的两篇病文和其他病文来看，批复的撰写要达到应有的要求，就要力避批复缘由、批复事项的笼统含混，努力做到具体、明确，有鲜明的针对性。要实现如此要求，根本的办法，就是批复拟稿者在下笔之前，必须认真地分析研究来文请求批复的事项，将它放到全局工作的背景上、党和国家有关方针政策之层面中，论证它的必要性、可能性和需要注意的主要问题，抓住主流，把握关键，形成主旨，然后根据主旨的需要选择材料，安排观点，以鲜明态度、恰当言辞表述。这样做了，就有可能使所撰写的批复少出毛病，甚至不出毛病。

二、辨析

（一）批复与复函的同异

复函和批复都属于被动行文，都可用来答复有关询问和请求，但两者有明显区别。

（1）批复是《条例》规定的15种公文文种之一，而指示则不是。

（2）发文机关级别不同。批复在省、市以上级别的领导机关中较常使用，基层机关用得较少，一般多用复函。

（3）行文关系不同。批复是上级机关向下级机关行文的，属于下行文；复函一般用于答复平级或不相隶属机关的询问，是平行文。

（4）内容性质不同。内容涉及面较广、比较重要、影响较大、涉及原则性和政策性问题的，一般用批复答复；一般事务性的问题用复函。

（二）批复与指示的同异

批复和指示都是下行文，都是对下级机关提出贯彻执行的意见。它们的不同在于：

（1）批复是《条例》元宝的15种公文文种之一，而指示则不是。

（2）发文动因不同。批复是针对请示发文，属被动行文；指示是上级领导机关根据工作需要行文，属主动行文。

（3）内容不同。批复涉及的问题主要是下级机关在工作中遇到的具体问题，批复只要就这个问题表明态度，提出要求就行了；指示的针对面较广，往往是针对本系统、本部门的实际对下级机关布置工作，提出开展工作活动的指导原则和要求。

（4）受文对象不同。批复的主送机关比较单一，一般是谁请示批复就给谁，通常只有一个受文单位；而指示的主送机关常常包括了本系统、本部门所有的下属机关。

思考与练习

1. 批复是怎样的一种文种？有哪些特点？

2. 请具体说明范文（1）和病文（2）、病文（1）在撰写上的优劣之处。

第九章
报告写作

第一节　写作依据

一、性质

报告，是下级机关向上级机关汇报工作、反映情况、回复上级机关询问的上行公文。

二、功能

报告应用广泛，使用频率高，党政机关、人民团体、企事业单位的下级机关都使用。其担负的任务，无论是汇报工作、反映情况、回复询问，都属下情上达，主要是为上级机关了解情况提供据以决策的信息和材料。它对上级机关的决策、指挥工作有重大的影响作用。

三、特点

报告的特点主要有二：

（一）客观性

这是指它所反映的情况、提供的信息，是客观存在的、真实的。这是由它的性质、作用决定了的。根据真实的情况不一定能作出正确的决策，根据虚假的、错误的情况所作出的决策则必然是错误的。这是无数事实说明了的真理。所以，写作报告一定要注重内容的真实性、材料的客观性。

（二）陈述性

报告内容既然是向上级机关汇报工作、反映情况，这就决定了它的表述方法主要是叙述说明。如运用议论，也多限于夹叙夹议。无论是用叙述还是说明，都要把事情的来龙去脉、时间、地点、人物、原因、结果、经过交代清楚，充分地显示内容的真实性和材料的客观性。

四、种类

报告可以从不同的角度分类。根据职能，可将其分为工作报告、情况报告、答询报告。

（一）工作报告

这是下级机关向上级机关，以汇报自己单位工作开展的情况，或贯彻落实某一政策、某一指示的情况为内容的报告。如：

范文（1）

落实农业生产责任制　发展农村的大好形势

（一）

去冬今春，我省广大农村，贯彻落实中央1980年75号文件。从实际出发，发动群众，民主选定适宜本队的生产责任制和经营形式，有力地推动了冬种和春耕生产，进一步发展了农村的大好形势。据今年3月份统计，全省大田作物（下同）实行专业承包联产计酬责任制生产队25 056个，占全省398 357个生产队的6.3%；实行联产到组和联产到劳的生产队43 277个，占10.9%；实行小段包工的生产队112 991个，占28.3%；实行包产到户的生产队31 272个，占7.9%；实行包干到户的生产队166 598个，占41.8%。另有19 163个生产队分田单干，占4.8%。

至于经济作物和旱地作物、鱼塘、果树等，绝大多数生产队采取了专业承包或包产到户（包括包干到户）的做法。

概括起来，稻田管理大体上形成了两大类地区，一类是包产到户（包干到户）的生产队占六成以上的县全省共有43个，多数分布在惠阳、梅县、汕头、湛江、海南（汉区）等地区；另一类是以生产队统一包工，统一分配为主的县，全省共有66个，多数分布在佛山、广州、肇庆、韶关、自治州等地区。其中佛山地区实行专业承包、联产计酬的生产队较多一些，约占全区生产队的三分之一。

（二）

实践结果说明，各种形式生产责任制都取得了良好的效果，而联产责任制又比不联产责任制的效果好。其中又以专业承包联产计酬的效果尤为显著。据连县2 171个生产队的调查，1980年实行生产责任制的有417个队，实行小段包工等不联产责任制的有1 754个队，实践结果，1980年与上一年对比：①粮食产量，全县增长11.2%，其中联产的417个队平均增长16.7%，不联产的1 754个队平均增长9.7%。②农、林、牧、副、渔业总收入，全县增长8.4%，其中联产的队增长10.1%，不联产的队增长8.1%。③社员口粮，全县增长13.7%，联产的队增长18.5%，不联产的队增长11.4%。④社员人平均分配，全县111元，联产的队131元，不联产的队107元。

贫困地区实行包产到户（包干到户）以后，面貌迅速改观，许多地方在一两年内就基本解决了农民的温饱问题。如紫金县1980年99%的生产队实行包干到户，全县粮食总产量3.01亿多斤，比1979年增长27.9%。全县1979年统销粮达1 638万斤，1980年降到769万斤，1981年1－4月份，计划统销50万斤，至今还销不完。又如五华县，1980年98%的生产队实行包干到户，全县粮食总产量5.11亿多斤，全部完成，1979年前每年要

2 000多万斤返销粮，1980年基本不吃返销粮。普宁县1980年完成和超额完成了各项征、派购任务，全县粮食征购任务3 463万斤，完成了3 540万斤，超额77万斤。食油任务206万斤，完成239万斤，超额32万斤。生猪，国家下达任务37 000担，连同县下达的共56 000担都完成了。

（三）

落实什么样的农业生产责任制，曾在全省干部和社员中引起广泛的争议，特别是对包产到户（包干到户），有些同志思想上不通，甚至怀疑"现在的政策是否放得太宽了，右了"，"包产到户（包干到户）是不是修正主义"，或认为"包产到户（包干到户）一年增，二年保，三年倒，包干到户虽然好，但'方向'错了"；还有的同志对贯彻执行75号文件收到的良好效果，农民收入显著提高的事实缺乏调查研究，甚至采取不承认主义，老是在什么是社会主义，什么是资本主义，什么是"阳关道"，什么是"独木桥"等问题上争议不休，贻误工作；基层干部和社员则怕上级改变政策。所以，要加强和完善农业生产责任制，就要继续加强对干部群众的思想教育工作，特别是各级领导必须统一思想认识，正视客观事实，尊重群众的意愿，克服自己思想上"左"的影响。进一步做好如下几项主要工作：

一、组织干部认真学习中央有关文件和指示，清除"左"的影响，统一认识，从实际出发，稳定群众民主选定的责任制形式，逐步完善和提高。无论实行包工制或包产制的地方，都要认真加强领导，研究新情况，解决新问题。

二、把目前各地实行的包产到户（包括包干到户）生产责任制肯定下来。对包产到户（包干到户）的效果，社员收入增加的事实，不要采取不承认态度，要肯定这是行之有效的一种责任制形式。清除那些认为包产到户是什么"倒退"、"右倾"、"变相单干"等思想障碍。同时，也要看到存在的问题，下决心按中央75号文件规定，加强领导，不断完善提高。

三、对全省目前实行包工制，统一经营的生产队，要认真帮助他们总结改进经营管理上存在的问题。集体经济比较巩固，生产逐年发展，收入水平较高的社队，应该积极推广专业承包联产计酬责任制，按不同专业和生产项目，分别包给各个专业队、专业组、专业户，专业工。要注意解决工副业、农业报酬不合理的矛盾，以及非生产队员，非生产性用工过多，各种负担过重的问题。

（成文日期、印章，略）

（载××省人民政府办公厅编《情况反映》1981年第21期，转载时略有删节）

（二）情况报告

这是下级单位向上级机关以汇报自己单位突发、重要或有倾向性的异常情况为内容的报告。如：

范文（2）

铁道部193次旅客快车发生重大颠覆事故的报告

×××：

5月28日16时05分，由济南开往佳木斯的193次旅客快车行驶至沈山线锦州铁路局管辖内的兴隆店车站（距沈阳43公里）时，发生颠覆重大事故，造成3名旅客和4名列车乘务人员受伤，报废机车1台、客车4辆、导车1辆，损坏机车1台、客车5辆、货车1辆和部分线路、路岔等设备，沈山下行正线中断运输近20小时，直接经济损失达170余万元。

事故发生后，东北铁路办事处和锦州、沈阳铁路局负责同志立即随救援列车或救护车赶赴事故现场，组织抢救、抢修工作。当地驻军、地方党政领导同志和部分社员、学生也投入抢救工作。辽宁省、沈阳市的领导同志及沈阳军区、辽宁省军区有关负责同志先后赶到现场，组织抢救伤员，疏散旅客。我部李克非副部长率安监室和运输、机务、车辆、工务、电务、公安各局负责同志也于当日连夜赶赴现场，指挥抢修工作，调查分析事故原因，慰问伤员，并对省市政领导和部队表示感谢。在省市领导和驻军的大力支持下，伤员的抢救和治疗工作安排得比较周密，受伤的旅客和列车乘务人员，除少数送入就近的新民县医院抢救外，其余的均由沈阳市和军队、铁路医疗部门派车接到沈阳，及时得到抢救和治疗。

经调查分析，造成这次事故的直接原因，是锦州铁路局大虎山工段兴隆店养路工区工人在该处做无缝线路补修作业时，违反劳动纪律和操作规程，将起道机立放在钢轨内侧，擅离岗位，到附近的道口看守房去吃冰棍，当193次快车通过时，撞上起道机，引起列车脱轨颠覆事故。

这次事故是发生在旅客列车上的一次严重事故，又是发生在全国开展的“安全月”活动中，使国家和人民生命财产蒙受了巨大的损失，在政治上造成了极坏的影响，性质是非常严重的，我们的心情十分沉痛。这次事故的发生和最近一个时期安全工作不稳定的状况，说明了我们铁路基础工作薄弱，管理不善，思想政治工作不落实，反映了我们作风不扎实，对安全工作抓得不力，在安全生产中管理不严，职工纪律松弛的问题长期没有得到解决。

为了使全路职工从这起严重事故中吸取教训，我们于5月31日召开了有各铁路局、全路各工务段负责同志参加的紧急电话会议，通报了这次事故，提出了搞好安全生产的紧急措施。要求铁路各部门、各单位必须把安全工作放在第一位，各级领导干部要树立安全第一的思想，并向全体职工进行安全教育，使每个职工都牢固地树立起对国家、对人民极端负责的观念，认真落实岗位责任制，严格遵守劳动纪律，一丝不苟地执行规章制度和操作规程，各单位要针对近年来新工人比重不断增加的情况，加强对新工人的教育和考核工作，各行车和涉及安全生产的主要工种不经考试合格不得单独作业；对各种行车设备要进行一次认真检查，发现问题立即解决；同时，各单位要切实解决职工生活中应该而且可以解决的问题，解除职工的“后顾之忧”；动员广大职工干部迅速行动起来，以这次事故为教训，采取措施，堵塞漏洞，保证行车安全。

我们在6月份开展的“人民铁路为人民”活动中，要把搞好安全生产作为重点，并在今后当作长期的根本任务来抓。党、政、工、团各部门要从不同的角度抓好安全工作，迅速改变目前安全生产不好的被动局面。

锦州铁路局对这次事故的主要责任者，已按照法律程序提出起诉，追究刑事责任；对与事故有关的分局、工务段领导也作了严肃的、正确的处理。铁道部决定对锦州铁路局局长董庭恒同志和党委书记李克基同志给予行政记过处分。这次事故虽然发生在下边，但我们负有重要的领导责任，为接受教训，教育全路职工，恳请国务院给我们以处分。

（印）

××××年×月×日

（三）答询报告

这是下级单位向上级机关以汇报上级机关询问的某一事项或某一问题的情况为内容的报告。如：

范文（3）

××省人民政府办公厅关于我省清理整顿统一着装工作情况的报告

××府〔1992〕××号

国务院统一着装管理委员会：

根据你委着装办字〔1992〕5号文要求，现将我省清理整顿统一着装工作情况报告如下：

1991年7月26日省政府办公厅下发了《关于进一步治理整顿统一着装的通知》（政办发〔1991〕55号），省监察厅、财政厅、审计局根据通知精神，整顿统一着装办公室，开展了全省性的清装工作。经过我省各级监察、财政、审计部门的共同努力，1991年12月，整个清装工作基本结束。

今年2月20日，省财政厅根据国务院着装委《关于印发〈国务院统一着装管理委员会第一次全体会议纪要〉的通知》要求，以×财行字〔1992〕3号文上报了《关于清理整顿统一着装工作情况的报告》。省监察厅也于3月25日向监察部报告了此项工作情况。国务院着装委国着装委字〔1992〕2号、3号文下发后，鉴于我省前段清装工作与上述文件精神基本一致，省财政厅、监察厅已分别做出了专题报告，所以未再报告工作情况。

关于养路费征收和路政管理人员的着装问题，因当时有关规定不够明确，故确定“暂缓清理”。今年8月接到国务院着装委国着装委字〔1992〕4号文后，我们立即着手进行调查研究，并部署开展了清理工作，目前正在进行中。待工作结束后，将专题上报清理情况。

特此报告。

××省人民政府办公厅（印）

××××年十二月二日

五、主体要素

（一）标题

报告的标题，一般都是由发文机关名称+报告事项+文种组成；也有省去发文机关名称，由报告事由+文种组成的；也有以报告的主旨为标题的。

（二）主送机关

报告的主送机关，即报告的受文机关，报告所汇报的事项是哪个上级机关主管的，主送机关就写它的名称。主送机关一般是一个。

（三）正文

报告的正文，一般由报告缘由、报告事项和结束语组成。

（1）报告缘由。这是报告正文的开头部分。这部分在工作报告里，是交代报告的目的、原因，点明报告主旨，被称为“总”；在情况报告里，是概括报告事项的经过和结果，被称为“因”，然后以“有关情况报告如下”的话承启下文；答询报告的开头则先要引述来函发文字号及询问的问题，再过渡到对问题的答询。

(2) 报告事项。这是报告的核心。应将汇报的情况有主有次、有详有略地表述出来，以数据和材料说话，力求简明扼要、重点突出。

这一部分，在工作报告里，一般是分述基本情况、主要成绩、经验教训、存在问题、今后工作意见等，称为“分”；在情况报告里，用来说明原因和处理的意见，称为“因”；在答询报告里，则围绕上级的询问，一项一项地作出回答。

(3) 结束语。报告的结束语，应另起一行，空两格来写。不同种类的报告，有不同的程式化结束语。工作报告和情况报告的结束语，常用的是“特此报告，请审阅”、“以上报告，请审查”；答询报告的结束语则多用“专此报告”。有些报告写完事项，即结束，没有专门结束语，只要自然也可以。

(四) 附件

附件如有，则一一将名称、份数写上。没有，则略。

(五) 成文日期、印章

写在正文右下方的适当位置，包括发文机关名称和成文日期。发文机关名称标题里有了，这里可以省略。机关印章略压成文日期。

六、写作要求

报告的主要职能是为上级机关提供决策的依据。因此，撰写时要注意：

(1) **实事求是**。无论是材料还是观点，都必须符合事实，既不能夸大，也不能缩小，更不能虚构。事实要有点有面，来龙去脉、原因结果，都要交代明白。数据要反复核实不能错漏，努力做到真实、准确、清楚。

(2) **重点突出**。无论是全面报告还是专项报告都应当这样。这就要求主旨必须鲜明集中，材料有主有次、有详有略，结构要合理。切忌面面俱到、条理不清。

(3) **简明扼要**。这里有材料内容问题，也有语言和表述方法的问题。材料要去芜存菁，内容要除繁就简，语言和表述方法都要特别注意“应用性”，实话实说，简洁明了，说明道白即可。不要特意去追求形象夸饰、生动活泼。议论也不要搞旁征博引，须画龙点睛，点明即止。

第二节　不应该那么写——病文评改

一、评改病文 (1)

(一) 病文 (1)

关于××高速公路塌方事故的报告

××市建设委员会：

××××年×月×日，××高速公路××路段发生塌方事故，造成一定的伤亡后果。

事故发生前，桥面上分散有二三十名工人，已浇铸了近200立方米的混凝土，而且违章施工，按照施工程序应分两次浇铸的混凝土却一次浇铸。估计事故原因是桥面负荷过重。事故发生后，近200名消防队员、工地工人、公安干警赶到现场紧急抢救，抢救时间持续近28小时。据查，该工程承建商是××市市政总公司第一分公司。

特此报告。

××市政工程总公司

××××年×月×日

（二）评析病文（1）

《关于××高速公路塌方事故的报告》属于情况报告。主体格式项目齐全，标题拟得好。让人一看标题，就知道这是什么地方、什么事情、什么性质的情况报告。

毛病出在正文。

情况报告，尤其是“事故”情况报告，撰写的目的在于让上级机关及时、准确、充分地了解事故情况，从而作出决策，采取有效的措施，帮助事故单位有效地处理事故，减少损失。要达到这样的撰写目的，撰写者首先必须把“事故”情况弄清楚、写清楚。情况如果不明，上级机关就无法有效地作出决策，帮助事故单位处理事故。病文（1）的根本毛病就在这里。

事故发生了，后果如何？如何抢救的，结果怎么样？这是人们（包括领导在内）最急切想知道的。

事故为什么会发生？责任人是谁？他是怎样办事的？事故发生后，事故单位采取了哪些紧急措施？比如，怎样做好善后工作？怎样在进一步弄清事故情况的基础上，采取有效对策防止事故的再发生等等，都是上级机关十分想知道的，也是必须知道的。因为这是上级机关形成认识、作出决断的依据。

上述问题，病文（1）写清楚了没有？写了，但写得很不清楚。如说事故“造成一定的伤亡后果”。“一定的”究竟是多少？“伤”多少？“亡”多少？都要用准确的数字说明。这里的数量问题，表明的是事故后果的严重程度问题。除了人员伤亡外，经济损失也应有所交代。对这些重要的事实，病文（1）的撰稿者，以“造成一定的伤亡后果”了之，实在太不认真，太不严肃了，对事故的起码了解也没有。

又如，“估计事故原因是桥面负荷过重”。怎样“过重”？为什么会“过重”？什么原因？谁造成的？这不仅是要分清谁的责任的问题，还关系到如何采取相应的措施防止事故再发生的大事，怎么可以用“估计”来塞责呢？怎么可以用“估计”来“忽悠”上级机关呢？

再如，对受伤者如何救治？对死亡者如何做好善后工作？对责任人如何处理？今后如何防止类似事故的发生？病文（1）里连提都未提及。这不是一时的忘却，而是责任心缺失造成的。

这么多关键的内容、重要事实都不清楚、不明确。这样的“情况报告”，当然很难为上级机关了解情况提供据以决策的信息和材料了，也就是说它失去了“情况报告”公文应有的作用，这是应该首先吸取的教训。

其次，病文（1）不能发挥“情况报告”公文应有的作用的原因，除了重要事实不清楚、不明确外，和它的内容的安排布局不得法也密切相关。

情况报告，特别是事故情况报告，其正文结构常常采用“果因式”。即在开头的缘由部分，先概括地交代报告事项的经过和结果，然后在事项部分说明事故原因和处理等情况。而病文（1）却将事故发生的情况和结果、抢救的情况和结果分成两个地方来写，中间插入事故发生的原因说明。这不符合人们急于了解事故结果的心理要求，也必然会影响人们对事故的完整了解，亦造成“报告”的层次不清、条理混乱。病文（1）读者读后，现在之所以还能知道有关事故的大体情况，主要是因为事情简单、篇幅短小。如果内容复杂一些、篇幅长一些，读者就不容易理解和把握它的意思了。这在修改时，也是不能不注意的。

（三）病文（1）修改稿

关于××高速公路××路段引桥塌方事故的报告

市建委：

××高速公路××路段引桥，于××××年×月×日××时左右发生塌方事故，造成筑路工人3人死亡、4人重伤、9人轻伤的严重后果。事故发生后，有近200名消防人员、工地工人、公安武警来到现场紧急施救。施救时间持续了近12小时，至×月×日×时左右事故现场清理完毕。所有的伤员也迅速地送到当地医院抢救治疗。

据初步查核，事故发生的直接原因，是违章施工造成桥面负荷过重。事故发生前桥面上分散有二三十名工人，已浇铸了近200立方米的混凝土。按施工程序这200立方米混凝土应分两次浇铸，即先浇铸100立方米，凝固后再浇铸另100立方米。而现场施工指挥方××却违背规定，要工人一次浇铸200立方米混凝土，致使桥面负荷过重，酿成事故。

××路段的承建商是××市市政总公司。我们已组成由××主任任组长的事故处理小组，负责事故的善后工作和进一步调查事故的原因。详细情况容后再报。

××市政工程总公司

××××年×月×日

二、评改病文（2）

（一）病文（2）

关于我县遭受风雹灾害的报告

省××××：

我县在七月九日下午三时许，遭到大风雹灾害，中心风力达11级以上，冰雹集中的地方平均积雹一尺厚，雹粒大的有茶碗大，对农作物危害十分严重。全县受这次风雹危害的有坦途、东屏、保民、哈吐气、莫莫格、建平、沿江等七乡一场二十二个村，受灾面积达五万五千三十五亩。坦途乡红岗、哈拉干吐两村遭到了历史上罕见的毁灭性雹灾，二万三千八百九十五亩耕地全部绝收。雹区中心的庄稼被打平，树叶被打光，乌鸦、麻雀和家禽被打伤打死。全县被冰雹打死的羊50只、牛5头、马两匹，有87名正在田间劳动的农民被打伤。由于风力大、来势猛，全县刮折树木2 648棵，刮折广播、电话线杆3 845根，低压电杆2 156根、高压电柱109根，刮坏变压器7台（220千伏安）、毁坏民房225间。莫莫格和建平银海羊场两栋760平方米砖瓦结构的办公楼屋顶人字架和瓦都被风刮走。目前，我县的抗灾工作正在紧张地进行。我们决心在上级党和政府的带领下，团结一致，同心同德，坚决把抗灾斗争进行到底，把自然灾害造成的损失减少到最低限度，努力为国家作出新贡献。但是，由于我们财力紧张，在抗灾资金上和物资上尚有很大的实际困难，请上级尽早给予考虑安排。以上报告妥否，请指示。

××县人民政府

××××年×月×日

（二）评析病文（2）之一

《关于我县遭受风雹灾害的报告》也属情况报告。标题、主送机关、成文日期、生效标识等项的书写符合要求。结束语“以上报告妥否，请指示”，属于尊重上级的客套语，但不必如此写。按规定，上级机关对于下级机关的报告是不作批复的，因此，就没有什么“妥否，请指示”的问题。如果报告真的对存在问题要作指示的，上级机关会另行处理。这份报告的毛病，主要在正文部分。

（1）报告里夹带请示事项，有违规定。报告正文结束语前面的一句话，就是请示事项。县里遭了灾，造成意外的严重困难，需要上级机关帮忙解决，及时地向上级机关提出明确的请求，是很应该的。但把“请求”带夹在“报告”里，就不妥当。《条例》规定不能够这样做。“请示”公文中的“请求”，上级机关是需要答复的，但对夹带在“报告”里的“请示请求”，按《条例》规定，上级机关是不给答复的。既然如此，“请求”确有必要，就应另以“请示”行文，夹带在“报告”里就可能起不到作用。

（2）缺漏说明灾情的重要材料。受灾人口数量、情况，是通常判断“灾情”的范围、程度必需的依据，病文在这方面只说了“有87名正在田间劳动的农民被打伤”。这是受伤人数不是受灾人数。受伤人数和受灾人数是两个不同的概念，这里还应有受灾人数。还有，农村粮食作物损失的数量、情况，也是灾害造成财物方面损失严重程度的一个主要标志，在这方面，上文也只说了“对农作物危害十分严重”，只说了受风雹危害的有“七乡一场二十二个村”，“受灾面积达五万五千三十亩，其中绝收面积二万三千八百九十五亩”，这些是说受灾的范围、面积，没有一个粮食损失总量多少的数字。是不是现实中不存在着这方面的事实？当然不是。而是撰稿者没有统计，没有写上。这是很不应该的疏忽与遗漏。

（3）对有些灾害事实或情景，写得过分翔实具体。如，对被刮折的树木、电线杆、低压电柱、高压电柱的数量，一种一种地罗列至个位数，实在没必要。撰稿者以为通过如此精确的数字就可以让受文者认可其反映情况的严谨与客观。其实不然，受文者看到这么精确的数字，脑子里很容易出现如下想法：有必要这么精确吗？你一棵一棵去核实过吗？确实，对那些不是太过重要的事实，有一个大数或约数就可以了，不必（其实也很难）精确到个位数。又如，“雹区中心的庄稼被打平，树叶被打光，乌鸦、麻雀和家禽被打伤打死。”这类描述也极容易使人产生质疑：你说的是“全部”的还是“部分”的情况，是“多数”的还是“少数”的情况？这实际是对所描述情景的客观性、真实性的怀疑。这种缺乏确定性的描述，在“报告”中是不应该有的。

(4)“典型事实”没有“典型”的意义作用，应删去。“典型事实”指的是某些能对“概括性材料”说明的内容或意义，具有明显的充实或深化作用的具体事实。对“概括性材料”所说明的内容和意义，不具有充实和深化作用的事实，不算“典型事实”。如：用来说明灾害的范围与程度的红岗和哈拉干两村的灾情，用来说明民房毁坏程度的莫莫格和建平银海羊场两栋办公楼损坏的事实，对其前面概括性材料所说明实情的范围和程度都没有明显的“充实”或“深化”作用，它们出现在文章中成为累赘，因此，不写为好。

上面三方面毛病，肯定会从不同的角度影响上级机关对灾情的范围和程度的判断与决策，因此，必须补充与修改。

（三）病文（2）修改稿之一

××县人民政府

关于遭遇特大风雹灾害的报告

省××××：

我县7月9日下午遭受特大风雹灾害，损失严重。风雹中心风力达11级以上。积雹达一尺厚，雹粒大的如茶碗。据初步统计，灾情严重的有7乡1场，被打伤有80多人，受灾人口有×万人；被打坏的房屋有225间；受灾的农田面积有5.5万亩，其中绝收有2.4万亩，损失粮食仅谷物就达××万公斤；被打死羊50只、牛5头、马2匹，被打伤打死的家禽难以统计；通讯线路和输电线路及有关设备的毁坏也很严重。直接的经济损失在×××万元以上。我县各级政府和灾区群众在县委的正确领导下全力以赴，投入抗灾和救灾。别的情况，我们将陆续及时报告。

××县××××

××××年×月×日

（四）评析病文（2）之二

由于突发的严重的灾害事故造成了自身难以解决的困难，请求上级帮助解决，是必要的。不过“请求”不能夹带在“报告”中，应该以“请示”行文提出。

从“请示”的写作要求来看，“病文”有如下主要问题：

（1）请示的理由根据不够简明扼要。不论内容还是文字都应大大压缩。

（2）请示事项不明确、实在。“由于我们财力紧张，在抗灾救灾经费上和物资上尚有很大困难，请上级尽早给予考虑安排。”这样的表述实在太过笼统含混。不论是“困难”还是“请求”都应有更明确、实在的表述，让上级有依据进行研究作出决定。

（3）结束语，也应将“以上报告妥否，请指示”，改为“以上请示，望能批准”。

（五）病文（2）修改稿之二

××县××××关于拨给特大风雹灾害救灾经费和物资的请示

省××××：

我们在7月15日的“报告”中，已说明了我县在7月9日遭遇的特大风雹灾害，灾情严重的有七乡一场，受灾人口有×万×千人，受灾的农田有5.5万亩，其中绝收的有2.4万亩，损失粮食仅谷物就达××万公斤。这给救灾工作和人民生活的安排带来严重困难。据调查预算，在下半年生产自救中，我县灾区缺少谷物种子×万公斤，群众缺少粮食××万公斤，缺少救灾经费××万元。对于这些困难，我们一定组织群众生产自救努力解决。但由于我县一向物资缺乏、财力紧张，对于严重的灾害困难，很难自行解决。因此，恳请省××××，能尽快拨给我县××万元救灾经费，拨给×万公斤的谷物种子和××万公斤的粮食。

以上请示，望能批准。

××县××××
××××年×月×日

三、评改病文（3）

（一）病文（3）

“迎国检”，我校卫生工作出现了新面貌上了新台阶

为了迎接国家卫生检查团的检查，我们积极响应市政府的号召，人人动手，上下一心，奋力拼搏，使我校的卫生工作又出现了新面貌，上了一个新台阶。

我校历来重视校园绿化和卫生工作，在财政拨款并不充裕的情况下，仍然投入相当多的经费。今年通过各种渠道划拨给绿化和卫生工作的正常经费不下20万元。此外，还拨出专款18万元整治教工宿舍下水道，解决了困扰教职工多年的水渠堵塞问题。校领导十分重视校园绿化和卫生工作。市教委召开了“迎国检”动员会后，学校立即调整了校爱卫会。

各职能部门尽职尽责，是我校“迎国检”工作取得良好成绩的主要原因。校园科全体同志，在科长××带领下，两个多月的时间除完成日常的校园保洁任务外，还完成了全校的排水沟及沙井的疏浚，反复在校园喷洒杀虫药，营造了400多平方米的草坪。膳食科员工，在科长指挥下，消毒防毒，清洁除污，一丝不苟。学生公寓在一个星期内完成了艰巨的搬迁任务。基建办和有关部门配合提前完成投资30万元的地下蓄水池建设任务。

相关部门通力合作，也是这次“迎国检”工作的一大特色。校办公室同志，除了帮助协调各部门的工作外，还把校会议室、各领导的办公室清洁得窗明几净。宣传部把卫生宣传搞得有声有色。学生处不仅把全校的学生动员和组织起来搞卫生，而且实行以系、班为单位的责任制，解决了绿化卫生工作的“贵在坚持”的难题。

制定或完善了有些制度，也是这次“迎国检”工作的收获。如：自行车的停放规定，不在课室、饭堂、会议室抽烟规定，不准在教室用膳规定等等。

从这次“迎国检”，也发现我校师生的卫生意识还比较薄弱，乱吐乱丢的现象时有发生；奖惩制度没有认真执行；平时的消毒灭菌的经费投入不足。这都是进一步搞好我校卫生工作要解决的问题。

××大学爱卫会
××××年×月×日

（二）评析病文（3）

《"迎国检"，我校卫生工作出现了新面貌上了新台阶》是××大学爱卫会向市"迎国检"办公室汇报学校为贯彻落实市《进一步搞好环卫工作，迎接国家卫生工作检查团检查的通知》，使学校的环卫工作出现了新气象，上了一个新台阶的工作报告。

这份报告是以报告的主旨为标题的，拟得还不错。让人一看就自然产生想阅读正文的兴趣，想了解这个学校是如何通过贯彻落实市的有关"通知"，使学校的环卫工作上新台阶，出新气象的。

然而，当读完报告全文，却难免失望。为什么？

应该说，这份报告正文的内容还是比较充实的，写得也中规中矩。缘由，即开头部分，先交代工作的来龙去脉，点明主旨，以引起人们阅读事项部分的兴趣，还是不错的。事项部分，内容也可以说还比较充实，写得也有层有次有条有理。但报告为什么还会使人失望呢？

首先要说明的是，第一个对报告表示失望的，不是别人，而是该校主管后勤工作的领导。这位校领导直截了当地说："报告没有如实地反映出学校这次'迎国检'进一步搞好环卫工作的实际情况。"校领导这样的表态，使撰稿者大感意外，于是迫不及待地问："怎么会呢？新的措施、新的成果也写了，第4段、第5段写的建立责任制、制定有关的规章制度等内容，就是新的做法和新的成果。"领导说："是的。但是我要问这些内容在报告中占有多少分量？占有多大的篇幅？这些新做法、新成果，又是怎么产生的？它们对我校今后环卫工作将会产生什么样的影响？报告说清楚了没有？报告的第2段、第3段内容的新东西在哪里？为什么就是使人有似曾相识的强烈感觉？"

撰稿人对校领导的一连串的提问，虽然一时未能全部领会，但认为问题确实提得很有针对性。后来他在和同事交换看法的同时，再一次对学校"迎国检"进一步搞好环卫工作的实际，仔细地进行了研究分析。他认为学校这一次的工作和过去的相比较，从指导思想、具体措施到实际效果，确实如群众所说的那样，"有明显不同"，"有根本差别"。过去是为夺红旗、当标兵，兴师动众，现在是为养成师生卫生习惯，提高师生素质，扎实工作；过去是一时一事、孤立地干，现在是通盘考虑，重在坚持；过去心思花在装门面上，现在下工夫用到解决实际问题里。对有些问题的处理在现象上虽然相似，但出发点和落足点是不同的。概括地说，就是原稿没有抓住学校"迎国检"指导思想，以认识的创新、措施的创新为重点，所以，没有如实反映情况。问题的症结明确后，撰稿人随即抓紧修改，很快就拿出了领导认可的修改稿。

但我们还要弄明白的是：工作报告所反映的工作的客观实际没有变，为什么一经修改，报告却变得不一样了呢？是的，校领导的谈话起了作用。但这是外因，外因是要通过内因才能起作用的。在撰稿人这个内因里又是哪些因素促使他改变了原稿的样子呢？是认识水平分析能力？写作态度？还是所下工夫的多寡？据撰稿人自己说，是写作态度。

撰稿人说，他撰写原稿时，不能说"全是敷衍塞责"，但可以说不够认真、不够负责。想得多的是"交差"，少的是"如何能更好地反映工作实际"。于是在撰稿时，他就自觉不自觉地以老的写法来套这次的"迎国检"新工作。什么领导重视，在十分困难的时候还拨出经费啊！什么各部门各单位的负责人身先士卒、尽职尽责、通力合作啊！一块一块地

“套”，一件事一件事地往里“凑”。认为这样“套”，这样“凑”，于己“车轻路熟”，容易“交差”，于人方方面面都提到、说及，容易被大家“认可”。所以，他在撰稿时就没有多花工夫去研究实际，更不会用心去抓新东西，反映新认识、新措施、新成果，平平庸庸、面面俱到，顺利交差了事。

撰稿者的话相当坦率。

平常说，“工作报告是做出来的，不是写出来的，工作做成什么样，工作报告就会写成什么样”。这是强调要把工作做好，无疑是对的。但做好工作和写好工作报告，虽然有某种被反映和反映的依存关系，但毕竟不是一回事，不可相提并论。在现实生活中，事实就有工作没有做好，而工作报告却写得“很好”的，也有工作做好了而工作报告却写得不好或不够好的。病文（3）就属后者的一个实例。而它的撰稿者却道破了这里面起决定作用的一个关键因素——撰稿者的写作态度。有了正确的态度，自然就会给出足够的工夫，认识水平、分析能力也就发挥作用。不然，如病文（3）撰稿者原来那样，虽然有足够的认识水平、分析能力，足够的写作时间和精力，也只能写出似曾相识、平庸老套，不能反映工作实际的“交差”式的工作报告。后来经点拨，态度端正了，改变了“老套”的思维方法和写作方法，很快就交出了较能反映工作实际情况、比较鲜活的修改稿。修改稿改变了原报告稿中的题文不符、缘由与事项内容不吻合的毛病；事项中令人生厌的“老套”也基本没有了。新做法、新经验，能给新的启示。这样，人们阅读时，高兴开始扫兴结束的尴尬，当然也不会出现了。

这是报告撰写者应吸取的一个重要教训。

（三）病文（3）修改稿

“迎国检”，我校卫生工作上了一个新台阶

这次市里开展的“迎国检”卫生工作大检查，成了我校做好卫生工作的真正动力，我们以“国检”的实质精神总结经验教训，从转变认识、提高认识入手，充分调动师生积极性，着力治本，抓制度建设，使我校的卫生工作出现了新面貌，上了新台阶。

卫生检查，过去经常有。但群众说：“卫检一来，上下紧张，锦旗到手，脏乱如常。”这是实情。为什么？因为过去我们就是把卫生检查当作“夺锦旗”、“争面子”的走过场的形式。心思、力气花在拿锦旗、当标兵上，花在“门面卫生”、“花样卫生”上，很少从“治本”上养成师生卫生习惯、提高师生素质，很少从解决实际问题上去考虑。这次“迎国检”，我们首先以“国检”的实质精神为指导，总结经验教训，正视问题；从转变认识提高认识入手，着重治本，抓制度建设，抓卫生习惯的养成和素质的提高，实实在在地做一些事情。

经过调查分析，根据我校情况，我们提出了近期要重点抓好的几个环境绿化和清洁卫生项目。我们强调在日常的清洁卫生中，各部门各单位必须“自扫门前雪”（包干）；对有关的环卫项目，谁主管谁抓好；爱卫会应更主动积极地协助学校领导抓好学校全面的卫生工作，应有职有权（特别是检查监督权），它的工作应该得到各部门各单位的配合；教工会、学生会在动员和组织师生参与清洁卫生方面应发挥更实在的作用。这些我们都以“会议纪要”确定下来。

经过动员和安排，我们组织了两次全校性的各部门各单位的“明几净窗、除垃圾”行动。卫生科和校医院配合在校园里喷洒消毒杀虫药，清除蚊蝇滋生地。学校拨出专款××万元彻底整治教工宿舍区下水道，解决了困扰多年的水渠堵塞污水横流问题；完成了全校排水沟及沙井的疏浚；逐一排查和维修了全校学生宿舍洗澡房及厕所间的设施；修建了教学区和宿舍区的自行车停放处；营造了前门校道旁400多平方米的草坪，使学校的环卫面貌有了实质性的改观。

我们认为，这次“迎国检”，更重要的是让我校广大师生受到了一次深刻的爱国卫生教育，进一步认识到搞好卫生对于增强身体健康、身心素质的重要性。爱国卫生重在坚持，贵在形成制度，养成习惯。在这次“迎国检”中，我们发动师生依靠群众，制定了一些规章制度，如：以每班为单位的分区卫生、绿化包干责任制，学生宿舍管理公约、课室卫生轮值制度，自行车停放规定，课室、饭堂、会议室、图书馆禁烟规定，卫生检查评比办法等等。这些规章制度正在认真执行，在巩固“迎国检”的成果，养成师生的卫生习惯，提高群众卫生素质方面起着越来越明显的作用。

广大师生说，这次“迎国检”搞卫生，是真心干了实事，和过去的做法相比确实有明显的不同、实质的差别。

××大学爱国卫生委员会

××××年×月×日

四、评改病文（4）

（一）病文（4）

819库房火灾情况报告

××××：

市××仓库819库房在本月6日晚8时失火。火借风力迅速蔓延，一时浓烟滚滚火光冲天。市消防大队接报后，马上出动6辆消防车风驰电掣般地赶到现场。消防队员跳下车之后，个个都像进入了格斗场的斗士，人人都像山野猴子那样机灵，占了有利位置后立即灌救。十几条水柱就像十几条巨龙扑向大火。经过2小时的争分夺秒的战斗，大火恶魔终于被降伏了。但此时偌大的库房，已断垣残壁、一片狼藉、雾气充盈、焦味难闻。储存物资亦化为灰烬、让人痛心。据初步核算经济损失达数百万元。值得庆幸的是无人员伤亡。

据查失火原因是819库房保管员李××值班时违犯库房管理规定造成的。李××已是40多岁的人了，身体健壮，平时工作还是挺卖力气的，但是马虎随便的毛病也较突出。昨天下午他带上5岁的女儿值班。下午7时多他在库房门口用炭炉煮饭，8时左右吃过饭后将炭炉移入库房内，随手把一块硬纸皮盖在上面，锁上库房门抱着女儿哼着小调到街上买东西了。约一个小时后，他回到库房区，感觉情况异常，将女儿放到一旁后，慌张地打开库房门一看，里面烟雾弥漫、火苗直窜，吓得瘫在门口地上，连报警也忘记了，女儿哇哇直哭似乎也不知道。直到总值班员闻讯赶来，才打电话呼救。但此时已大火熊熊，整个库房都已着火。消防车赶到虽然灌救得力，但也不能挽回损失了。

此次火灾暴露了我们管理上的严重问题。我的心情非常沉重。我们成立了以仓库主任栗××为组长的事故调查小组，有关情况我们会尽快详细汇报。

市××仓库管委会

××××年×月×日

（二）评析病文（4）

《819库房火灾情况报告》是情况报告。格式齐备，内容层次分明，语言通顺，对819库房火灾的来龙去脉交代得清楚。然而，作为公文的情况报告，是不合格的。

毛病主要是没有突出主要、关键的内容，过分地注重事情的细节、情景的描绘、语言的生动形象，忘掉了公文简明扼要的表述要求。

情况报告，是向上级机关汇报自己机关单位突发事件情况的公文文种，其撰写目的，在于让上级机关及时了解情况，及时作出决策，及时采取措施，指导和帮助灾情的处理。因此，撰写时就得抓住主要的、关键的事实，用简明朴实的语言，如实地反映情况。这份报告是汇报库房火灾的。所以，就要把火灾发生的时间、地点，救火的情况、火灾造成的损失，火灾的原因、经过、责任人，库房领导对事故的态度和处理意见等主要事实、关键情况，用简明扼要的语言写出。至于其中一些非关键的细节、情景，就要略而不写。而病文（4）是本末倒置。撰稿人注重的是一些非关键性的细节、情景的描绘。写火势是“火借风力迅速蔓延，一时浓烟滚滚火光冲天”；写消防车是“风驰电掣般地赶到现场”；写消防队员是“个个都像进入了格斗场的斗士，人人都像山野猴子那样机灵”；写灌救的水柱是“就像十几条巨龙扑向大火”；写库房灾后的情景是“断垣残壁、一片狼藉、雾气充盈、焦味难闻”；写责任人连他离开库房时“抱着女儿哼着小调到街上买东西”也有重重的一笔。这真的是煞费苦心。这些描写，如果孤立起来看，或者放到诸如文艺通讯类的作品中，可能还可以，但现在放到公文里，放到事故类的情况报告中，就是多余的，是累赘，必须删去。因为它喧宾夺主，掩盖了主要的关键的事实，使主要、关键的事实不能有效地突出，影响报告作用的发挥。

另外，还要指出，如此在非主要、非关键的事实与情节过多地花精力、用笔墨，使本来应该简短的报告，陡然增加了文字、增大了篇幅，这不仅使撰稿者自己多花了时间与精力，也让受文者（领导）阅读时陪着付出宝贵的时间与精力，这实际就是降低了工作效率，延误了对事情的处理。这在处理公务中是绝对不可取的。

从“报告”的行文，可以看出撰稿者的文字功底是较好的，之所以出现上述现象，可能是他出来工作不久，对公文的本质、特点、作用，没有很好的了解和把握所致，把“应用的工具”当作“欣赏的作品”来写，不是追求简明扼要，而是追求生动形象，于是就多用了“文艺手法”。

（三）病文（4）修改稿

819库房火灾情况报告

××××：

市××仓库819库房在本月6日晚8时左右发生火灾。消防队经过两个多小时扑救，大火熄灭。但整个库房已被烧毁，库房内储存的物资也变成灰烬。经济损失初步估计在

500 万元左右。所幸未造成人员伤亡。

据查，这一火灾事故是由于库房保管员李××违犯仓库管理规定造成的。当天下午李××带着 5 岁的女儿值班，7 时多在库房门口用炭炉煮食物，8 时左右他将炭炉移入库房内并顺手把一块硬纸皮盖在上面，随后他擅离岗位抱着女儿到街上买东西，以至灰烬引燃纸皮酿成事故。9 时左右，他回到库房打开大门，见里面浓烟弥漫、火苗直窜，惊吓得忘了报警，致使耽误了扑救时机。

事故暴露了我们管理上的严重问题，我们已组成了以仓库主任栗××为组长的事故调查处理小组。有关情况我们将及时报告。

市××仓库管理委员会

××××年×月×日

第三节　应该这么写——范文赏析

一、赏析范文（1）

《落实农业生产责任制　发展农村大好形势》是××省人民政府给中央写的该省农村在 1980—1981 年落实农业生产责任制工作的工作报告。报告的标题，就是报告的主旨，鲜明突出地概括了××省落实农业生产责任制工作的现实情况。既点明了所汇报的工作的性质范围，又指出了这一工作对农村全局工作的重大现实意义，有吸引人们阅读正文的作用。

正文开头的两句话，是“缘由”部分。第一句话，直截了当地交代了要报告的工作的内容范围；第二句话，点明主旨，既照应了标题，又自然地导出了“事项”，简明扼要、突出地举起了全文的“纲”。后面的是“报告事项”，紧扣主旨“落实农业生产责任制发展了农村的大好形势”这个“纲”，分别用三大层次，从情况、效果、经验与做法三个方面张“目”，具体实在地汇报工作展开的实际。这种“纲举目张”的布局，使所汇报工作的纷呈复杂的现实，变得条理清楚、层次分明。

说“情况”，先以一系列统计数字，说明全省大田作物实行专业承包联产计酬责任制、实行联产到组和联产到劳、实行小段包产到户等六类责任制的落实情况。然后，概括起来，将稻田管理分两大类地区进一步地作出说明。

说“效果”，先作整体的肯定：“各种形式生产责任制都取得了良好的效果。”然后分“联产责任制又比不联产责任制的效果好”和“贫困地区实行包产到户”效果尤为显著两个层次进行具体的评述。运用典型事例，列举统计数字，从粮食产量、农林牧副渔总收入、社员口粮、社会平均分配提高以及农民温饱问题的解决等，逐一作实实在在的述说。

介绍“做法”，则在摆明落实责任制中遇到的各种各样思想障碍后，再归纳出“要加强和完善农业生产责任制，就要继续加强对干部群众的思想教育工作，特别是各级领导必须统一思想认识，正视客观事实，尊重群众的意愿，克服自己思想上‘左’的影响”的根本性经验和今后要进一步做好的几项主要工作。

整篇报告的内容，主次分明、详略得当、具体实在、点面结合、有条不紊，有严密的逻辑性。

还要特别指出，这份报告在典型事实、统计数字、对比方法的运用方面也很成功。用连县这个典型的一系列对比数字，说明“联产责任制又比不联产责任制的效果好”，用紫金县、五华县、普宁县三个典型县的有关对比数字，说明“贫困地区实行包产到户效果尤为显著”，是非常恰当、非常有力的。它使人深信生产责任制的落实，的确使农村的“面貌迅速改变、形势大好”。

《落实农业生产责任制　发展农村大好形势》是三十多年前撰写的。对它，至今许多人仍有较深的印象，主要是它及时反映了当时在全国刚刚开始的“农业生产责任制”的改革工作的真实情况。这些情况，对于人们认清工作形势，坚定地执行中央的决策，有十分重要的意义，对中央的决策和工作部署提供了十分有价值的信息材料。

二、赏析范文（2）

《铁道部193次旅客快车发生重大颠覆事故的报告》是铁道部向国务院汇报1983年5月28日193次旅客快车发生重大颠覆事故情况的报告，属情况报告。

这份报告的格式项目齐备，书写规范。标题由发文机关名称+报告事项+文种组成。正文的第一段、第二段，是报告“缘由”；第三至第七段，是“报告事项”；“事项”写完，就自然结束，没有专门的“结束语”部分。

缘由的第一段写快车颠覆的时间、地点和严重后果，第二段写快车颠覆后的善后处理情况。事项部分，分别说明事故发生的原因和处理意见。其中第三段，说的是事故发生的直接原因；第四段，说的是事故发生的根本原因；第五、六段，说的是事故发生后所采取的保证安全生产的种种措施；第七段，说的是对事故责任者的处分情况和制文者恳请国务院给予处分。

报告如上安排内容，不仅层次清楚而且先后合理。人们对突发的严重事故，最急切想知道的就是事故的结果和救援与善后处理情况，然后才是其他的内容。安排合理自然就容易为人们理解和接受。

这份报告，不仅结构合理，表达方面也值得借鉴。①内容集中、主旨突出。报告不论是概述情况，还是说明原因，或提出防止今后发生类似事故的措施都集中围绕“193次旅客快车发生重大颠覆事故”来写，不枝不蔓，因而主旨鲜明突出。②叙事简明清楚。如第一段只有100多字，不仅对事故发生的时间、地点、车次，而且对造成的后果包括人员伤亡、车辆损失都一一作出交代，十分简明。该说明的不苟简，细心地为读者着想。如事故发生在鲜为人知的兴隆车站，为了使读者对其方位有个明确的认识，拟稿者先交代它在沈山线上，属“锦州铁路局管内”，接着又以括注的方式说明它的具体位置“距沈阳43公里”。又如在说明伤亡人员时不但将死者和伤者分开，而且将旅客和乘务人员分别列出数字；说车辆损失时将“报废”和“损坏”情况分开，将机车、客车、导车、货车分开，毫不含糊。③分析原因实事求是。是怎样就怎样，是谁的问题就说谁的问题。说直接原因是工人“违反劳动纪律和操作规程”，说根本原因是“我们铁路基础工作薄弱，管理不善，思想政治工作不落实……作风不扎实，对安全工作抓得不力，在安全生产中管理不严。”表明了在事故面前制文者敢于负责的态度，令人信服。这样的报告，对上级的决策和指挥事故的处理，是很有价值的。

三、赏析范文（3）

范文（3）是答复报告。和其他三种报告相比较，属于被动性报告。即它是按上级机关的要求而撰写的汇报有关工作情况的报告。

答复报告的正文内容分两部分。第一部分说明报告依据，范文（3）第一段属这部分。写得具体明确。之后，以“现将……情况报告如下”为过渡句，过渡到第二部分内容。第二部分内容就是上级机关要求汇报的有关情况。范文（3）的第二、三、四段，属这部分。这部分内容要求有强烈的针对性，既简明扼要又具体清楚。从范文（3）全部内容看，可以知道，国务院统一着装管理委员会〔1992〕第5号文，要求××省人民政府办公厅汇报两方面情况。第一方面是××省清理整顿统一着装工作情况；第二方面是国务院着装委字〔1992〕2号、3号文下发后没有按要求汇报有关情况的原因。第一方面是主要的，所以先说，但因为有关情况，省里有关部门已有专项报告，所以又只是简说。第二方面的情况××省人民政府办公厅确实没有以自己的名义上送报告，原因是省的有关职能部门已及时地上送了专题报告，而且这些报告的内容和国务院着装委的〔1992〕2号、3号文件所要求的“基本一致”。于是这里写明有关职能部门上送的专题报告的标题和发文字号，供上级查阅，没有再说有关事项情况。至于〔1992〕4号文的贯彻，“目前正在进行中。待工作结束后，将专题上报清理情况。”这些汇报说明，态度诚恳、实事求是，很有针对性。要说的就说，要简说的决不详说，简明扼要，很值得借鉴。

第四节　综说与辨析

一、综说

报告写作绝不可敷衍塞责。

第二节的病文评改、第三节的范文赏析，给出了许多报告撰写中“不应该那么写”和“应该这么写”的启示，概括地说，敷衍塞责，套现交差，违反文体的性质、特点去追求形象生动是报告撰写的大忌。因为这样会使报告的内容漏洞百出、失真失实，从而丧失为领导决策和指挥提供信息依据的价值，这是最应该防止和避免的。而认真负责的精神、敢于承担的态度、抓住主要问题、关键方面摆出事实说明观点的想法和做法，则是应该借鉴和实行的。因为这样撰写出来的报告，不仅可以使领导知晓所报告事项的真实面貌，还可以从中得到可靠、鲜活的有利于决策和工作指挥的信息材料。对于以上的“不应该那么写”和“应该这么写”的启示，学习报告撰写的同志如果能够牢记，并运用到实践中，肯定可以提高学习的效果。

二、辨析

（一）报告和上行意见的同异

报告和上行意见，不仅在行文方向上完全一致，在内容上也近似，均有陈述性内容。有些报告甚至还有今后工作的措施办法。然而，两者的区别还是明显的。一是报告重在汇报工作，反映情况，一般不涉及今后的工作意见；上行意见则重在对某一重要工作遇到的新情况、新问题，提出看法，说明解决的措施办法。陈述有关的工作情况，是为提出看法，说明措施、办法作铺垫的。二是报告中不能夹杂请示事项，当然也不要求批复；而上行意见则要求上级领导作出明确的批示或批转执行。

（二）"请示报告"辨析

现在仍然不时看到有人用"请示报告"这样的名称，这是很不应该的。下面从"报告"与"请示"这两种文种的合合分分的演变史实作一些辨析，以正误用。

新中国诞生之后，中央人民政府在1951年9月29日发布的《公文处理暂行办法》中，上行文有一类即"报告"、"签报"，没有"请示"。对报告的适用范围规定为："对上级的请示或报告事项。"于是后来就出现了作为"报告"的一个小文种的"请示报告"。这在当时应该说是符合"规范"的。然而，实践证明，"请示报告"这一把"请示"和"报告"混在一起的说法与做法给公文办理工作带来诸多不便，甚至因此造成公务处理上的误时、误事。鉴于此种情况，国务院秘书厅1957年10月8日印发的《关于对公文名称和格式问题的几点意见》、国务院办公厅1964年2月公布的《公文处理试行办法》、1981年2月27日公布的《国家行政机关公文处理暂行办法》都把"报告"和"请示"分开，列为一类两种文种，明确规定："向上级机关汇报工作，反映情况，用'报告'。""向上级机关请求指示和批准，用'请示'。"这里"请示"和"报告"不仅名称分开，适用范围也分开了。

1987年2月18日发布的《国家行政机关公文处理办法》中，"报告"和"请示"仍然列为一类两种文种。"请示"的适用范围没有变，"报告"则规定为"向上级机关汇报工作，反映情况，提出建议"，增加了"提出建议"。实践证明，"请示"作为一种新文种和"报告"并列，方便了公文的运转管理，提高了公文的办理效率，减少了"请示"和"报告"的混用情况。但由于种种原因，这两种文种混用、错用的情况仍然存在。1993年11月27日经过修改发布的《国家行政机关公文处理办法》，为了使"请示"和"报告"的区分更明显，最低限度地消除混用、错用现象，又将"报告"和"请示"，由原来的一类分列为两类。"请示"适用范围的文字规定没有变化，而"报告"的适用范围则规定为"适用于向上级机关汇报工作、反映情况，提出意见或者建议，答复上级机关询问"。增加了"提出意见"和"答复上级机关的询问"。2000年8月24日，以国务院名义再次修订发布的《国家行政机关公文处理办法》中，报告里的"提出意见或者建议"被删去了。这被删去的内容被归入新增加的文种"意见"的适用范围里。"报告"原来的部分功能被"意见"替代了。这种替代使"报告"不再可以提出某些"请示"性的要求了，所谓"呈转性报告"事实上也被取消了。既然在"报告"中连"请示性"的要求都不允许有，那么"请示报告"这样的名称，就没有存在的理由根据了。不应该存在，也就不应该说了。

2010年7月1日起施行的《条例》，是首次统一党政机关公文处理规范标准的法规文件，科学地总结了我国党政机关公文处理的丰富的实践经验和研究成果。在这里“请示”和“报告”仍然是并列的两类文种，适用范围沿用了《国家行政机关公文处理办法》的说明。我们应该按《条例》规定办事，不要用不伦不类的“请示报告”的说法了。

思考与练习

1. 报告的主要作用和主要特点是什么？

2. 请评说一下病文（3）的主要毛病及其产生的原因。

3. 请以病文（1）、病文（2）和范文（1）、范文（2）为例，对照说明报告写作在材料处理方面应注意的事项。

4. 请结合病文（4）的失败，说说我们撰写情况报告应牢记一个什么教训。

第十章

意见写作

第一节　写作依据

一、性质

意见，是“适用于对重要问题提出见解和处理办法”的文种。

二、功能

“意见”在党政机关办理公务中使用频繁。其内容涉及党政机关工作的方方面面，可以下行，可以上行，可以平行，功能广泛，重点解决工作中的各种问题，对党政机关各方面的工作都有重要作用。

三、特点

（一）灵活性

灵活性，就形式而言，意见既可以独立成文，如《全国人民代表大会澳门特别行政区筹备委员会关于加快澳门公务员本地化的意见》；也可以与别的文种搭配行文，如中共广东省委办公厅、广东省人民政府办公厅转发《关于执行〈关于领导干部报告个人重大事项的规定〉的若干意见》的通知；还可以联合行文，如国务院军队专业干部安置工作小组、中共中央组织部、人事部、劳动和社会保障部、总政治部《关于认真做好2000年军队专业干部安置工作的意见》。就使用范围而言，它既可以作为上行文向上级领导机关提出对有关问题的见解或建议，如《关于执行〈关于领导干部报告个人重大事项的规定〉的若干意见》；也可以向下级行文，对下级的工作提出要求、实施方案等，如《中共广东省委、广东省人民政府关于加大扶贫开发力度，加快贫困县脱贫奔康步伐的意见》、《中共广东省委、广东省人民政府关于贯彻落实〈中共中央、国务院关于党政机关厉行节约制止奢侈浪费行为的若干规定〉的意见》。

（二）针对性

意见，无论是下行的、上行的，还是平行的，其内容都有强烈的针对性。它提出的问题，通常是现实工作中遇到的新的、难以解决但又必须解决的。分析问题，提出看法，说明解决的措施，都扣紧实际，有很强的针对性。所以，意见总是能引起人们强烈的关注，在工作中有明显的指导作用。

四、种类

意见，按行文方向分，主要有下行性意见、上行性意见两种。

（一）下行性意见

是上级机关就“新”、“难”、“重”的问题，向下级机关提出见解和处理办法的意见。如：

范文（1）

国务院关于促进生猪生产发展稳定市场供应的意见

国发〔2007〕22号

各省、自治区、直辖市人民政府，国务院各部委、各直属机构：

受前几年生猪价格过低、去年以来饲养成本上升和部分地区发生猪蓝耳病疫情等因素的影响，我国生猪生产出现下滑，造成近几个月猪肉供应偏紧，价格出现较大幅度上涨。生猪生产是农业的重要组成部分，猪肉是大多数城乡居民的主要副食品。抓好生猪生产，保持合理的价格水平，对稳定市场供应、满足消费需求、增加农民收入、促进经济发展具有重要意义。各地区、各有关部门必须立足当前，着眼长远，在切实搞好市场供应的同时，建立保障生猪生产稳定发展的长效机制，调动养殖户（场）的养猪积极性，从根本上解决生猪生产、流通、消费和市场调控方面存在的矛盾和问题。现就促进生猪生产发展和稳定市场供应工作提出以下意见：

一、加大对生猪生产的扶持力度

发展生产是稳定市场供应的基础，要立足国内，采取综合有效的政策措施，促进生猪生产尽快恢复，满足人民群众的生活需要。

（1）建立能繁母猪补贴制度。为了保护能繁母猪生产能力，国家按每头50元的补贴标准，对饲养能繁母猪的养殖户（场）给予补贴。各地要抓紧制订具体方案，尽快将中央财政下拨和地方配套的补贴资金发放到能繁母猪饲养者手中。有条件的地方可适当提高补贴标准。

（2）积极推进能繁母猪保险工作。为有效降低养殖能繁母猪的风险，鼓励能繁母猪生产，国家建立能繁母猪保险制度，保费由政府负担80%，养殖户（场）负担20%。中央财政对中西部地区给予差别补助。各地要积极支持保险机构开展能繁母猪保险业务，鼓励养殖户（场）投保，防范疫病等风险。今后要在总结能繁母猪保险工作的基础上，逐步开展生猪保险，并建立保险与补贴相结合的制度。

（3）完善生猪良种繁育体系。各地要增加投入，加快原良种猪场建设，提高良种覆盖率。国家对重点原良种猪场、扩繁场、省级生猪改良繁育中心给予适当支持。在生猪主产区推广良种猪人工授精技术，促进生猪品种改良。国家对购买良种猪精液给予补助。

（4）建立对生猪调出大县（农场）的奖励政策。为充分调动地方发展规模化生猪生产的积极性，国家对生猪调出大县（农场）给予适当奖励。奖励资金要专项用于改善生猪生产条件，加强防疫服务和贷款风险、保费的补助等方面。

(5) 扶持生猪标准化规模饲养。实行标准化规模饲养是生猪生产的发展方向。地方各级人民政府要采取措施，鼓励大型标准化生猪养殖场的建设，引导农民建立养殖小区，降低养殖成本，改善防疫条件，提高生猪生产能力。国家对标准化规模养猪场（小区）的粪污处理和沼气池等基础设施建设给予适当支持。

(6) 加快农村信用担保体系建设。要鼓励信用担保和保险机构扩大业务范围，采取联户担保、专业合作社担保等多种方式，为规模养殖场和养殖户贷款提供信用担保与保险服务，解决养猪“贷款难”问题。银行业金融机构要对标准化规模养殖场的贷款给予重点支持。地方财政要对担保机构的生猪贷款风险给予必要的补助。

二、建立和完善生猪的公共防疫服务体系

(1) 强化生猪防疫。要坚持预防为主，免疫与扑杀相结合，控制生猪疫情。对列入国家一类动物疫病和高致病性猪蓝耳病实行免费强制免疫，所需疫苗经费由中央财政和地方财政共同负担，中央财政对不同地区给予差别补助。对注射疫苗等其他防疫费用，由地方各级人民政府列入财政预算予以保证。对因防疫需要组织扑杀的生猪，各地要参照口蹄疫扑杀补助标准和负担办法给养殖户（场）补助。对病死猪要坚决做到不准宰杀、不准食用、不准出售、不准转运，必须进行无害化处理。

(2) 加强疫情监测和疫苗生产供应。要严格疫情的监测与报告制度，及时掌握疫情的发展趋势。要扩大高致病性猪蓝耳病等疫苗的生产，满足防疫需要。要把种猪和母猪作为免疫重点，组织好疫苗的调拨，优先保证疫情较重地区的疫苗供应。要加强对疫苗生产、供应和使用环节的监督管理，确保疫苗质量和使用安全。

三、加强市场调节和监管工作

(1) 做好主要副食品供应工作。由于生猪生产恢复需要一段时间，做好今年下半年生猪等副食品供应工作任务相当艰巨。各地要完善稳定猪肉供应的应急预案，切实保障猪肉供应不断档、不脱销。同时，要抓好牛羊肉以及生产周期短、替代性强的禽肉和禽蛋等副食品生产，满足市场需要。为保障今年下半年特别是中秋、国庆“两节”猪肉供应，猪肉主销区省、直辖市及沿海大中城市要将地方储备充实到不低于当地居民7天消费量。充实储备工作由商务部会同财政部负责组织。加强猪肉产销区衔接合作，健全应急调运机制，落实鲜活农产品“绿色通道”政策，降低运输成本。引导大中城市居民食用冷鲜（冻）猪肉，科学消费，促进猪肉冷链物流的发展。

(2) 加强猪肉及其制品的市场、质量和价格监管。要进一步落实各项监管措施，防止注水肉、病死猪肉、未经检疫检验或检疫检验不合格的猪肉进入市场，严厉查处违法经营、囤积居奇、哄抬价格等破坏市场秩序的行为。清理整顿生猪屠宰、销售过程中的各项收费，取缔非法收费，减轻经营企业（户）的不合理负担。

四、妥善安排低收入群体和大中专院校学生的生活

各地要根据猪肉等副食品价格上涨情况，采取适当提高低保标准、发放临时补贴等措施，确保低收入居民生活水平不降低。要保障大中专院校食堂肉类供应，采取定点直供、适当补贴等措施，稳定学生食堂饭菜价格。对家庭经济困难的学生给予必要的补助。

五、完善猪肉储备体系

建立健全中央与地方相结合的猪肉储备制度。中央储备主要满足应对突发事件和救灾的需要；地方储备主要用于局部应急和保证节日市场供应。要发挥储备的蓄水池作用，完善储备调节功能，在市场供大于求、猪价过低时，要增加储备数量，缓解农民“卖猪难”的矛盾；在市场供不应求、猪价过高时，要增加投放。

六、改进生猪等畜禽产品生产消费统计工作

国家统计局要组织各地调查总队开展以生猪为主的主要畜禽生产抽样调查，直接上报汇总，分季定产，减少统计误差；在城市、农村住户调查中要增加相应的畜禽品种，提供更全面的住户消费量和消费价格信息。农业部要加强生猪生产信息的分析和预警。商务部要完善生猪屠宰量和猪肉等畜禽产品市场销售量的调查统计。发展改革委要进一步加强对生猪等副食品的成本调查和价格监测统计工作。

七、正确引导社会舆论

各级人民政府和有关部门要完善新闻发布制度，科学、准确、及时地发布有关信息，引导新闻媒体全面客观准确报道猪肉等副食品市场供应、价格和质量安全情况，正确分析猪肉价格上涨的原因，大力宣传政府扶持生产发展、稳定市场供应、妥善安排低收入居民生活和稳定大中专院校学生食堂饭菜价格、加大资助家庭经济困难学生力度等措施。新闻媒体要按照有关部门发布的信息报道，引导社会各方面客观看待猪肉价格上涨的影响，理性对待市场价格变化。要加强正面报道，主动引导舆论，防止不当炒作，努力形成和谐健康的舆论氛围。

八、加强对生猪生产供应工作的领导

发展生猪生产、稳定市场供应的主要责任在地方人民政府。各地区要提高对生猪生产重要性的认识，全面落实“菜篮子”市长（行政领导）负责制的各项要求，抓紧实施促进生猪生产的各项政策措施，妥善解决生猪生产基地建设、品种改良、母猪猪群保护、疫病防治、保险体系建设、贷款担保、屠宰加工、市场供应、质量价格监管、储备制度、应急机制等方面的矛盾和问题，尽快促进生猪生产的恢复。各城市要在郊区县建立大型生猪养殖场，保持必要的养猪规模和猪肉自给率。任何地方不得以新农村建设或整治环境为由禁止和限制生猪饲养。发展改革、财政、农业、商务、工商、质检、统计、银监、保监等国务院相关部门要各负其责，根据本意见明确的各项政策措施，抓紧制定相应的配套文件，尽快将政策落到实处。同时，各有关部门要密切配合，加强信息沟通和监督检查，指导地方切实抓好生猪生产、供应和价格稳定工作。

各地区、各有关部门要在8月31日前，将贯彻落实本意见的情况报告国务院。

国务院

二〇〇七年七月三十日

（二）上行性意见

是下级机关就“新”、“难”、“重”的问题，提出自己的见解和处理办法，供上级机关决策参考的意见。这种意见，如果上级机关认为内容可行，可批转有关部门贯彻执行。如：

范文（2）

关于执行《关于领导干部报告个人重大事项的规定》的若干意见

省委、省政府：

为贯彻执行《中共中央办公厅、国务院办公厅关于印发〈关于领导干部报告个人重大事项的规定〉的通知》（中办发〔1997〕3号，以下简称《规定》），认真做好领导干部报告个人重大事项的工作，促进党风廉政建设和领导干部思想作风建设，现就执行《规定》的几个具体问题提出如下意见。

一、除《规定》指定需报告个人重大事项的人员外，下列人员也必须报告个人重大事项：

（1）省属处级或相当于处级以上、市属科级或相当于科级以上、县属股级或相当于股级以上国有企业中的党委（党总支、党支部）正副书记、纪委正副书记、工会主席，企业的正副董事长、执行董事、正副厂长（经理）、总工程师、总经济师、总会计师。

（2）在《规定》和本意见所规定的须报告个人重大事项的人员范围中，已经办理退（离）休手续，又被返聘担任领导工作的和已到退（离）休年龄尚未办理退（离）休手续的相应级别的领导干部。

二、对《规定》第三条所列报告事项，有关人员必须在事后一个月内以书面形式向所在单位党组织报告。因特殊原因不能按期报告的，应及时补报，并说明原因。下列事项必须事先向所在单位党组织报告：

（1）本人、配偶营建私房；

（2）本人、子女与外国人通婚；

（3）配偶、子女出国（境）定居；

（4）本人因私出国（境）。

三、领导干部个人重大事项的报告，按以下办法办理。

（1）担任正职的领导干部个人重大事项的报告由同级党委（党组）负责处理，并报上一级组织人事部门备案。

（2）对不需要答复的报告由报告人所在单位的党委（党组）或组织人事部门受理。

（3）对需要答复的请示，由受理的党委（党组）或组织人事部门在接到报告人的请示后十天内予以答复。

受理报告的党委（党组）或组织人事部门未按上述时限答复的，视为同意；报告人不按党组织答复或审批意见办理的视为违纪。

四、领导干部有《规定》第三条所列事项，属《规定》发布以前发生，发布后仍在延续，以前未报告过的，须在今年11月底前报告一次。《规定》发布后发生的个人重大事项，按《规定》和本意见的要求报告。

每年1月10日和7月10日前，各级党组织应将受理领导干部报告个人重大事项的情况，向上一级组织人事部门书面综合报告一次，同时抄报上一级纪委。

以上意见如无不妥，请批转各地各单位执行。

附：《领导干部报告个人重大事项情况统计表》

中共广东省纪委
中共广东省委组织部
广东省检察厅
一九九七年九月十六日

五、主体要素

主体要素包括：标题、主送机关、正文、成文日期和印章四部分。

（一）标题

分完全式标题和省略式标题。

完全式标题，由发文机关 + 事由 + 文种组成，如范文（1）标题。

省略式标题，多是下行意见，写成“关于……意见”，如范文（2），也有写成“对……意见”。

（二）主送机关

绝大多数意见都写明主送机关。呈报上级机关要求批转的意见，主送机关一般是一个；下行的意见，主送机关的多少视实际情况而定，一般问题涉及的有关单位都可作为发文对象；还有一些是可以没有特定的主送机关的。

（三）正文

由缘由、事项和结语组成。

（1）缘由。说明提出意见的理由和依据，讲清制发意见所针对的实际情况、现实问题。范文（1）开头一段属这部分。

缘由部分的最后一句习惯用语一般是“为促进……健康发展，特提出如下意见”，或“为了全面贯彻落实……文件，进一步推动……工作的顺利开展，现提出如下意见”。

（2）事项。是正文的核心部分，要针对不同情况，阐明贯彻落实某项工作或解决某个问题的意义，提出做好这项工作的基本原则、要求、措施和有关部门的职责，有的还提出实施步骤。要做到态度鲜明、措施可行，既要讲道理、明政策、通法律，又要可实施、能操作、便监督。

（3）结语。是正文的结束部分，如何写要视情况而定。如果是建议性意见，一般用“以上意见如无不妥，请批转执行”、“以上意见供领导决策参考”、“以上意见供参考”等；指导性意见则常用“以上意见，请结合实际情况贯彻执行”等语作结。如果事项部分已说清有关问题，也可省去结语。

问题较单一时，正文可用篇段合一结构，否则就应分条列项。

（四）成文日期、印章

发文单位、印章、成文日期等都要求必须标出。

大会通过的意见，可将通过的日期、会议名称标在标题正下方，并加小括号。

六、写作要求

意见的撰写，应努力体现出其文体特点，使其功能得以实现。

（一）撰稿者要有高度的工作责任感，留心工作中出现的各种新问题、新情况

意见，无论是提出问题、分析问题，给出解决问题的办法、措施，都要有鲜明的针对性。只有有了鲜明的针对性，提出的问题方能引起人们的注意，说明的问题才能使人信服、接受，给出的办法措施，才能让人采纳并付诸实践。这样意见的功能，才可以得到

实现。

（二）要认真处理好正文各部分内容的衔接与照应

意见正文的缘由、事项、结语三部分，实际就是人们通常解决、处理问题思维中提出问题、分析问题、解决问题的三个步骤。缘由部分，常常是提出问题、分析问题，说明问题提出的必要性和重要性。事项和结论，实际是解决问题，即说明处理问题的办法、措施，让人们照着去做，最终把事情办好。这三部分内容的内涵和外延要联系紧密，大小对等，不能脱节，不能大小不一。不然，问题就不能很好地解决，影响意见的说服力。因此，写前一部分内容时要考虑后一部分的内容安排，为后一部分的内容安排提供根据；写后一部分内容时，要看看前一部分提出了哪些问题，需要这一部分加以说明和给予解决。这样相互照应，意见的各部分内容就能步步深入、环环相扣，有较强的逻辑性和说服力。

（三）要区分各种意见表达上的差异性

前面两点，说的是各种意见共同要注意的。这一点，说的是各种不同意见的表达上的差异。主要是用语不一样。上行意见，是下级对上级就某一问题，提出见解和处理办法。因此，使用的是下级向上级汇报见解、陈述办法的态度和语气，如“我们考虑”、“我们认为”、“我们的建议”、“我们的要求”、“我们的意见”，及“请”、“敬”、“望”等。下行意见，是上级机关对下级机关指导工作，布置工作，因此，较多地使用一些带有祈使性的语言，表示肯定或禁止，有明显的指令性。这些差别，实际是处理行文单位之间的关系和为人处世的态度。

第二节　不应该那么写——病文评改

一、评改病文（1）

（一）病文（1）

关于进一步加强稳定物价工作的意见

县政府《关于贯彻国务院关于严格控制物价整顿议价的通知的若干决定》于10月5日发布至今，在一个多月的时间里，各单位各部门各乡镇做了大量工作，全县物价上涨的势头得到有效的抑制。但是存在的问题还不少，比如明目张胆的涨价的事少了，而变相涨价的现象却多了。为了涨价，有些人在牌价、议价商品上制造混乱；有些人在商品包装上做手脚；有些人不给商品明码标价；有些人虚变进货点虚加进货成本。真是五花八门。这些事情的出现，有有关人员的认识态度方面的原因，也有我们有关的一些办法措施界限说得不够明确的问题。这些变相涨价的歪风，有愈演愈烈的趋势，其危害十分明显，必须迅速有效地加以制止。为保障即将来临的春节市场物价的平稳，群众节日生活的安定和社会秩序的稳定，我们必须更坚决贯彻上级的有关指示，对有关问题应及时明确。为此，就有关问题提出如下处理意见：

一、牌价商品要严格按国家牌价出售，不得提价。高于牌价的要立即恢复牌价，并登记上报。不得隐瞒和虚报。

二、议价商品，按市政府《关于议价商品的品种和议价原则的试行规定》执行。

三、自行采购和自产自销的商品，要严格按审批权限规定报批，不得擅自定价。严禁从零售部门进货加价出售。

四、商品自行包装、打捆、装盒、装袋的，要保质保量。

五、按规定分等论价的商品，要坚持分等出售，不得以次充好，变相涨价。

六、蔬菜零售按去年同期价格出售，不得提级提价。

七、商店、门市部出售的商品，应一律明码标价。饮食、服务、维修行业的主要质量标准，亦要公布于众。要设公秤和意见本，接受群众监督。

以上意见，请依照执行。

中共××县委员会
××县人民政府
××××年×月×日

（二）评析病文（1）

上面的这篇"意见"，除了缘由和事项部分的内容范围不够一致外，其他方面基本符合要求。

"意见"的缘由部分，应按主旨的需要，简明扼要地说明要解决的问题和为什么要解决这个问题的理由根据。在说明这些的时候，它实际上为"事项"的内容的范围、角度、深度给出了要求。而"事项"部分就要根据"缘由"部分给出的这些要求，确定内容，说明解决问题的原则、方法、手段、途径。一个是提出问题，一个是解决问题，两者的内容口径必须一致。"缘由"提出的问题，"事项"必须给出解决的办法，否则"问题"还是"问题"，写作"意见"的目的就达不到或不能很好地达到。反过来，如果"事项"中给出了解决问题的办法，而"缘由"中没有提出相应的问题，那么这些办法就是不应该给出的、多余的。这种"缘由"和"事项"在内容安排上不一致的情况，在"意见"这种文种的写作中，是经常会出现的毛病。上面这篇"意见"的主要毛病也在这里。

病文在缘由中列举了变相涨价的事实后说："这些事情的出现，有有关人员认识态度方面的原因，也有我们有关的一些办法措施界限不够明确方面的问题。"既然如此，"事项"部分就应该以此安排相应的内容，给出相应的解决办法。但是现在我们看到的"事项"部分只有解决"办法措施界限不够明确方面的问题"的措施意见，而没有解决"认识态度方面"问题的意见措施，这显然是一个严重的疏漏。要解决问题，没有正确的认识和态度，具体的办法措施即使正确、恰当，也很难充分发挥作用，甚至是无法发挥作用。所以，修改上述"意见"时，应该认真地在"事项"中补上这方面的内容。这方面的内容写好了，这篇"意见"才能在制止乱涨价和平稳物价中发挥其应有的作用。

（三）病文（1）修改稿

中共××县委员会　××县人民政府关于进一步加强稳定物价工作的意见

县各直属机关、单位，各乡（镇）党委、人民政府：

县政府《关于贯彻国务院关于严格控制物价整顿议价的通知的若干决定》于10月5

日发布至今，在一个多月的时间里，各单位各部门各乡镇做了大量工作，全县物价上涨的势头得到有效的抑制。但是存在的问题还不少，比如，明目张胆地涨价的事少了，而变相涨价的现象却多了。为了涨价，有些人在牌价、议价商品上制造混乱；有些人在商品包装上做手脚；有些人不给商品明码标价；有些人虚变进货点虚加进货成本。真是五花八门。这些事情的出现，有有关人员的认识态度方面的原因，也有我们有关的一些办法措施界限说得不够明确的问题。这些变相涨价的歪风，有愈演愈烈的趋势，其危害十分明显，必须迅速地有效加以制止。

为保障即将来临的春节市场物价的平稳，群众节日生活的安定和社会秩序的稳定，我们必须更坚决贯彻上级的有关指示，及时明确有关问题。为此，特提出如下处理意见：

一、要进一步明确稳定物价的重要意义。各单位各部门的领导都要重视这一问题，要通过学习中央、省、市的有关文件，通过宣传教育，使职工、干部深刻认识物价稳定与群众生活安定、社会稳定的密切关系，从思想认识上保证党和政府的有关方针政策的贯彻落实。切不可为了个人或单位利益而损害大局，影响全局。如果因为宣传教育不力，因为认识态度问题而妨碍了党和政府的物价政策的贯彻执行，影响很坏的，要追究有关领导的责任。

二、要健全物价监督制度，加大监督力度。除物价局、税务局、工商局要进一步加强物价监督工作外，各乡、镇、财贸系统的科级编制的部门、单位，股级编制的商场、商店都要有专门的物价监督员，各街道要有群众性物价监督小组。物价监督员按中央、省、市和县的有关规定监督市场物价情况，他们有权查询和向上级汇报所在单位物价情况，有权向有关单位举报违反物价规定的人和事。各单位各部门、各商场、商店都要积极支持和配合物价监督员工作，对于违反物价规定的突出的人和事，有关单位要及时处理。

三、出版一份临时性“物价简报”，由物价局负责。以宣传党和政府的物价政策和物价方面的好人好事为主。对违反政策的现象、情况、人、事也要旗帜鲜明地及时报道。发至县直属各单位，各乡、镇。财贸系统发至股级编制以上的单位、商场、商店。

四、对若干有关问题处理的具体意见：

1. 牌价商品要严格按国家牌价出售，不得提价。高于牌价的要立即恢复牌价，并登记上报。不得隐瞒和虚报。

2. 议价商品，按市政府《关于议价商品的品种和议价原则的试行规定》执行。

3. 自行采购和自产自销的商品，要严格按审批权限规定报批，不得擅自定价。严禁从零售部门进货加价出售。

4. 自行包装、打捆、装盒、装袋的商品，要保质保量。

5. 按规定分等论价的商品，要坚持分等出售，不得以次充好，变相涨价。

6. 蔬菜零售按去年同期价格出售，不得提级提价。

7. 商店、门市部出售的商品，应一律明码标价。饮食、服务、维修行业的主要质量标准，亦要公布于众。要设公秤和意见本，接受群众监督。

以上意见，请遵照执行。

中共××县委员会（印）
××县人民政府
××××年×月×日

二、评改病文（2）

（一）病文（2）

关于严格控制以政府名义主办（或举办）经营性活动的意见

市人民政府：

近年来，单位或部门以政府名义主办（或举办）的大型的经营性活动越来越多。这些活动有些由于这种或那种原因引起经济纠纷。在对这些纠纷进行司法处理时，法院又追加政府为民事被告。这不仅使政府承担不必要的法律责任，也使政府的形象和声誉受到严重损害。为防止此类事件的再发生，我们认为：经营性活动原则上不要以政府的名义主办（或举办），如果确有必要以政府名义主办（或举办）的一定要严格控制。为此，我们提出如下意见：

一、将政府行为和商业行为分开。

二、严格审批。以市政府名义主办（或举办）的经营性活动一定要经市政府领导审批同意。

三、对外宣传的内容必须合法真实。

以上意见，供参考。

××市人民政府法制局

××××年×月×日

（二）评析病文（2）

这一“意见”，属上行的建议性意见，发文目的很好。存在的主要问题有：

1. 针对性不够明确。从整体看，这一“意见”显然是撰稿者看到了自己所在市发生的“以政府名义主办（或举办）的大型经营性活动”，在有关经济纠纷中，市政府被法院追加为“民事被告”的事实后，出于职能部门的责任感，为防止“此类事件”的再发生而撰写的。可惜这一特定的撰写目的，在“缘由”中没有鲜明地表现出来。其提出的问题针对的是“一般”政府，而不是特定的“市政府”，用来说明要解决问题的事实，也是一般的事实，而不是特定的事实。这种缺之具体针对性的表述，不符合“意见”的撰写要求，结果导致“意见”内容的空泛，影响“意见”的说服力。不论出于哪种考虑都不能说这样的表述是可取的。修改这篇“意见”时，应实事求是、直截了当地指明特定的对象，充分地列举特定的事实，不能再闪烁其词、躲躲闪闪。

2. 理由根据不足，办法措施不实在。这和针对性不明确有关。在针对性明确后，就应用具体的事实，说明解决问题的必要性，把办法措施说得具体实在，以利于理解和操作。比如说要将政府行为和商业行为分开，就要说如何分开；说要严格审批，就得讲清楚如何严格审批；说宣传的内容必须合法真实，就得告诉人们如何做到“合法真实”。修改时，这些方面做好了，就可以使“意见”有较充分的说服力和较强的可操作性。

3. 从“意见”强烈的现实意义看，修改时应将“供参考”意见，改为“请求批转执行”的意见，以利于领导批示。

（三）病文（2）修改稿

关于严格控制以市政府名义主办（或举办）经营性活动的意见

市人民政府：

近年来，单位或部门以市政府名义主办（或举办）的大型的经营性活动越来越多。这些活动由于这种或那种原因引起经济纠纷，法院在对这些纠纷进行司法处理时又追加市政府为民事被告的也越来越多，仅今年就有×××艺术节、××××航空博览会、××××时装节三宗。这些案件，造成市政府承担不必要的法律责任，严重影响市政府的形象和声誉。为防止此类事件的再发生，一定要严格控制以市政府名义主办（或举办）经营性活动。如果一定要以市政府名义主办（或举办）的，也要按下面几点要求办理：

一、将政府行为和商业行为分开。除因外事活动、政治任务或慈善活动需要，必须以市政府名义主办（或举办）的经营性活动或非经营性活动外，今后凡由部门或企业承办的经营性活动，如“博览会”、“演唱会”、“服装节”等一律不要以市政府的名义主办（或举办）。

二、严格审批制度。一些确有需要以市政府名义主办（或举办）的经营性活动，必须由承办部门提出申请，明确主办单位和承办单位以及有关部门的权利、义务，明确法律责任和有关事宜，明确市政府不承担连带经济责任。然后送市政府办公厅审核，报分管副市长审批同意，再由市政府办公厅发文批复。

三、经批准以市政府名义主办（或举办）的经营性活动，对外的一切宣传，其内容必须合法真实，并报经分管副市长和承办单位的负责人审核同意后，方可制作和发布。

以上意见如无不妥，请批转有关单位执行。

××市人民政府法制局

××××年×月×日

第三节　应该这么写——范文赏析

一、赏析范文（1）

范文（1）《国务院关于促进生猪生产发展稳定市场供应的意见》，所阐述的是现实中生猪生产下滑、猪肉供应偏紧、价格上涨的“新”、“重”、“难”问题。它在提出、分析、解决这一问题上都有鲜明的针对性。提出问题，直截了当，以事实说明原因，以事实点明性质；分析问题，高屋建瓴、画龙点睛，让人们在事实的叙述中接受问题，在“点睛”的分析中，理解问题的紧迫性和重要性。然后，再通过说明把在中国这一关系到千家万户，牵涉到方方面面的十分广泛十分复杂的问题，自然地归结到“就促进生猪生产发展和稳定市场供应工作”两个方面提出的意见。这种写法，被称为“撮要法”，即在缘由中，把问题的提出和分析“撮”在一起，实实在在、精练周到。这对读者有很强的吸引力和说服力。

说明解决问题的措施办法部分是“意见”的事项部分，是依据缘由提出的“促进生猪生产发展和稳定市场供应工作”说的。共有八点。一、二点，主要是就“生猪生产发展”说的；三、四、五、六点，主要是就“稳定市场供应工作”说的；七、八点，既是对“促进生猪生产发展”，也是对“稳定市场供应工作”提出的要求。“事项”部分关于解决问题的措施和办法的八点内容，无论是内涵和外延都十分吻合，没有大小之差，更不存在脱节。这说明撰稿者考虑问题缜密，安排内容周到。

这种缜密与周到，还突出地表现于八点的措施办法本身的内容意义上。它们切实地落实了缘由中阐明的解决问题需遵循的原则要求。如第一点，说“加大生猪生产的扶持力度”的六个方面的措施、办法，就是针对当时现实中突出存在的保护能育母猪生产力的补贴、保险，良种培育和对生猪的标准化规模饲养、奖励政策、贷款扶持等问题的。这些既是有效地遏制生猪生产下滑，必须采取的措施、办法，也是促使生猪生产长期稳定发展，必须逐步做好建立的制度体系。有强烈的针对性、可操作性，也有明显的科学性。就是对某些不能不说，但又容易一般化、泛泛而谈的措施、办法，“意见”也说得很具体很实在，很有针对性。如第八点“加强……领导”，开头一句话，就直截了当地点明这是地方人民政府的“主要责任所在”。然后就一一指出在哪些方面、哪些地方、哪些环节要加强领导。对当时有些地方出现的以建设新农村和整治环境为由禁止和限制生猪饲养的片面做法，毫不含糊地指出：“任何地方不得以新农村建设或整治环境为由禁止和限制生猪饲养。”这样斩钉截铁的指导要求，凸显了下行意见的风格，增强了“意见”的执行力度。

前面已指出，“意见”要解决的问题，涉及面广泛，十分复杂。要及时处理，要处理恰当，难度之大是可想而知的。但事实说明，“意见”处理得很好，提出的措施、办法，既具体、实在，又有高度和深度，很好地解决了问题。这和撰稿者有强烈的工作责任感，有深厚的理论功底和学科知识功底，在撰稿时又坚持反复思考、仔细梳理，密切相关。这些都是保证“意见”所提的措施、办法能让人信服、接受、执行，能在工作中切切实实地发挥作用的必不可少的条件，更是我们应该好好地学习和借鉴之处。

二、赏析范文（2）

范文（2）是中共广东省纪委、中共广东省委组织部、广东省检察厅给中共广东省委、广东省人民政府撰写的如何贯彻中共中央、国务院《关于领导干部报告个人重大事项的规定》的意见。属上行“意见”，是许多职能机关、单位经常使用的文种。

这种“意见”，和其他同属上行文“意见”的不同之处，在于其撰写目的是为了上级领导机关某一重大决策性部署性文件能在本单位、本地区更有效更好地贯彻执行；其内容是上级领导机关文件内容的延伸和具体化。所以，它提出的措施、办法，都必须恪守上级领导机关文件的精神，是其决策内容的必要补充和具体化。撰写时，既要实事求是从实际出发，又要紧扣和照应上级领导机关文件的规定。

范文（2）就是这样撰写的。“意见”从内容到形式都凸显出这种文种的特点。“意见”的缘由部分，说明的行文依据、行文目的，表现了这一点。事项部分的四个方面的内容及其表达也显示了这一点。如第一方面是对上级机关文件规定的应报重大事项人员范围和内容的补充。这一点，一开始就说“除《规定》指定需报告个人重大事项的人员外，下列人员也必须报告个人重大事项”，一句承启之言，明明白白地显示了上级领导机关的文件规定和补充内容的密切关系。然后分两点说明补充的内容。先说所有的在职在位的“省属”、“市属”、“县属”的属于要“报告个人重大事项”的人员，然后，再说其中的“已经办理退（离）休手续，又被返聘担任领导工作的和已到退（离）休年龄尚未办退（离）休手续的相应级别的领导干部”。这样的补充符合实际，这样的说明周全严密，易于当事人执行，易于有关的机关部门、单位贯彻。又如，对要报告的“重大事项”，又将其分开为事后要报告、事前要报告的，需要答复的、不需要答复的，“规定”发布前发生的、发布后发生的，来说明相应的办理要求，这说明了撰稿者思考问题的细致缜密，也告诉我们撰写这类“意见”，应如何更多地从方便贯彻、有利执行方面去考虑和处理问题。

第四节　综说与辨析

意见，作为一种公文文种，新中国成立后，人们一直在使用。那时，主要是用来向上级表达对工作的认识、看法，也用来对存在的问题提出解决的措施、办法，以取得领导的理解和支持。1996 年 5 月 3 日《中国共产党机关公文处理条例》发布，把“意见”列为主要公文文种。从此，“意见”成了法定公文文种，被党的机关、团体广泛使用。2000 年 8 月 24 日发布的《国家行政机关公文处理办法》，也把“意见”列入法定文种。在《条例》中，意见也被列为法定文种之一。随着办理公务的需要，“意见”的使用频率就越来越高，功能越来越大。它和相关的一些文种，也出现了一种“似清不清”的拉拉扯扯的关系。这种关系不辨析清楚，会妨碍实践中相关文种的准确选用。

一、上行“意见”和“请示”的区别

上行“意见”，尤其是请求“批转”的意见，和“请示”一样，都有向受文机关提出明确的请求。但是上行“意见”的请示，要受文机关给予支持、帮助的多是“政策”和“办法”，属“软件”一类的东西。而“请示”，要求受文机关给予支持、帮助的，多是人、物、财等，属于“硬件”一类的东西。上行“意见”要求的只是考虑、采纳或批转有关的意见，而最终如何处理则由受文机关视情况而定。“请示”对受文机关的“请求”是“批复”，同意或不同意都得按有关规定“批复”，否则，就会被视为同意而承担相应责任。这些区别，是在实践中选用“意见”行文，还是选用“请示”行文的主要依据。属于前者的，一般是用“意见”行文；属于后者的，则一定得用“请示”行文。

二、下行“意见”与“指示”的区别

下行“意见”和“指示”（《条例》没有将其列为法定公文文种），对受文机关有关的工作活动，都有明显的、强烈的指导作用。但是，“指示”着重于原则性的指导，具体措施、办法则让受文单位依据“原则”，灵活地作出安排。而下行“意见”则不仅要说清开展工作活动的指导“原则”，还得提出较具体、较实在的措施和办法，以利于贯彻，方

便执行。

思考与练习

1. 意见有哪些主要特点？举例说明之。

2. 范文（1）在撰写上主要有哪些方面值得借鉴？

3. 病文（1）、病文（2）的主要毛病是什么？请评析它们的修改稿对它们主要毛病的修改。

4. 上行意见和请示的主要区别是什么？

第十一章 纪要写作

第一节　写作依据

一、性质

纪要，是用于记载会议情况和议定事项的文种。它是根据会议记录、会议文件和会议的其他资料整理而成的。

二、功能

纪要的主要作用是沟通情况、交流经验、统一认识、部署工作，要求与会单位共同遵守和执行。

纪要主要是下行，要求下级贯彻执行，类似于通知；也可以上行，向上级汇报情况，类似于会议情况报告；也可平行，类似于情况通报。

三、特点

纪实性、提要性是纪要的两个主要特点，也是它与其他会议文种的主要区别。

（一）纪实性

纪实性是指纪要如实地反映会议内容，不能离开会议实际进行再创作，不能搞人为的拔高、深化和填平补齐。

（二）提要性

提要性是指纪要是围绕会议主旨来整理、提炼、概括会议内容，反映会议主要成果的。对会议的主要议决、主要精神，要简明扼要、突出鲜明地表达，切忌面面俱到和流水账式的铺陈。

四、种类

纪要，有人按会议类型将其分为办公会议纪要和座谈会议纪要，也有人按其内容性质将其分为指示性会议纪要、议决性会议纪要、情况性会议纪要。我们按正文部分的结构特点将纪要分为分项式会议纪要、综述式会议纪要、摘要式会议纪要。

（一）分项式会议纪要

分项式会议纪要是把会议讨论的问题和议决的事项，分条列项地写出的纪要。许多办公会议纪要或讨论解决较具体、较专门问题的会议纪要，属于这一类。如：

范文（1）

关于迎接全国创卫生城市大检查的会议纪要

（××××年×月×日）

7月13日，×××副市长在市政府主持召开会议，检查市政府与8个区签订创国家卫生城市责任状后工作的情况，研究加强城市管理工作和土地开发等有关问题。参加会议的有市政府副秘书长×××和8个区区长、主管环境卫生副区长，以及市建委、环卫局、城管办、爱卫办的负责同志。

会议听取了市爱卫办、城管办、环卫局和8个区的负责同志介绍召开创建国家卫生城市签状大会后，各项工作落实情况及存在的问题。×××副市长就市容环境卫生、城市管理和土地开发问题作了讲话。

会议认为，市召开创建国家卫生城市签状大会后，经过市、区各有关单位的努力，工作取得了一定的成绩。但按“创卫生城市”和今年卫生检查标准的要求来衡量，仍存在较大差距。在工作上的主要问题是：宣传发动工作不够广泛；卫生投入经费还没有全部落实，灭蚊蝇工作开展还不够广。在市容环境卫生方面：无牌摊贩占道乱摆卖问题突出；乱张贴现象严重；市政建设工地和开挖道路管理不善；有些地方污水、垃圾处理不好；对盲流人员的收容遣送工作缺乏有力措施等等。为了进一步加强城市管理工作，使广州市的市容环境卫生有较大的改观，迎接今年8月全国创卫生城市大检查，会议议定事项如下：

一、关于摊档入室问题。由市城管办牵头，按原定的计划抓紧落实。对未能搬入室内经营的摊档，要强化管理，坚决清理超占道路经营的摊档。要切实抓好摊档的“门前三包”工作。

二、关于环卫清扫问题。要采取措施抓好路面的保洁工作，一方面要增加环卫经费的投入，另一方面要合理安排好环卫工人的作息时间，制定清扫定额标准，充分利用好8小时的工作时间。

三、关于公厕问题。要加快公厕的改建工作，没有改建的要加强管理，要做到无臭味。

四、关于垃圾问题。由市建委牵头，各区政府，市环卫、环保等部门共同配合，对市里的几个垃圾填埋场的污水处理和垃圾清运秩序进行认真的整治。严禁偷倒垃圾的行为。

五、关于马路开挖问题。从8月份开始至9月中旬，一律停止开挖马路。现在已开挖的，要在8月20日前全部修复好，在工作中出现的问题，由市建委协调解决。

六、关于几个大的市政工程和建筑工地管理问题。建筑工地要按市的有关规定，一律要用围墙围起来。东风路几个大的市政工程施工点，由市建委牵头，会同市管理局、市政总公司和市环卫局共同研究，制定措施，严格控制其施工用地。抓好文明施工工作，切实把施工点的环境卫生搞好。

七、关于铁路沿线的垃圾处理问题。由市城管办牵头，会同市爱卫办共同研究一个标本兼治的办法。

八、关于整治沙河涌问题。由市建委牵头，依靠驻地部队的力量，从8月份开始抓，并从最脏的地方入手整治。

九、关于除“四害”问题。要从现在开始，市、区有关部门要尽快抓落实。对灭蝇达标工作，施药人员的培训等，市爱卫办要尽快抓紧安排实施。

十、关于市容问题。要切实解决好乱搭、乱挂、乱建、乱贴、乱画的问题，全面清理不符合规定的广告牌。彻底解决“西瓜档”多占地和脏乱的问题，临时占道摆卖的“西瓜档”，要在8月25日全部撤销。继续加强对盲流人员的收容遣送工作，拆除盲流人员的窝棚窝点，清扫盲流人员滞留的脏乱地带。

有关各区的土地开发问题。×××副市长于今年3—4月间在各区现场办公会议上决定拨给各区的用地，由市规划局和市国土局尽快给予落实解决。

最近，一些区在原来已审定的开发用地基础上又提出了一批开发用地要求，而且数量相当大。会议认为，适当扩大一些开发用地是需要的，但必须全市进行综合平衡以后才能定。因为，今年国家下达的用地指标有限，难以满足需要；另外，境外的投资者、北京等地的各种机构，及省、市的开发企业也要求有一定的土地开发量，不统筹安排，将难以照顾各方。最近，个别区未与市通气就对外签订合作开发大面积土地协议。个别镇甚至在未取得土地使用权的情况下，就收取境内外开发企业的所谓“定金”，这些做法是错误的，应予以纠正。

×××人民政府办公厅（印）
××××年×月×日

（二）综述式会议纪要

综述式会议纪要是指将会议材料按性质分成若干部分，然后依据一定的逻辑顺序排列写出的纪要。多用于各种各样的经验交流会和现场会。如：

范文（2）

全国农村爱国卫生运动现场经验交流会纪要

（××××年×月×日）

中央爱国卫生运动委员会于9月14日至19日，在山西省晋城县召开了全国农村爱国卫生运动现场经验交流会。27个省、市、自治区爱卫负责人以及有关方面的代表共90人出席了会议。中央爱卫会副主任、卫生部部长崔月犁主持会议并做了总结讲话。

（一）

这次会议是继1978年烟台全国现场会议后，党的十一届三中全会以来，举行的第一次全国性的农村爱国卫生运动现场会议。与会代表通过听取晋城县经验介绍和现场参观，一致认为，晋城县的农村爱国卫生运动开展的面大，治本求实，质量高，工作扎实，经验丰富。全县已有400多个大队（占全县大队60%左右）搞得比较好，并有412个大队，24万多人（占全县人口42.1%）用上了自来水，修了下水道，改良了厕所、畜圈，修建了住房，普遍健全了卫生组织和各项卫生制度，做到了卫生工作经常化、制度化。家家户户室内外干净整洁，环境优美。卫生面貌的改变，降低了传染病的发病率，保障了群众的身体健康，促进了人们精神面貌和社会风尚的变化。

（二）

会议结合晋城县的经验和各地的实际，回顾了几年来农村爱国卫生运动的情况，认为，粉碎“四人帮”后的6年来，特别是党的十一届三中全会以后，全国农村爱国卫生运动发展很快，形势很好。各级政府加强了对农村爱国卫生运动的领导，许多地区大面积进行了“两管五改”工作，山东、山西、黑龙江、吉林等省，已有40%左右的社队收到了较好的实效。特别是水改工作效果显著，全国29个省、市、自治区掀起了兴建自来水的高潮，有200多个县进展比较快，有的已达到60%～70%，全国已有3亿多农民喝上了比较清洁卫生的水；各地还改造了大量的厕所和畜圈，并采取多种形式进行粪便无害化处理；全国已建沼气池700多万个，约3 000万农村人口用上了沼气。涌现出一批文明卫生村。促进了精神文明建设和“五讲四美”活动的深入开展。

会议在充分肯定成绩的同时指出，农村爱国卫生运动发展仍不平衡。主要是有的地方在思想认识上对改善农村卫生重视不够，对卫生治本缺乏统一规划和根本措施，所需经费、物资尚不落实。一部分地区比较脏乱，四害密度还比较高，一些疾病的发病率有所上升。这些问题必须抓紧解决。

（三）

会议认为，为了实现党的十二大提出的全面开创新局面的伟大任务，加速建设社会主义精神文明，在今后经济振兴时期，农村爱国卫生运动的重点是围绕改水、管粪，结合农村建设中的村镇规划改造环境卫生，进行卫生基本建设和综合治理。采取多种形式进行改水，特别要抓紧解决自来水，经济条件好的地区进展应当更快一些。要加强粪便管理和无害化处理，积极推广“三联通式沼气池”，使“两管五改”在数量和质量上有新的发展。同时，要大除四害，降低蚊蝇鼠密度，加强农贸市场管理，认真贯彻落实食品卫生法，搞好食品卫生。继续推广和发展“卫生之家”和“文明卫生村”。发展的步伐要快一些，面积要大一些，各省、市、自治区都要像晋城县那样，不仅要有一批点、面，而且要向大面积发展，力争尽快地涌现出一些卫生先进县和地区。

会议指出，为了切实搞好农村爱国卫生运动，必须抓好以下几项工作：

第一，提高认识，加强领导。（略）

第二，从实际出发，搞好规划，分类指导。（略）

第三，搞好卫生宣传教育，加强经常性的卫生管理。（略）

……

（三）摘要式会议纪要

摘要式会议纪要是指把参加会议成员的发言摘录其要点，或按发言顺序或按内容性质归类安排写出的纪要。有些议题重大、针对性很强的座谈会的会议纪要，属这类。如：

范文（3）

功德日增凝聚力　灵根长发万年枝

——“增强中华民族凝聚力座谈会”纪要

（××××年×月×日）

1990年12月广东省政协学委会、省社科院、省社会主义学院、省社联、省统一战线研究会共同发起并举办了“增强中华民族凝聚力”首次学术讨论会。讨论会关于“增强中华民族凝聚力”命题的提出，迅速引起了学术界、理论界与许多实际工作者的强烈反响。全国政协副主席赵朴初为这次学术讨论会论文集题词：“出题能令亿民思，九派群科念在兹，功德日增凝聚力，灵根长发万年枝。”此后，不但在广东而且在全国，对于中华民族凝聚力这一课题的关心和重视与日俱增，增强中华民族凝聚力同振兴中华的紧密联系愈来愈为人们所重视。今年9月1日，广东省社会主义学院中华民族凝聚力研究中心与本报理论部联合召开了“增强中华民族凝聚力座谈会”。会议由广东省社会主义学院副院长、中华民族凝聚力研究中心主任孔庆榕主持，广东省政协副主席郑群等近20位专家、学者在会上发言。兹将座谈会发言摘登如下。

增强中华民族凝聚力是历史也是现实的要求

郑群（广东省政协副主席、广东中华民族凝聚力研究会会长）：我们开展“增强中华民族凝聚力”的研讨活动，在海内外引起了强烈反响，取得了较大的成绩。目前，对这一课题的研究，应该从广度、深度上进一步加深认识。首先，现实生活中有许多事实，并没有被人们认识到是中华民族凝聚力的表现，没有从理论上深入探讨。比如，华侨捐资办学，对教育的大力支持，有的华侨捐资超过自己财产的一半；去年华东赈灾，香港捐了7个亿，有人捐了巨款不留名；奥运会期间，大陆和港台海外的亿万中国人坐在电视机前，为中国选手夺得金牌而欢欣鼓舞；前不久为澳大利亚的卫星发射成功，海内外的中国人都感到特别激动。这些事实，究竟是什么精神力量在起作用？是不是只说一句“血浓于水”、“爱国爱乡”就能解释得了？其次，现实生活和日常工作中的许多事情做得好坏都与民族凝聚力相联系，许多人并没有认识到自己的一言一行都可能增强或削弱民族凝聚力。再次，民族凝聚力有没有社会功能？有什么社会功能？它对振兴中华有什么重要意义？这些都值得研究。

张磊（广东省社会科学院院长、研究员）：现在我们面临的形势是挑战与机遇共存。应付挑战，最有力的是凝聚力。我们只有凝聚起来，才能闯过难关，取得胜利。现在的形势也给了我们机遇，抓住机遇与应付挑战一样要增强民族凝聚力。经济建设本身就需要凝聚力，要团结一切力量。现在改革开放，引进外资，其实所谓引进的外资，主要是海外的华资。对增强中华民族凝聚力课题进行深入研究，是历史的也是现实的要求，它有很广的领域需要我们去探讨。改革开放增强了凝聚力，但也有人有不同的看法，认为开放涣散了凝聚力，现在不如50年代纯洁。其实，讲“纯洁”、唱高调是不能解决实际问题的。“纯洁”如果与贫困联系在一起就不是真正的社会主义，人民生活水平如果得不到提高就是最大的不道德。只有解决千千万万农民的温饱问题，让人民都富裕起来，这才是最根本的。要始终坚持以经济建设为中心。“增强中华民族凝聚力”课题有很强的现实意义和理论意义，有丰富的内涵，深入探讨是必要的。在研究中，要排除极“左”的干扰，不要动不动就扣帽子，不要唱高调。在研究中还要提倡争鸣的风气。

卜鼎焕（广东省社会主义学院副院长）：中国自公元前221年秦始皇统一六国后的2 000多年来，虽然也曾有过混战、割据的局面，但主导趋势是统一的；中国文化传统延续4 000年而历久不衰，其间虽有起伏跌宕却未中断过。在一个幅员辽阔、民族众多的国度里能保持长期统一，同时其文化传统不发生断层，说明了中华民族具有很强的凝聚力。中华民族凝聚力是长久的、稳固的和深入人心的，这在世界各民族中是少有的。中华民族凝聚力对于中国经济的发展、社会历史的前进、中华民族的繁荣与强盛，起到了重大的推动作用。民族凝聚力是我们中华民族精神的支柱。

肖亭（广东民俗学会秘书长）：广东实行改革开放以来，社会生活中和各项工作上都出现了许多新的因素、新的内容和新的问题，有待我们研究。仅就同海外华侨华人的关系来说，联系不是缩小而是扩大了。随着“一国两制”构想的提出，港、澳主权回归的日程日益迫近，中华民族作为一个拥有几千年历史的世界人口最多的伟大民族的过去、现在和未来，都更加引起中华儿女自身的关注。所以说，广东率先有组织地开展对中华民族凝聚力的研究，乃是适应形势和历史发展的顺理成章的事情。

梁琼芳（广东教育学院院长、教授）：增强民族凝聚力是发展经济、建设有中国特色的社会主义的需要。我国国民经济不但要在本世纪末实现翻两番的战略目标，在部分地区还进行着追赶中等发达国家、地区水平的建设工作。这不仅要动员国内各民族的力量，而且要团结海外侨胞在内的一切炎黄子孙共同努力。增强民族凝聚力也是民族立足、中华振兴以及发展教育事业的需要。目前国际上一些国家的民族纷争四起，统一国家瓦解的教训，发人深省。我们尤应增强中华民族凝聚力，以巩固国家统一、民族团结，并积极发展经济，繁荣文化。

对中华民族凝聚力的再认识

马中柱（中共广东省委党校教授）：中华民族凝聚力是有层次的，有各种形态。有一种是整个中华民族都能接受的，是在长期历史过程中形成的，这是中华民族凝聚力的一般形态。另外它还有特殊形态，这个“特殊”就是每个历史时代不同的制度下特定的经济、政治、文化所形成的凝聚力。这种凝聚力有一定的阶段性或一定的适应范围。“增强中华民族凝聚力”这个新课题不仅为整个理论界通力合作，共同探讨国家民族的发展问题即中华民族走向世界、走向未来的问题，找到了一个理想的结合点；同时，也为理论与实践结合、为理论工作者与实际工作者通力合作，探讨国家民族的发展问题，架起了一座直接沟通的桥梁，使探讨如何增强中华民族凝聚力的问题，成为理论工作者和实际工作者的一项共同任务。

孔庆榕：任何民族都有其自身的凝聚力。自在的民族，其凝聚力出自共同经济生活基础上的血缘、亲缘、地缘关系；自觉的民族，其凝聚力就不仅出自于此，同时受到民族精神的支配。只有具有“理论思维”的民族，才能成为自觉的民族。民族凝聚力在量和质上的区别，决定于两方面因素，一是该民族的民族精神，即该民族在长期生活实践中所形成的、体现于传统文化中对该民族具有普遍性的价值观念和最高价值标准；二是社会的领导力量对民族精神的普及和引导。民族精神开始只能是一种不完整、不系统却反映着该民族本质的价值观念，这种价值观念也只是存在于少数先进人物身上，这些有待于系统完整，并从个体意识发展为民族群体意识。从民族的生活实践中概括出民族精神这一理论思维，是一次飞跃；民族精神从个体意识变为民族群体意识并指导民族的实践，又是一次飞跃。

余少波（华南师范大学教授）：作为一个具有复杂结构和多种层次的动态系统的民族凝聚力，其最基本的层面是由特定的地缘关系、血缘关系和一定的文化模式所形成的民族性格、民族气质和民族感情。这些与共同的语言文字、风俗习惯、文化传统有不可分割的联系。较为深入的层面是民族的自我意识和民族的思维方式、思维定式。这是该民族经济、政治、文化有较高程度发展的结果，是人们的主观努力的创造。一个民族的全体成员如果都能够自觉意识到大家同属于一个共同体，感情上就会更为亲切，行动上就易于互相协调，有了民族的自尊心和自信心，就会团结一致，充满朝气和创造精神。最为深入的层面是民族精神，这是为多数成员所接受和奉行的理想、信念、价值观念、世界观等等。它对本民族的发展起着激励、鼓舞作用，对社会进步起着巨大推动作用。

林佐良（广东省社会主义学院中华民族凝聚力研究中心常务副主任）：民族凝聚力是民族共同体社会存在的精神反映，是建立在民族政治、经济和文化基础上的维护民族生存促进民族发展的精神力量。民族凝聚力的强弱反映了民心的向背，真正把握并增强民族凝聚力，正是掌握民心，实现社会、国家长治久安的重要条件。中华民族凝聚力是一种精神力量。当然作为精神力量，肯定离不开产生它的物质基础。但是，应把民族共同体本身和民族凝聚力分开，前者是物质本原、物质载体，后者是从前者派生出来的。凝聚力产生于物质，又会反作用于物质。我认为，民族凝聚力可以分为理性形态的凝聚力与感性形态的凝聚力，前者是民族凝聚力的精华，它只能从少数民族成员（如民族精英、知识阶层）身上集中反映出来，因而可以说是凝聚力的核心，是处于主导地位的凝聚力；后者是民族凝聚力的基础，它是可以在绝大多数民族成员身上普遍存在的，因而可以说它才是基本形态的凝聚力。

如何增强中华民族凝聚力

加速经济发展

赵元浩（暨南大学教授）：中华民族凝聚力的增强，有赖于经济关系的良性发展。第二次世界大战结束以来的40多年间，特别是近10多年来，华人经济有着重大的发展，其主要表现是：(1) 亚洲“四小龙”——中国台湾、中国香港、新加坡和韩国经济发展迅速，其中台、港、新经济是华人经济占主导地位，在亚太地区台、港、新起的作用不小。特别是改革开放以来，港、澳、台投资占了引进外资的80%以上，对我国现代化建设起着很大的作用。(2) 东盟各国经济发展亦较迅速，其中泰国、马来西亚、印尼经济增长令人瞩目，也与华人经济的发展有重大的关系。(3) 中国自实行改革开放以后，经济发展异常迅速。因此，我国如能采取正确的对策，加强对港、澳、台及东南亚华人经济的联合，谋求经济上的共同发展，将对亚太地区经济发展，作出有益的贡献。

坚持改革开放

李宗桂（中山大学副教授）：要推动社会经济的迅速发展，要建设现代化的国家，就必须塑造符合社会主义时代精神的新型民族凝聚力。为此，就必须坚持改革开放的方针，不仅把改革开放作为建设现代化国家的基本方针，还要从深层文化建设的战略理论高度，把改革开放转化为民族文化的牢固心理，形成新型思维方式，锻铸新型价值观。只有通过改革开放的实践，才能逐步解放生产力，发展生产力，增强综合国力，提高人民物质文化生活水平。只有如此，才能使众心归附，凝为一体，走向现代化。同样，只有进一步增强民族凝聚力，才能更好地实现建设现代化国家伟大目标。从这个意义上讲，改革开放与增强民族凝聚力，二者之间是互为条件，互为助益的。因此，我们必须坚持改革开放，坚持增强中华民族凝聚力的时代价值和历史意义，使二者形成一个良性的互动关系。

民族精神的现代化

林卓才（广东省社会主义学院中华民族凝聚力研究中心副主任）：要推动中华民族迈入现代先进民族之林，中华民族凝聚力各要素均需实现现代化。民族精神作为民族凝聚力的指导性要素，对于塑造民族的品格和风貌，具有十分重要的意义。中国的现代化，有赖于我们民族精神的现代化。民族精神现代化，不是民族精神西方化，也不是对本民族传统文化精神的彻底否定，而是在传统民族精神基础上的创新。这种创新首先是中华民族精神的自我飞跃。当然，各个现代民族的民族精神都会有自己的特点，这些非共性的民族精神，如果吸收以后有利于我国的现代化，这种吸收无疑也属于中华民族精神现代化题中应有之义。总之，经过继承、再造、批判、吸收和创新以后所熔铸成的现代的中华民族精神，似应包含独立自强、团结竞争、科学创新、重德尚才、民主法制、开放兼容等内容。

弘故与图新并重

陈胜粦（中山大学教授）：增强中华民族凝聚力的课题，涉及学科很多，实践性很强。若从理论上进行概括，“增强”的途径，我看不外两条：一曰弘故，即弘扬中华民族之故；二曰图新，即图谋中华民族之新。所谓弘故，集中到一点，就是弘扬中华文化。由于中华文化已成为中华民族所“固有”，对中华儿女的人心具有强大的“维系力”，所以，要增强中华民族凝聚力，首先就要通过各个学科、各项工作，大力弘扬中华文化。相反，若对中华文化采取鄙薄厌弃态度，散布民族虚无感和民族自卑感，则必然导致民族离散力的恶性发展。所谓图新，就是提出新的目标，振奋民族精神。由于它旨在追求中华民族的未来，对中华儿女具有强大的“感召力”，因而成为增强中华民族凝聚力不可缺少的另一条途径。相反，若故步自封，跟不上世界潮流，亦势必导致民族精神的萎靡和民族离散力的恶性发展。我想再借用梁启超一些话，谈两点应防止的倾向：在“弘故”时，不能“如墨守故纸者流，谓仅抱此数千年之道德、学术、风俗，遂足以立于大地也”；在“图新”时，亦不能“如心醉西风者流，蔑弃吾数千年之道德、学术、风俗，以求伍于他人”。弘故与图新，不可偏废。

提高人民文化素质，增强公德意识

李锦全（中山大学教授）：增强中华民族凝聚力是整体性的问题，但从微观分析，主要表现在社会上如何处理好人际关系。人际关系处理好，国家民族整体性的凝聚力就可以逐步得到增强。只有这样，中华民族才有坚实的社会基础。要建设社会主义精神文明，关键就是要普遍提高广大群众的文化素质，自觉地增强公德意识，勿以恶小而为之，勿以善小而不为。每个人都能从自己做起，推广到家庭、自己所在的基层单位，本部门、本地区，局部凝聚力增强了，整个国家民族的凝聚力才有坚实的社会基础。

柳明（《家庭》杂志社副总编辑）：“增强中华民族凝聚力”研究的深入，提出了提高民族文化素质的问题。其中，家庭伦理关系是其中一个重要方面。“文革”使家庭伦理关系遭到破坏，使夫妻反目、父子成仇。人们渴望家庭，渴望有一个温馨的、和谐的、融洽的家庭环境。这也是中华民族的优良传统之一。文化环境对经济建设的作用不能忽视。据了解，有些干部太贪心而且没礼貌，一些华侨不愿意拿钱回来建设家乡。还有的反映来大陆旅游，有的导游态度实在太坏。这些都有碍于中华民族凝聚力的加强。可见，我们的人文环境、文化环境实在太重要了。提高我们民族的文化素质，是刻不容缓的，是迫在眉睫的事。

重视历史教育的作用

庄昭（广东人民出版社总编辑）：增强中华民族凝聚力，从现实方面来说，有两个问题很值得研究。一是执政党与中华民族凝聚力的问题。在现代，执政党决定着一个国家的命运与前途，执政党为政清廉，真正做到“正心、修身、齐家、治国、平天下”，那么党的凝聚力就强。执政党的凝聚力强，那么民族凝聚力也强。二是中国的知识分子与中华民族凝聚力的问题。历史上有前车之鉴。充分调动知识分子的积极性，就能促进科技、文化的发达，提高生产力的水平，推动综合国力的强大。我认为应该重视历史教育在增强民族凝聚力中的作用。在具体实施中，应客观地、真实地进行历史教育，切忌歪曲历史；全面地、系统地进行历史教育，防止偏颇；结合改革开放进行历史教育，从中得到有益的借鉴与启示；结合国情与地方实际情况进行历史教育，建设有中国特色的社会主义。

（马宝珠整理）

×××人民政府办公厅（印）

××××年×月×日

五、主体要素

（一）标题

一般由会议名称+文种构成，如《全国农村爱国卫生运动现场经验交流会纪要》。也有既有正题又有副题的，如《功德日增凝聚力　灵根长发万年枝——“增强中华民族凝聚力座谈会”纪要》。

（二）正文

正文一般包括导言、主体、结尾三部分。

（1）导言。即纪要的开头部分，用来介绍会议的基本情况。如会议召开的依据，主要议程、主要成果、时间、地点、主持人、参加者等等。这些内容不一定每项都要写出，但主要的一定要有，而且要写得十分概括，能有效地导出主体，给读者一个总的印象。范文（1）、范文（2）的第一段都属于这部分。它们都把各自会议的基本情况作了概括而明确的介绍。

（2）主体。这是纪要的核心部分。依照导言展开内容，充分地写出会议的主要情况、主要议决、主体主要精神。主体主要有三种写法，即分项式、综述式、摘录式。至于各篇纪要具体用哪种写法，这要从会议的内容实际出发而定。

（3）结尾。对与会单位和有关方面提出要求与希望。但也有不少纪要写完主体部分就自然结束，显得干脆利索，也没有什么不可。

（三）成文日期，印章

制文机关公章，位置在正文的右下方适当位置。

成文日期，年、月、日要写全。写在印章的下边，有些也用括注式写在标题下方合适的位置上。联合行文的纪要成文日期写最后签发机关负责人的签发时间。主办机关印章在前，印章排列应整齐、不相交或相切。

六、纪要写作要求

（1）**全局在胸，了如指掌**。撰稿者要按照会议组织领导的要求，去了解会议的全过程，熟悉各方面的材料。为此，会前要尽可能参加筹备工作，弄清会议的背景、任务、议题和开法，熟悉会议准备的文件；尽可能参加会议的各项活动，认真地看和听，积极地记和想，不断地核实和补充材料，以求对会议有真切的感受、全面的了解，为观点的明确、材料的筛选，创造良好条件。

（2）**忠于会议，反映全貌**。反映情况，说明议决都要忠于会议内容，不能离开会议的实际搞再创作和人为的拔高、深化和填平补齐，不能以偏概全，遗漏主要事项、重要内容，以体现纪要的纪实性的特点。

（3）**抓住关键，突出重点**。无论是叙述事项还是说明观点，都得把握要点、突出重点，以简洁明快的语言，有层次，有详略，点明根据，道出原委，做到全而不杂，概而实在，以体现纪要的提要性。

（4）**用好特殊称谓，鲜明地表现集体意志**。纪要反映的是与会人员的集体意志和意向，行文时常以“会议”作为表述的主体。“会议认为”、“会议指出”、“会议强调”、“会议决定”、“会议号召”等等就是其称谓特殊性的表现。这样的称谓常常在一层内容的开头出现，既表明了是与会人员的集体意志，又标志了一层内容的开始。但使用必须恰当，即每个特殊称谓要与所属的该层内容、意义相吻合。

第二节　不应该那么写——病文评改

一、评改病文（1）

（一）病文（1）

××市旅游局周例会会议纪要

（第三期）

时间：2006 年 9 月 4 日上午 8:30

地点：局长办公室（330 房间）

参加人：×××、×××、×××、××、××

主持人：××

主要内容

一、董局代表全局工作人员对××的到来表示欢迎，安排其在行业管理与教育培训科工作，要求其尽快熟悉业务，加强学习，尽快投入工作。

二、各科室负责人汇报上周工作：

1. 行业管理与教育培训科：通知××温泉的导游人员参加景区导游资格考试；制定全市景区（点）星级饭店安全大检查活动方案。

2. 办公室：申请领取收款收据和罚没收据，并掌握每种票据的使用方法和报账手续；督办北京旅游交通图和全市旅游规划的进度，这两项工作都有实质性进展；谋划出全局工作重点，并将结合任务按照职责分配到各科室；做好信息上报工作，本周出信息一份报省、市旅游局；其他机关文秘和临时性工作。

3. 规划发展与市场开发科：谋划出近期工作重点，准备和周边县市加强交流和学习，吸取先进工作经验。

三、董局认为各科室本周的工作完成得都不错，机关工作作风也有明显改善。

四、董局对9月份工作进行部署并提出几点要求：

1. 各科室要按照9月份工作重点和分工，深入实际，制定措施完成所承担工作，没有取得效果或没有按时完成的要形成书面报告，说明原因。

2. 在工作上要注意各科室之间协调配合，与其他部门协调配合，要积极主动。

3. 每位工作人员尽量做好本职工作，并注意在工作中充分发挥创造性。做好本职工作是本分，创造性的工作是灵魂，没有创造性的工作都是僵硬的。

4. 树立良好的旅游形象。旅游局的每一位工作人员都要有集体荣誉感，要老老实实做人，踏踏实实做事，时时刻刻都要严格要求自己。

5. 各科室工作人员都要学习××市旅游总体规划，同时联想我市的规划，人人都要看、人人都要学，一遍看不懂看两遍，要注意研究规划的指导性和可操作性，每个人都要形成自己的观点和认识。

二〇〇六年九月八日

（二）评析病文（1）

此篇病文，主要问题是把会议纪要和会议记录混淆了。即把会议记录当作会议纪要了。会议记录，是会议实际情况的自然记录，会议纪要是在会议记录等原始材料的基础上加工而成的。虽然两者都要忠于会议的实际，但会议纪要是“概括”的，它和会议记录的突出区别在“要”上，不是会议有什么就写什么，而是要概其“要”而写。

这篇病文突出的毛病：

（1）开头是“记”开会的时间、地点、参加人、主持人，不是将这些内容和其他的会议主要内容一起概括起来，写成“导言”。

（2）把不属于会议主要事项的，如欢迎××到来，作为会议主要内容来写了。这样的内容即使要写，也一笔带过即可，不必用一个段落来写。

（3）有些语言表达，在会议记录里是无可非议的，但在会议纪要中，则就显得不够庄重严谨了。如“董局”就应改为“董××局长”，“认为……工作完成得不错”就应改为

"对……工作作了肯定"或"肯定了……工作"。

(三)病文(1)修改稿

××市旅游局周例会会议纪要

本次局的周例会于2006年9月4日上午举行。地点在局长办公室。董××局长主持会议,各科室负责人×××、×××、×××、××、××出席了会议。会议主要内容是各科室汇报上周的工作,然后,董局长作了小结,并对9月份的工作提出了几点要求。

董局长在会议开始之前,对××来我局工作表示欢迎,并提出了希望。

一、各科室负责人汇报上周工作:

(1)行业管理与教育培训科:组织××温泉的导游人员参加景区导游资格考试;制定全市景区(点)星级饭店安全大检查活动方案。

(2)办公室:申请领取收款收据和罚没收据,并让有关人员掌握各种票据的使用方法和报账手续;督办××旅游交通图绘制和全市旅游规划制定的进度,这两项工作都有实质性的进展;谋划出全局工作的重点,并将任务、职责分配到各科室;做好信息上报工作;本周出信息简报一份,报送省、市旅游局。

(3)规划发展与市场开发科:谋划出近期工作的重点,准备和周边县市加强交流和学习。

董××局长在小结中,对各科室本周工作作了肯定,还指出机关工作有明显的改善。

二、董××局长对9月份工作提出的几点要求:

(1)各科室要按9月份工作重点和分工,深入实际,制定具体切实措施以完成所承担的工作。如果效果不明显或者没有按时完成的,要形成书面报告,说明原因。

(2)在工作中各科室之间要注意协调配合,与其他部门的协调配合,也要积极主动。

(3)做好本职工作是每个员工的本分。其中,创造性地工作是很重要的,每个人都要发挥创造性,把工作做得更好。

(4)树立良好的旅游形象。每个工作人员都要有集体荣誉感,要老老实实做人,踏踏实实办事,时时刻刻严格要求自己。

(5)要认真学习××市旅游总体规划,要联系我市的规划的实际,人人看、人人想,注意研究规划的指导性和操作性。

二〇〇六年九月八日

二、评改病文(2)

(一)病文(2)

××市税务局市场征收工作经验交流大会纪要

××××年5月20日,××市税务局召开了"市场征收工作经验交流大会",×副局长对去年6月1日农贸市场实行征税以来的工作进行了回顾总结,部署了今后工作。

×副局长在总结中指出,在各级党政领导重视支持和有关部门的密切配合下,经过广大税务专管员的努力,一年来征收税款×××万元,市场物价基本稳定,摊位、品种并未减少,"管而不死"的方针得到了贯彻,在税收工作上取得了好成绩:

一、运用税收经济杠杆，加强税收管理。在保护合法经营、打击和限制投机违法活动方面发挥了积极的作用。如××区税务分局第×税务所，从宣传着手，提高商贩的遵纪守法观念；从检查着手，促使商贩正确申报；从管理着手，做到十足收齐。

二、初步摸索、积累了一些行之有效的征收管理办法。如××区税务分局与工商局密切配合，思想上统一认识，管理上统一步调，处理上统一行动，通过一年实践，证明这种做法有利于加强市场征收工作。

三、在培养、锻炼新生力量方面迈出了可喜的一步。据统计，一年来拒腐蚀的事例共有289起，不少分局摸索、总结出了一些培养干部的经验，××区税务分局第三税务所在大会上介绍了他们“晓之以理，导之以行，抓紧队伍建设”的做法，就是这些经验的代表。

×副局长还号召市场税务专管员向一年来立功受奖的同志学习，拒腐蚀，永不沾。只有思想上筑起一道防线，方能在种种糖弹面前立于不败之地。

最后，×副局长要求各单位进一步加强市场专管员的队伍建设，在政治思想、业务水平、工作经验上都有一个新提高；认真贯彻市委18号文件，密切与其他部门的配合，把整顿市场秩序的工作做好。

（二）评析病文（2）

《××市税务局市场征收工作经验交流大会纪要》没有如实地全面地写出会议情况、主要议决、主要精神，企图以×副局长一人的讲话、活动替代整个会议的活动内容。这是不符合纪要的写作要求的，从而造成它应有的作用不能发挥。主要的毛病如下：

（1）导言，未能概括出会议的基本情况。只写了会议召开的时间和提示了×副局长的讲话内容，其他的，如会议召开的地点、会议的参加者、主持人、会议议题、成果等都未交代。

（2）主体，没有全面真实地概写会议进行的情况。全文只写了×副局长的讲话，评价工作、总结经验、提出要求、发出号召，均出自他一人之口。既然是交流大会，当然就有许多人参加，许多人发言，但“纪要”中对这许多人的活动、发言连概括性的反映都没有。这样的“纪要”，当然就不能说是全面真实地反映了会议主要情况、主要精神。

（3）就所写的×副局长总结的三点经验来说。一、二两点，从所举的事实看，是同属于“加强税收管理”的，只是具体做法不同而已。第三点，观点和事实的意义不够一致。所举事实说明的是“加强队伍建设”问题，当然这也包括“培养、锻炼新生力量”的问题，但两者并不是一回事。这说明，拟稿者对材料没有进行充分的分析，对观点没有认真推敲，从而造成了观点不能很好地统帅材料，材料不能很好地说明观点的情况。

（4）×副局长在总结中说明的经验和提出的措施、要求，也过于简单、笼统，不够明确、实在。这样，即使恰当，也不利于受文者理解、掌握，付诸实践。

（5）第二段，“×副局长在总结中指出……在税收工作上取得了不少成绩”，可是“纪要”接下来说的不是“工作成绩”而是“工作经验”。当然，“成绩”是可以结合着“经验”来说，但既是“总结成绩”，却只谈“经验”，是有点“文不对题”的。因此，那段话的最后两个字改为“经验”或“成绩与经验”较好。

（三）病文（2）修改稿

××市税务局市场征收工作经验交流大会纪要

××××年五月二十日，××市税务局在××区召开了“市场征收工作经验交流大会”，各分局的领导和有关干部38人出席会议。市局办公室张主任主持会议。他说明会议的目的、中心和议程后，各区代表先后发言。下午市局×××副局长做了总结，并对今后的工作开展提出了意见。大家认为这次会议开得及时，总结了成绩、交流了经验、鼓舞了士气，十分有利于今后工作的开展。

各分局代表的发言都受到了与会者的欢迎，其中××分局、××分局、××分局的发言引起了更大的关注：

××区税务分局第二税务所×××同志介绍了他们“从宣传着手、提高商贩的遵纪守法的观念；从检查着手，促使商贩正确申报；从管理着手，做到十足收齐”的经验。

××区税务分局×××同志讲了他们注意和工商局密切配合，做到思想上统一认识、管理上统一步调、处理上统一行动的做法。

××区税务分局第三税务所×××同志谈了他们在实践中坚持“晓之以理，导之以行，抓紧队伍建设”的体会。

×××副局长在下午的总结中强调指出：我市在农贸市场实行征税仅仅一年，在这一年的时间里，市场物价基本稳定，摊位档口、商品品种不但没有减少，而且增多了，交易活跃、买卖有序。这一年来征收税款×××万元，为国家增加了收入。这证明了在农贸市场实行征税的决定是正确的、可行的。

×××副局长说，一年来我们在保证市场活跃、增加国家税收的同时，也锻炼了队伍、积累了宝贵的工作经验。这些经验是：

（1）运用税收经济杠杆，是加强税收管理的有力措施……

（2）坚决执法与积极做好思想工作结合，是使征收工作顺利进行的重要保证……

（3）主动与兄弟局配合，就可以加强征收管理的有效性……

（4）抓好队伍建设，是保证征收工作按方针政策正确开展的基本条件……

×××副局长说，我们征收工作进行刚一年，就取得这样明显的成绩，是应该肯定的。但有没有问题？大家心里明白，这次会议也讲了。这里要指出的是，成绩的取得，除了我们自身的努力外，和党的正确领导、各级政府的支持、各兄弟部门的积极配合是分不开的。在今后的工作中要认真贯彻市委18号文件，要注意：

（1）要在党的统一领导下，更主动积极地争取政府的支持和兄弟部门的配合……

（2）认真地组织干部学习有关的税法，加强干部秉公执法、依法征税的观念……

（3）……

（4）……

与会者认为×××副局长的总结和对今后工作提出的意见是符合实际的、正确的，表示回去后认真传达、贯彻。

××市税务局

××××年五月二十日

第三节　应该这么写——范文赏析

一、范文（1）

《关于迎接全国创卫生城市大检查的会议纪要》是解决较具体较专门的问题的会议纪要，格式符合要求。行文中，文体的纪实性和提要性的特征表现得相当明显。

纪实性。表明会议实际召开的时间、地点、主持人、出席人、议题、议决，清楚明确。会议的进程，先检查工作，市卫办、城管办、环卫局和八个区负责人汇报，×××副市长讲话。然后，大会讨论研究，肯定了成绩，指出了存在的问题，同时，对有关事项作出决议。先议决“迎接今年8月全国创卫生城市大检查”的10项事项，后议决土地开发问题。这里的主次、详略、先后，一如会议实际。特别是会议的内容、精神，明确地表达了会议的意志。这和病文（2）只写×副局长一人的讲话，企图以一个人的活动代替会议的活动，一个人的意志代替会议的意志的情况形成对照。病文（2）内容处理有严重遗漏，是纪要的撰写不能容许的。

××市关于迎接全国创卫生城市大检查的会议，中心明确，要研究的问题，既原则又具体，涉及的范围广，涉及的单位多，会上肯定是众说纷纭。对这些“众说”，如何归纳、准确反映、明确表达，这要靠分析能力、概括能力。一般来说，参加会议的有关领导和主持人，都会有明确、恰当的意见的。所以，纪要的撰稿者，在留心听取与会者的发言时，要特别注意领导、主持人的讲话精神，要以他们的讲话的内容要点、精神去统观会议、取舍材料、确定要点，然后按纪要格式内容安排写出。

提要性。它要求在主要内容、主要精神方面忠于会议的实际，不是面面俱到，眉毛胡子一把抓。“导言”是用来介绍会议基本情况的。它是纪要中的“要中之要”，主体部分的内容是依据它的提示来展开的。所以，纪要的提要性首先表现在“导言”里，撰写时要使它确实可以“导”出主体内容之“要”。《关于迎接全国创卫生城市大检查的会议纪要》做到了这一点。导言中不仅恰当地交代会议召开的时间、地点、主持人、参加者，还突出地说明了会议议题、议程：“检查市政府与8个区签订的创国家卫生城市责任状后的工作情况，研究加强城市管理工作和土地开发等问题。”这就是“要中之要”。后面的主体部分的内容，都是依据这一“要”，来安排，来展开的。

主体部分，即除“导言”第1段外的第2～15段。这部分，先用2个段，即第2～3段写“检查工作”，再用12个段，即第4～15段写“研究”问题和作出决议。“检查工作”，先说听“介绍”，然后说“评价”，都说得十分概括。评价中，说“差距”、“存在的主要问题”，相对来说既具体而又明确。因为这次会议主要是研究“加强城市管理工作”，是要解决存在的问题的。所以主体部分是“研究”问题，作出决议。先写“加强城市管理工作”的问题和议决。分10个问题，用10个段落写出。每一个议决，都有目标、有措施、有牵头单位，十分明确，十分实在，没有笼统含糊、拖泥带水的东西。每一个段落都以“片言居要法”开头，还冠以“一、二、三……”的序码，使这个部分的内容表达，十分简要、十分醒目。再写“土地开发”问题，用两个段落。对先前已明确的问题，只要求有关部门“尽快给予落实解决”一句话带过。对“最近”出现的问题，虽然话多一些，也只是从大的方面、原则方面说话，突出地批评了一些“错误”做法。和“加强城市管理工作”问题相比较，这一问题无论是内容还是形式的处理，都简略得多。因为这一问题，不是这次会议要议决的重点。

从上面的说明不难看出，主体部分的内容不但依着导言的“要”来展开，而且同样写得有主有次、有详有略、简明扼要，有鲜明的“提要性”的文体特点。这篇范文的这方面的优点，如果能细心地和病文（1）、病文（2）作个比较，肯定可以更容易被理解和认可。这样撰写的纪要在实践中当然就可以充分地发挥其应有的作用。

二、赏析范文（2）

《全国农村爱国卫生运动现场经验交流会纪要》是综述性会议纪要。纪要的撰写人高屋建瓴地把会议的多种多样的活动、丰富的内容，综合为三个部分，围绕着“各级政府应像晋城县那样，把爱国卫生运动……认真抓好”的主旨，逐一写出。先介绍和肯定晋城农村爱国卫生运动的成绩和经验。然后，说明全国农村爱国卫生运动发展的大好形势，所取得的突出成绩，存在的主要问题。最后，阐明今后农村爱国卫生运动重点任务和必须抓好几项工作。这样的综合、安排，完全符合会议的性质、内容、要求和进程，有严密的逻辑性。在表达方面，则更鲜明地表现出纪要的纪实性、提要性的特点。

介绍晋城县农村爱国卫生运动情况、成绩、经验这一部分文章，不到300字，却交代了会议召开的背景，写了晋城县的介绍和各地代表的听取、参观、评价。有叙事也有议论。叙事不是通过晋城县的介绍去完成，而是从代表们的听取、参观所得到的感受角度去说明。这就显得更客观，更能使读者认同。“与会代表通过听取晋城县经验介绍和参观，一致认为，晋城县的农村爱国卫生运动的面大、治本求实、质量高、工作扎实、经验丰富。”这是总的感受，总的评价。这样的感受评价恰当简明，来源于事实，依据的是事实。接着列举的就是一系列的确实数据，并指出，这些数据表明的事实，已经是制度化、经常化、普遍化。这一部分的最后两句话，是议论，是点睛之笔，使上面的事实、数据闪光，使人们的眼睛发亮，看清我们农村爱国卫生运动“保障了群众的身体健康，促进了人们精神面貌和社会风尚的变化”的明显效果与巨大意义。这样的叙述和议论，忠于事实，忠于会议，没有套话、大话，更没有空话，全面而重点突出，概括而实实在在。这篇纪要写晋城县的情况、成绩、经验是这样，说明全国爱国卫生运动的形势，总结全国爱国卫生运动的成绩和问题，甚至指出今后工作的任务和必须抓好几项工作，也是如此。这里不再评说了。总之，这一纪要，在综述会议情况，反映会议议决，传达会议精神方面，无论是从内容处理还是语言表达上看，都是成功之作、典范之作。

三、赏析范文（3）

《功德日增凝聚力　灵根长发万年枝——“增强中华民族凝聚力座谈会”纪要》是摘要式会议纪要。

这篇纪要，首先是主旨好。在中华民族长期遭受压迫、欺凌、屈辱，开始全面、迅猛地走向复兴，走向崛起之时，提出论证这一命题，确实说出了所有炎黄子孙的心里话，表达了所有炎黄子孙的强烈愿望。这是它受到普遍赞扬，发生广泛而深刻影响的主要原因。除此，写作上有几个方面要特别说一说。

（1）题目。用的是正、副题相结合的方式。正题，是全国政协副主席赵朴初一首诗中的两句，很形象，很含蓄，但有了副题的配合，意义却十分显豁，确实是“能令亿民思”的好标题。

（2）导言。对会议基本情况概括，不是如一般的会议纪要那样直接写出，而是从述说“增强中华民族凝聚力”的命题提出后引起的强烈反响入手，进而概述会议的基本内容，这就更能引起人们关注，激发人们阅读下文的强烈兴趣。

（3）主体。纲举目张，层次井然，观点鲜明。

主体摘写了16个人的发言。经过深入全面的对比分析，16个人的发言分三个部分，并各冠以“增强中华民族凝聚力是历史也是现实的要求”、“对中华民族凝聚力的再认识”、“如何增强中华民族凝聚力”的小标题写出。这三个小标题，是各个部分的观点，它们意义紧扣并一步一步深入说明主旨。各小标题之下的各个发言，是内容的展开。每个“发言”都自成一段，而且是先写清发言人的姓名、单位、职称或职务，再写“发言”内容。这样，全篇内容，就显示出围绕主旨纲举目张，层次井然，观点鲜明。第三部分是写“如何增强中华民族凝聚力”意见，写了7个人的发言。为了观点更加显豁，写有关的“发言”前，先分别以“加速经济发展”、“坚持改革开放”、“民族精神的现代化”、“弘故与图新并重”、“提高人民文化素质，增强公德意识”、“重视历史教育的作用”的提示语提示。这就十分有利于人们理解各发言精神实质，把握“增强中华民族凝聚力”需要认真注意的6个主要方面。

（4）“发言摘要”有鲜明的“共性”和“个性”。

摘要式的会议纪要主体的构件是会议参与者的发言摘要。会上的发言者人数众多。发言者主观上一般来说，都是想扣紧会议主旨的。但客观上常常是，有的紧扣，有的扣得不紧，甚至离题；有的有特点，有的则没有，甚至与他人的发言雷同重复。所以，摘要式会议纪要，不能把会上的“发言”全写入。只能把其中能扣紧主旨，又有自己特点的，即有“共性”又有“个性”的发言摘要写入。否则主旨就无法得到充分的说明。这对于撰写摘要式的会议纪要是千万要注意的。《功德日增凝聚力　灵根长发万年枝——“增强中华民族凝聚力座谈会”纪要》的撰稿者，在这方面也是下了工夫的。写入纪要的16个“发言摘要”，可以说，都有鲜明的“共性”和“个性”，都能在说明主旨上发挥自己应有的作用。第一部分，在“增强中华民族凝聚力是历史也是现实的要求”的小标题下，摘要5个人的发言。这5个人的发言的“共性”和“个性”是很鲜明的。郑群，以现实生活中的事实，说明认识、研究中华民族凝聚力的意义及其社会功能的重要性和必要性；张磊，从抓住机遇、应对挑战的角度说明认识和研究增强中华民族凝聚力的重要性和必要性，针对性强，语言是火辣辣的；卜鼎焕，用历史事实说明民族凝聚力对推动中华民族繁荣、强盛的重大作用；肖亭，从改革开放以来越来越多的新鲜事引起中华儿女自身关注的角度来说明，组织开展对中华民族凝聚力的研究是适应形势和历史发展的“顺理成章”的事情；梁琼芳，以当前国际上一些国家民族纠纷四起，统一国家民族的事实，说明增强中华民族凝聚力是巩固国家统一、民族团结，是建设有中国特色社会主义的需要。5 个人的讲话共同说明的是“增强中华民族凝聚力”的认识和对其研究的重要性，这就是“共性”，但是 5 个人说明问题的角度是很不同的，这就是“个性”。没有“共性”，主旨得不到说明；没有“个性”，主旨也得不到从各个侧面各个层次的充分的、深入的说明，纪要就不能给人新鲜感，给人阅读的兴趣。这篇纪要，第二部分写的 4 个人的“发言”，第三部分写的 7 个人的“发言”，都是既有“共性”又有“个性”的，所以纪要的主旨能够不断得到深入的充分的说明，纪要的内容能够不断地给人新鲜感，能吸引人深入阅读。

第四节　综说与辨析

一、综说

纪要的撰写，需要有强烈的文种特点意识。

文种的特点是文种相互区别的标志，是由文种的性质、功能决定的，是文种长期充当特定的某种事务的文字办理工具的长期实践中形成的。纪要的纪实性、提要性这两个主要特点，就是它作为“记载主要会议情况和议定事项”这一特定事务的文字工具的长期实践中形成的。一篇纪要的文稿是否合格，看看它是否具有这两个特点，大体就可以作出判断。

第二节评改的两篇病文，病文（1）把有关会议开会情况，从头至尾地记录下来，只能算是“记录”，不能说是“纪要”。它没有“提要性”的特点。病文（2）只写会议上×副局长一人的活动、讲话，不写其他人的活动、讲话，没有反映会议全面的真实的情况，没有纪实性，也没有提要性，当然也不算是纪要。之所以会如此，是因为撰稿者缺少强烈的文种特点意识。而第三节赏析的三篇范文，每一篇都真实地“记载”了“会议情况和议定事项”的实际，有明显的“纪实性”和“提要性”的特点。显然，这是撰稿者在撰稿时很注意表现文种的特点的缘故。撰稿者认真通过从主旨确定、材料选择、结构布局到表述方式方法的运用、语言的调遣，来显示文种的特点，有点有面、有主有次、有详有略地记载会议内容，这对读者准确全面地理解会议精神，贯彻会议议定事项是十分有利的。

上面所说的范文与病文的优劣、得失，告诉我们纪要的撰写和其他文种一样，是需要有强烈的文种特点意识的。

二、辨析

（一）纪要和会议记录的同异

纪要和会议记录，都是会议的文件，但两者有显著不同：

（1）纪要是党政公文的主要文种。而会议记录，可以说还不成文章，是资料性会议材料。

（2）纪要是根据会议记录和会议的其他文件材料整理而成的。它的内容凝练、集中，有鲜明的思想倾向性，材料都是根据主旨表达的需要经过取舍、剪裁的，完整而又有条理。不论是说明问题，还是叙述事实都用简明扼要的方法。它的撰写是为了外发，如果作为下行文的话，受文单位必须贯彻执行。而会议记录是如实地记载、录写会议的进行情况、会议研讨的问题、会议的报告与发言、会议的决议事项等内容而形成的资料性文件。它的记录方式是流水账式的，有什么记什么，不能选择，不许取舍，以最客观、最自然的方式反映会议的全面情况、真实内容。它的录写，主要是作为资料备查，供撰写纪要、决议、决定或传达会议精神使用。会议结束后即存入档案，供以后查阅。

（二）纪要和会议决议的同异

纪要和会议决议虽然同是公文的主要文种，但实践中会议决议这种文种在党、各人民团体和各级人民代表大会中是经常用的，而在国家行政机关中则较少用。

会议决议，是用来直述有关会议讨论通过的重要决策的。其成文程序有严格的规定。它必须按照有关规定，由有关组织或机构的正式会议讨论并按法定的人数讨论通过后，方能成文，方能生效，方能发出。会议决议的内容大多数是发文机关范围内的全局性事项，阐述的意见一般比较原则，重在申明态度和提出总体要求。其中的观点、主张，是参加会议全体成员统一的认识，是会议意志的表达。任何没有按规定在会议上讨论通过的内容不得写入决议。行文中常常以“会议认为”、“会议决定”、“会议指出”、“会议号召”等等专用词语表述其内容，非常严肃，其号召力、指挥力、约束力是很强的。纪要的内容，当然要忠于会议实际，但不像会议决议那样只写会议统一了的意见，也就是说会议没有统一的甚至仍有分歧的意见，也可如实地写出。

思考与练习

1. 纪要的主要特点是什么？请以范文（1）为例进行说明。

2. 范文（3）主体的撰写有哪些地方值得借鉴？

3. 病文（2）主体的主要毛病是什么？请和范文（2）相比较说说应该如何克服这一毛病。

第十二章

起诉状写作

起诉状和随后将逐一介绍的上诉状、申诉状、答辩状都属于诉状。为了方便说明问题，先说说诉状这种文体。

社会生活中发生的一些矛盾和纠纷，需要通过法律诉讼来解决，当事人就要将有关事实和请求写成诉状，送交有管辖权的法院，法院受理后，按照法定程序处理。可见，诉状既是引起诉讼程序的依据和凭证，又是当事人维护自己合法权益的司法文书，是当事人按照法律规定实施诉讼行为、参与诉讼而制作的。

诉状是进行法律诉讼即打官司所必需的。它的突出作用，是保证诉讼活动的顺利进行、法律的正确实施和人民的合法权利的正当行使。

诉状和其他文种相比较主要有如下特点：第一，写作的合法性。不管哪种诉状，其写作和应用，包括内容、形式、时间、手续都必须有法律、法规的依据，不能有随意性。第二，内容的真实性。诉状所述事实必须真实有据，准确无误，不能虚假。第三，格式的规范性。诉状格式是在约定俗成的基础上经主管部门作出统一规范的，以便于统一使用、归档管理。第四，法定的时效性。诉状的写作和使用时间，要遵守办案程序规定，否则失效。

诉状按内容性质分为民事诉状、刑事诉状和行政诉状三类；按使用程序上的作用可分为起诉状、上诉状、申诉状、答辩状。后面将逐一介绍起诉状、上诉状、申诉状、答辩状的作用。

先说起诉状写作。

第一节　写作依据

一、性质

起诉状，是当事人的合法权益受到侵害，为了维护自己的合法权益，依法请求人民法院通过司法审判给予法律保护而制作，送交给法院的诉状。

二、作用

起诉状的作用有两方面：

（1）引起司法程序。起诉状是人民法院受理案件、提起诉讼程序的前提和依据。当事人没有向人民法院提交起诉状，人民法院没有受理起诉状，诉讼程序不会启动。所以，任何当事人，要想请求法院通过审判维护自己的合法权益，就必须先写作起诉状，并把它送到有关的法院。

（2）起诉状是法院对案件进行审判的一种依据。如果法院受理了起诉状，就会对起诉状陈述的请求、事实与理由进行审核，如果是真实、合理、合法的就给予支持，使起诉人的合法权益得到维护，否则就不给予支持，予以否定。

三、特点

起诉状和其他诉状相比较，最明显的特点就是写作的自主性。写作与否，提出什么请求，如何陈述事实和理由，都由当事人依据实际情况自行决定，而且总是采用正面陈述的方法。

四、格式

《中华人民共和国民事诉讼法》规定，起诉状“应当记明下列事项：（一）当事人的姓名、性别、年龄、民族、职业、工作单位和住所，法人或者其他组织的名称、住所和法定代表人或者主要负责人的姓名、职务；（二）诉讼请求和所根据的事实与理由；（三）证据和证据来源，证人姓名和住所”。

起诉状的格式分：首部、正文、尾部。

1. 首部

首部包括标题和当事人身份两项内容。

（1）标题。标题由案件性质类别 + 文种组成，如《民事起诉状》、《行政起诉状》、《刑事自诉状》。

（2）当事人的身份事项。当事人包括原告和被告。如果当事人是自然人的，要依次写明姓名、性别、年龄、民族、工作单位和职业、住址及邮政编码。如果当事人是企事业单位、机关团体或其他组织的，则先写单位名称、地址、邮政编码，再写法定代表人的姓名、职务。如果当事人委托了律师或其他诉讼代理人的，应当在写明当事人身份事项后再写。如果一方当事人是两个以上的，则依次逐项写明。

2. 正文

正文包括诉讼请求；事实与理由；证据与证据来源、证人姓名和住址。

（1）诉讼请求。就是原告提起诉讼的目的要求，诉请人民法院依法保护自己的具体合法权益的主张。如有多种请求，则按顺序逐一列明。

（2）事实与理由。事实与理由是支持诉讼请求的依据，也是人民法院审理案件要审查的主要内容。就民事起诉状来说，要写明的事实，是指民事纠纷形成的事实。有两种情况，一是认为被他方侵权的事实，这就应该写明被告实施侵权行为的时间、地点、经过、情况和所造成的损失后果；二是与他方发生民事权利义务纠纷的事实，这就应该写明双方产生民事法律关系的时间、民事法律关系的主要内容，即各自的权利和义务以及其发生纠纷的原因、经过、现状。这是法院审案判案的事实根据。叙述时应当实事求是。在叙述事实的基础上，起诉人还要表明看法，提出法律依据，作为起诉的理由。

（3）证据与证据来源、证人姓名和住址。民事诉讼的法律原则是谁主张谁举证。没有证据或没有证人给予证明的事实是难以成立的。事实是引用法律条款以区分责任的基础，是法院查证并确认事实的主要依据。所以必须详细列出，以证起诉状言之有据。各证据的名称、来源以及要证明的问题，证明人可证明的事实以及其姓名、地址，都应一一分别注明，以备法院查核或必要时传唤证人出庭作证。

3. 尾部

尾部包括致送人民法院名称、附项、具状人署名、具状日期四项内容。

（1）人民法院名称。顶格书写，其后不用标点符号。

（2）附项。在正文的左下方分项列写，详细列明各份材料名称、状态、数量。

（3）具状人署名。在正文右下方适当位置签名或盖章。

（4）具状日期。用汉字于具状人署名之下写清年、月、日。

五、写作要求

（1）**起诉状的写作，必须符合规定条件**。《中华人民共和国民事诉讼法》第 108 条规定，起诉必须符合以下四个条件：①原告必须与本案有直接的利害关系；②有明确的被告；③有具体的诉讼请求、事实和理由；④属于人民法院受理范围和受诉人民法院管辖。这四个条件，缺一不可。符合这四个条件的起诉状，有关法院才会受理，才能引起诉讼程序。也就是说官司才能开始，才能进行。因此，起诉人在写作起诉状之前，必须先认真研究清楚自己向有关法院提起诉讼的案件、自己的要求，是否符合上述四个条件。符合了，才写起诉状。这是必须慎重对待的事。

（2）**诉讼请求要合情、合理、合法，要具体、明确，要概括、简练，不能含糊笼统。**

（3）**要实事求是地陈述事实和理由**。法院审理案件的原则是：以事实为根据，以法律为准绳。起诉人能否最终胜诉，关键是所诉事实是否属实，理由是否充足。所以，陈述事实要力求客观、全面、真实。切不可为求胜诉而歪曲事实，夸大对己有利的一面，掩饰于己不利的一面。

（4）**行文要简练，用语要文明**。要围绕争议的焦点说清主要事实，点明关键之处，不纠缠细枝末节。要用平实、文明的语言说道理、讲证据，不要在行文中故意伤害对方。

第二节　不应该那么写——病文评改

一、评改病文（1）

（一）病文（1）

离婚起诉状

原告：张×，女，住广州市××区×号

被告：李×，男，住本市××路×栋×号

诉讼请求：请求离婚。

事实和理由：

我与被告是夫妻，婚后两人感情一直不好，两人经常吵架，无法生活在一起，特向法院提出诉讼，请法院判决我们离婚。

此致

法院

起诉人：张×

2009年10月8日

（二）评析病文（1）

对照第一节的内容和这份《离婚起诉状》就可发现，它是一份法院不能受理，连诉讼程序也不能引起的“起诉状”。

首部的两项内容：①标题不正确。“离婚起诉状”中“离婚”二字应去掉，改为“民事”则可。起诉状的标题，一般是由案件的性质+文种名称组成，不必反映案件的具体种类。②当事人的身份事项不完整。只有姓名、性别、住地，缺少年龄、民族、工作单位、职业、电话。这样不方便法院核对身份。

正文的三项内容：①诉讼请求，不完全，也不够明确。病文（1）所涉事项是“离婚”。“离婚”一般涉及三方面的请求：一是请求离婚；二是安排子女抚养；三是财产分割。病文（1）只提了“请求离婚”一项，而缺少其他两项。②事实与理由，缺少具体、实在的内容，过于笼统。“婚后两人感情一直不好，两个人经常吵架，无法生活在一起”是结论，是缺少具体、实在的事实支持的笼统结论，没有说服力，不能有效地支持诉讼请求，也不能为法院审理提供明确的、实在的依据。③证据和证据来源，因为没有具体事实，因而也自然缺少了。

结尾的四项内容：只有具状人署名一项是恰当的，其他三项：①人民法院名称，不明确。“法院”是所有人民法院的统称，应写法院的全称“×××××人民法院”。法院名称不明确，实际是受理诉讼的法院不明确，这要影响案件的受理。②附项，也缺，应补上。应详细列明各份材料的名称、数量，以方便查对。③具状日期，写的是阿拉伯数字，不合规范，应为汉字。

事实说明，病文（1）不能引起诉讼程序，也没有为原告自己提供有效的支持诉讼请求的事实和理由，当然也没能为法院提供明确、实在的审案依据。要提起法律诉讼，这一起诉状需重新制作。

（三）病文（1）修改稿

民事起诉状

原告：张×，女，32岁，汉族，某厂工人，现住广州市××区×路×号，电话：××××××××

被告：李×，男，34岁，汉族，个体户，住广州市××区×路×栋×号房，电话：××××××××

诉讼请求：

（1）请求判决原告与被告离婚；

（2）请求判决女儿由原告抚养；

（3）请求分配夫妻共同财产。

事实与理由：

原告与被告于1996年结婚。原告、被告双方是通过婚介所认识的，婚前没有充分的了解，认识不到两个月就仓促结婚了。由于结婚前了解不多，双方性格相差较远，经常为一些鸡毛蒜皮的小事大吵，要邻居过来劝架。婚后感情也没有培养起来。两人于1997年生下女儿，但是夫妻感情不和并没有因此而改变。近一年多来，被告染上了赌博的恶习，经常昼夜不归，脾气也越来越坏。

被告原本对妻女就难得亲近，现在因为沉溺于赌博，对家庭就更不闻不问了。原来被告对家庭虽然关心较少，但还会分担部分家庭开支，但自从被告染上赌博后，连家都不回了，更不用说养家了。原告也多次劝被告好好工作，不要沉迷于赌博，但招来的是被告的数落。原告一个人，既要照管年幼的女儿和家庭，又要上班，不但得不到被告的理解，有时还会遭到被告的打骂。被告因为时常去赌博，有时赌输了，心情不好，回家就拿妻女出气，原告稍有不从，即遭被告谩骂和拳脚交加。原告为此还曾经打110报警，求助于警察。但是事后情况并没有改善。为此，原告精神上和肉体上都备受折磨。婚姻没有带来幸福，只有痛苦。女儿对其父亲没有任何感情，还因为被告的粗暴行为，心存恐惧。被告的行为已经严重地影响了女儿的成长。另外，原、被告婚后一直住在原告父母家，双方没有什么共同财产。

因此，原告认为，原告与被告的夫妻感情已经破裂，被告的赌博恶习也难以戒除，双方已经没有办法生活在一起；同时，被告也不具备抚养女儿的条件；至于财产方面，现在各自所有的归各自处理即可。

为了维护原告及其女儿的合法权益，得到一个安静和正常的生活环境，原告特向贵院提起诉讼，请依法作出公正的判决。

此致

××区人民法院

具状人：张×

二〇〇九年十月八日

附：

（1）本诉状副本两份。

（2）张某身份证复印件一份。

二、评改病文（2）

（一）病文（2）

民事诉状

原告：孔×，女，32岁，住址：广州市××路13号，电话：×××××××××

被告：曹×，男，42岁，住址：湖南省×县×乡×村六组，电话：×××××××××

诉讼请求：请求被告赔偿损失102 250元。

事实和理由：

2001年1月27日，被告无证驾驶一辆倾卸大货车在×路上撞倒原告，致使原告头部受伤，住院共60天，花去医药费、误工费、护理费等共118 400元。第二次的手术费30 000元。原告和家人为此遭受严重的精神打击，要求被告支付精神损失费15 000元，作为补偿。共102 250元。

此致

×区人民法院

具状人：孔×

××××年×月×日

（二）评析病文（2）

这份起诉状的格式大体符合要求，但具体内容仍有所欠缺。诉讼请求、事实与理由存在的问题较突出。

首部的两项内容：①标题，少了一个“起”字。像现在这样，人们就不知道它是起诉状，还是别的诉状。②当事人身份，原告和被告的，都缺“职业”一项。

正文部分三项内容：①诉讼请求太笼统。本案要求赔偿的是交通事故的伤害赔偿。这类赔偿包括许多的项目，如医疗费、误工损失费、精神伤害费等。这各种各样的赔偿费，应不应该赔偿，应赔偿多少，都有一定的标准规定，都要视实际而定。因此，应按实际，分项具体列出。否则，法院就难以审理、量定。②事实与理由，说明不具体、不清楚。这部分内容，是支持诉讼请求的证据。没有证据，或证据不正确、不充分，法院就不会受理，就算受理也难作出支持原告的判决。本案是交通事故案，就应该把事故发生的时间、地点、原因、经过、结果，具体、详细地说清楚。谁的责任，也必须交代明白。“被告无证驾驶一辆倾卸大货车在×路上撞倒原告，致使原告头部受伤”，这实在太简单、太笼统了，连最起码的经过都没有。这样，法院是不能进行审理，更不能判案的。③证据和证据来源，也不清楚。这和事实与理由说得太笼统有密切关系。就算事实理由说具体了，也不能不交代清楚证据和证据的来源。证据有人证、物证、书证，最好是有权威机关的证明。交通事故，最好是有交警机关的证书。有了证据，又交代了证据的来源，所说的事实和理由的真实性的分量就大了，对支持诉讼请求有好处，对法院审案判案也有好处。

结尾部分的四项内容中，缺“附项”。这一项要具体列出各种材料的名称、份数、页数，以备查证。就这一案件来说，交警支队的勘查认定书，医院的诊断书、收费单据等，都要一一写上。

（三）病文（2）修改稿

民事起诉状

原告：孔×，女，32岁，汉族，小贩，住广州市××路13号，电话：××××××××

被告：曹××，男，42岁，汉族，××××物流公司员工，住地：湖南省××县×××乡××村六组，电话：×××××××××

诉讼请求：

①判令被告赔偿原告因被告原因而受伤的治伤医药费、陪护费、误工费等57 250元。

②判令被告赔偿原告精神受损害金15 000元。

③判令被告支付本案诉讼费。

④判令被告支付原告再一次手术医疗费30 000元。

事实与理由：

被告无驾驶执照于2001年1月27日20时，驾一辆倾卸大货车（经检测，该车制动器不合格），沿××路由北往南方向行驶，通过没有交通信号控制的×××交叉路口时不减速，不让右边的机动车先行，致使倾卸货车的车头，撞碰到原告驾驶的沿××路由西往东行驶的双轮摩托车的左侧，原告被摔倒在一丈多远的马路上，头部重伤，流血不止，摩托车已被严重撞坏。经××市公安局交通警察大队第×支队到现场勘查认定：这一交通事故是因为被告严重违反交通规则，无证驾驶的过错造成的。被告要负全部责任。（见附件3）

原告头部重伤后，被送入××医院治疗60天，用去医疗费45 000元。家属来回交通费1 000元，营养增加费5 000元，还有误工损失费5 000元、摩托车修理费1 250元，合计57 250元。（见附4）

原告经60天住院治疗，脑部伤情虽有较大的缓解，但病灶未除、记忆力仍在减退，出现了部分失忆。医院诊断认为，原告除回家继续接受治疗外，过一段时间，待身体有所恢复，还要再做一次手术，费用30 000元以上。

原告有一女儿读小学，夫妻俩一起做一点小生意维持生计。原告受伤后，丈夫为了照顾妻子，生意也停了。没有收入反而要支付一大笔的医疗费。现欠下大笔医疗费，经济十分困难。全家遭此严重打击精神也被严重伤害，因此，被告还要赔偿原告精神损失费15 000元。三笔合计共102 250元。

为维护合法权益，原告请贵院依法作出公平公正的判决。

此致

××区人民法院

具状人：孔×

××××年×月×日

附：

（1）本诉状副本两份。

（2）孔×身份证复印件一份。

（3）××市公安局交通警察大队第×支队勘查认定书，复印件一份。

（4）×××人民医院收费单据等复印件共20页。

第三节　应该这么写——范文赏析

一、范文

民事起诉状

原告：××市物资供销公司，地址：广州市××路23号，邮政编码：××××××

法定代表人：张×，职务：经理

委托代理人：刘××，天平律师事务所律师

被告：李×，男，35岁，汉族，李记商行老板，现住广州市××路20号301房

诉讼请求：

（1）判令被告立即支付拖欠货款70 000元；

（2）判令被告支付拖欠货款的利息×元（从××××年×月×日起按人民银行同档次利率计到付清之日止）。

事实和理由：

1999年11月13日，原告与被告签订木材购销合同，约定由原告向被告提供一等原木木材一批，共200立方米，价格是每立方米400元；并约定被告分三次提货，签订合同10天后先由被告支付定金10 000元，款到即发货，余款收货后10天内付清。11月23日，被告按期向原告缴纳定金，并分别在11月24日、11月30日和12月5日三次到原告处提走原木木材共200立方米。但是，被告并没有按合同约定支付货款。原告多次催收，被告均以资金周转困难为由拒付货款。

原告认为，被告不履行合同，其行为已构成违约，为保护原告合法权益，特向贵院提起诉讼，请作出公正的判决。

此致

广州市××区人民法院

具状人：广州市物资供应公司
法定代表人：（签名）
××××年×月×日

附：

（1）本诉状副本一份。

（2）《木材购销合同》复印件一份。

（3）出货单复印件三份。

二、范文赏析

范文《民事起诉状》其格式、内容的写作，均符合写作要求。

首部两项。标题“民事起诉状”，“民事”是案件性质，“起诉状”是文种名称。被告是自然人，范文就按其姓名、性别、年龄、民族、工作单位、职业、住址等一一写明。而原告是企业单位，就先写单位名称、地址、邮政编码，再写法人代表的姓名、职务。内容齐全、明确。

正文三项内容。“诉讼请求”有两点：一要被告支付拖欠货款，二要被告支付拖欠货款的利息。这两点请求，写得明确严谨。说支付货款说明是“拖欠”的，说明支付的时间要求是“立即”；说支付利息，明确是“拖欠货款的”，并以括注明确了利息的计算时间。这样写明确、具体，使人一目了然。事实和理由方面，范文所说的事实，是属于和被告因《木材购销合同》规定的民事权利与义务纠纷的事实。起诉状，先把 1999 年 11 月 13 日签订的合同所规定双方购销木材的权利与义务，从木材的质地、数量、价款交货与付款时间一一说清楚。然后，说明双方权利与义务的执行情况：被告分三次提走了原木 200 立方米，只向原告缴纳 10 000 元定金，不按合同规定支付货款，原告多次催收，被告均“拒付货款”。这里的时间、地点、数量一一明确，件件实在。在明确叙述了事实的同时，起诉状明确提出“被告不履行合同……已构成违约”，这是原告对事实的看法，同时也提出了法律依据，以支持自己的“诉讼请求”。这里要说明的是“证据与证据来源”，起诉状虽未有特定的说明，但问题却十分清楚。所有事实的证据就是《木材购销合同》和“出货单”。起诉状附上了这两份材料复印件，所以就不必特别说明了。

结尾部分四项内容书写也很规范。

由上分析，可知范文《民事起诉状》不仅符合起诉的四个条件，而且写得内容齐全，叙事概括、明白、具体、实在，说理严谨。这样的起诉状，当然可以有效引起诉讼程序，为诉讼请求提供有力的支持，为法院审案断案提供明确的根据，自然也就为官司的胜诉提供了有力保证。

第四节　综说与辨析

一、综说

应该按要求写好格式。

起诉状的病文（1）、病文（2），还有不少的其他病文，都存在格式项目漏写或写得不清楚不明白的毛病，可见，这是诉状写作上存在的较为普遍的问题。

诉状的格式是人们在长期的诉讼实践活动中总结出来的积极成果，要求写明白的各个项目内容，都是进行诉讼活动时需要明确的。如首部“当事人身份”中的姓名、年龄、性别、民族等是核查有关当事人的身份必须的；“住址、工作单位、邮编、电话号码”等也是互相关联不能没有的。就是尾部的项目如“附件”项，要求写明的是“事实与理由”的证据的来源，这是证实有关当事人“事实与理由”的真实和可靠性材料，也是法院一定会核查的材料。

我国现行的诉状格式，是经司法主管部门统一规范，以法律法规形式行文公布，要求有关单位和有关的人员遵照执行的，具有明显的权威性和约束力。其目的在于使诉状的写作者写作时有所遵循，方便写作，使法院等有关部门便于办事，从而提高工作效率。所以，诉状的写作者，为了实现诉讼的目的，应该遵循诉状的格式要求写诉状，项目要齐全，说明要清楚，否则就会像病文（1）、病文（2）那样，不能在诉讼活动中发挥应有的作用。

二、辨析

民事起诉状和行政起诉状、刑事起诉状的异同。

这三种起诉状相同之处在作用上，都是提交有关法院，以引起诉讼程序的。不同之处主要在于它们的内容性质。

民事起诉状，是指当事人认为自己的民事合法权益受到侵害，为了维护自己的合法权益而制作，提交给法院的，以引起诉讼程序的起诉状。受理的是法院的民事庭。

行政起诉状，是指当事人认为行政机关和行政机关工作人员在行使行政权力时侵犯了其合法权益，为了维护自己的合法权益而制作，提交给法院的，以引起诉讼程序的起诉状。受理的是法院的行政庭。

刑事起诉状，是指刑事自诉案件的被害人或其法定代理人，为追究被告人的刑事责任而制作，提交给法院的，以引起诉讼程序的起诉状。受理的是法院的刑事庭。这些案件，相对来说，一般都属于比较轻微的无须经过人民检察院提起公诉的案件。

思考与练习

1. 诉状有哪些主要特点？
2. 起诉状的写作要求主要有哪几方面？
3. 病文（1）修改稿对病文（1）的修改主要在哪些方面？为什么要作这样的修改？
4. 请将病文（2）和范文《民事起诉状》的正文进行分析比较，说说两者的差异。

第十三章 上诉状写作

第一节 写作依据

一、性质

上诉状，是诉讼当事人不服地方各级人民法院第一审判决或裁定，在发生法律效力之前，依照法定程序和期限，向上一级人民法院提出请求撤销或变更原审裁判的诉状。

二、作用

上诉是我国诉讼中的一种法律制度。上诉状针对的是人民法院第一审（下称：一审）裁判，是当事人认为一审裁判有不当之处，确实存在侵害当事人的合法权益而写作并提交给第二审（下称：二审）人民法院的。其作用是引起二审诉讼程序，为二审法院对案件进行全面的审查、审理提供依据。二审诉讼程序的进行，有利于维护正确判决，纠正错误判决，提高法院的审判质量，从而更好地维护公民的合法权益。

三、特点

上诉状和起诉状最明显的不同是，它针对的是一审法院的判决，是当事人不服一审法院的判决、裁定，认为其不公正而写作并向上级法院提出的。而起诉状是针对侵害合法权益的另一方当事人的。

四、格式

上诉状的格式包括首部、正文、尾部。

1. 首部

首部包括标题、当事人的基本情况两项内容。

（1）标题。由案件性质类别＋文种组成，如《民事上诉状》。

（2）当事人基本情况。包括上诉人和被上诉人的基本情况。与起诉状的写法相同。写时先用括号注明当事人在一审诉讼中的地位，如“上诉人（原审被告）”、“被上诉人（原审原告）”。

基本情况，当事人是公民的写明姓名、性别、出生日期、民族、籍贯、职业、住址；当事人是企业单位、机关、团体的，写明单位名称、地址及其法定代表人的姓名、职务。凡是法定代表人或诉讼代理人的，在当事人的情况写完后，另起一行，写其姓名等项。对于公民的法定代理人，还应写明与被代理人的关系；委托代理人是律师的，写明其姓名、单位和职务即可。

2. 正文

正文是上诉状的核心内容、主要部分，包括上诉请求和上诉理由两项内容。

（1）上诉请求。是针对一审法院的裁判，向二审法院提出的要求。或要求撤销一审的判决或裁定，或要求重新审理。上诉状是针对一审裁判的不当之处的。要求撤销或变更的判决，是全部内容还是部分内容要说清楚。

（2）上诉理由。是指不服一审裁判的理由和依据。一审裁判可能认定事实不清、证据不足、适用法律不当、理由不充分，或诉讼程序不合法等。因此，就可以从三方面阐述上诉理由：①认定一审裁判认定的事实不清或错误，并提出正确的事实和证据进行反驳；②认定一审裁判适用法律不当，理由不充分，同时阐明自己的正确的理由和适用的法律依据；③认为一审违反诉讼程序，提出纠正的意见与法律依据。

3. 尾部

包括法院名称、署名、时间、附项四项内容。

（1）送达的法院名称。要写全称。在正文下面写“此致”，然后再另行写上法院的全称。

（2）署名与时间。于正文右下方写明“上诉人×××”，其下一行写日期。

（3）附项。于日期左下方空白处，写明上诉状份数，以及物证、书证的名称和件数。

五、写作要求

（1）上诉状的写作，要符合有关条件。

①提起上诉的必须是诉讼当事人及其法定代理人。如果是诉讼当事人的近亲属或其他人要上诉，必须经当事人的同意和委托方可进行。

②上诉状必须是对地方各级人民法院的第一审裁定或判决不服提起的。我国法院实行两审终审制，二审裁判是终审裁判，不能再提起上诉。

③必须依法定程序和期限提起。《中华人民共和国民事诉讼法》第147条规定：当事人不服地方人民法院第一审判决的，有权在判决书送达之日起15日内向上一级人民法院提起上诉。所以，上诉状的写作和送交都得在这期限内，否则失效。

（2）说明上诉的事实与理由，即反驳一审判决的不当之处，要有的放矢，抓住关键，不要纠缠枝节问题。

（3）反驳时，要心平气和，摆事实、讲道理，观点要明确，法律条文的引用要有针对性。

第二节　不应该那么写——病文评改

一、评改病文（1）

（一）病文（1）

刑事上诉状

上诉人：李×，女，55岁，已退休，现住本市仁爱路5号201房，是被告的母亲。

我是被告人陈×的母亲，我儿子没有挪用公款不还，他只是为支付我的医药费才先借用一下单位保管在他手上的一些钱。他想着以后赚到后再填上去的，反正那些钱目前单位放着不会立即用掉。他没有想不还。他的确是有困难才走到这一步的。因为他向其他人借过也借不到，难道他看着我病死吗？请法院查清楚，体谅他的一片孝心，我们愿意卖掉房子还钱给单位。请判决他无罪吧。

此致

×区人民法院

上诉人：李×

××××年×月×日

（二）评析病文（1）

病文（1）实际上是一个母亲为儿子写的充满殷殷之情的求情信。它的格式、诉讼请求、事实与理由，基本上都不符合上诉状的要求。

1. 首部写作不规范

首部的"当事人基本情况"一项，上诉人李×是二审被告的母亲，不是被告本人陈×。这不符合有关法律规定要求。我国法律规定，上诉人必须是当事人本人或者是其法定代理人。二审被告陈×已经具有完全的行为能力，上诉必须由他本人提起，如果他母亲提起的也必须得到他的同意，并以他的名义提起。

2. 正文部分，项目不全，说理不清

（1）缺少"上诉请求"。上诉请求，是针对原审法院的裁判的，是向二审法院提出的请求。病文（1）缺少这一项，人们就无从知道上诉人为什么要提起上诉？向哪个法院提起上诉？更不知道上诉人要对哪一个案件、哪一个判决不服提起上诉。其具体要求是撤销原审判决，还是变更其部分判决，人们都无从知道。这当然就会造成法院对此上诉不受理的后果。

（2）"上诉理由"一项，没有说清理由。从正文内容看来，一审法院是以"挪用公款"的罪名对被告裁判的。这样，被告有无"挪用公款"就是其有罪还是无罪、定罪恰当还是不恰当的根本所在。从正文所述看来被告确实是用了那笔"公款"的。但是，是"挪用"，还是非"挪用"，这就要从被告是否"主观故意"、有没有实施"挪用行为"两个方面，摆清事实、说明情况，拿出证据来辨清楚，以证明原审法院的认定事实是否正确，判决的适用法律是否恰当、处理是否合理。病文（1）根本没有这样做。相反，所写的内容既缺乏针对性又太过笼统，过于感情化，这是难以引起上诉的诉讼程序的。

3. 尾部部分

（1）致送的法院不正确。按照我国法律规定，我国实行的是两审终审制，上诉可以通过原审法院提起，但是上诉应当致送原审法院的上一级法院，一般不可越级进行。

（2）缺少“附项”。这一项应该把本状的副本的份数，各种证书的名称、复印份数写清楚。

（三）病文（1）修改稿

刑事上诉状

上诉人：陈×，男，25岁，××局出纳，住广州市×路×栋×号房，电话：××××××××

上诉人因涉嫌犯有挪用公款罪，不服××县人民法院××××年×月×日〔××〕法刑初字第×号判决，现提出上诉。

上诉请求：

（1）请求撤销××县人民法院〔××〕法刑初字第×号判决书；

（2）请求宣告上诉人无罪。

上诉的事实和理由：

××县人民法院以法刑初字第×号判决书一审判处陈×犯挪用公款罪。上诉人认为，原审判决认定事实有误，适用法律不当。理由如下：

一、上诉人没有挪用公款的主观故意，同时也没有实施挪用公款的行为。

原审判决认定，上诉人利用在××局任出纳的职务，手中掌握着大笔流动资金；上诉人利用此便利，分三次从××局的流动现金中挪用了共5万元；三次的金额分别是2万、1万和2万。事实上，这三笔款项是上诉人向单位的借款。挪用公款和借款，这两种行为的性质相差甚远。为何会出现错误认定上诉人的行为性质呢？其中的一个主要原因在于单位的会计没有妥善保管上诉人三次借款的借条，而且没有及时将借款的情况记在账上，致使单位在年终结账时少了5万元。会计怕承担责任，又找不到凭据，就推脱责任，咬定单位的收支凭证都是齐全的，而上诉人的流水账中又确实出了这5万元，于是就把责任推到了上诉人的身上。事实上，上诉人向单位所借的这三笔款，都经过了主管财务工作的副局长的审批后，向会计提交了借据，然后由上诉人记在流水账中，最后才出账的。恰好年终时原主管财务的副局长外调别的部门，现在的主管局长在没有任何书面凭证时，当然不知此事，由此引起了本案。现在根据原主管领导的证言（见附件（1）），证实上诉人确有向单位借款，会计也承认了确有此事（见附件（2））。因此，上诉人的行为是正常的借款，而非挪用公款。

二、上诉人的借款是有特定原因的。

原审法院认为，单位一直没有向职员借款的惯例，因为单位不是银行。为何上诉人又可以开这个先例呢？事实上上诉人向单位借款的目的是为了支付其母的医药费。因为其母身患重病，而其家境贫寒，昂贵的医药费使上诉人向领导反映了此事。领导从实际情况出发，同意了上诉人的借款。上诉人使用此款的证明已经由其母亲所住的医院出具（见附件（3））。医药费的数字与上诉人借款的数字基本吻合。证明上诉人的行为是真实的。而且对上诉人借款一事，单位很多同事都知道，并不是什么秘密。

综上所述，上诉人的确没有犯罪的动机、主观意志，同时也没有实施犯罪行为，只是由于种种原因，对其行为性质认识有误而已。因此，请二审法院在认定事实的基础上，作出公正的判决。

此致

××市中级人民法院

上诉人：陈某

××××年×月×日

附：

（1）本状副本三份。

（2）××局原副局长证言复印件一份。

（3）××局会计××证言复印件一份。

（4）×××人民医院收费单据及证明复印件一份。

二、评改病文（2）

（一）病文（2）

民事上诉状

上诉人：郭×，男，32岁，汉族，住广州市×镇×路8号

被上诉人：×市先锋科技有限公司，地址：×市×镇×工业区

法定代表人：王×，职务：经理

上诉事由：

上诉人因不服×区人民法院〔2002〕×法经初字××号民事判决书，特提出上诉。

上诉请求：请求驳回被上诉人的诉讼请求。

上诉的事实和理由：

上诉人认为，原法院的判决认定的事实不清：第一，一方面肯定了上诉人退出被上诉人的股东协议的效力，另一方面又不承认这是上诉人取得补偿款的依据，这是互相矛盾的。第二，错误理解了901协议与325协议的关系。法院认为，325协议是901协议的补充，从而断定了上诉人违反了901协议，因此不能得到补偿款。事实上，被上诉人股东都确认325协议是独立的，不是901协议的补充，所以原审法院作出这一推断没有任何的事实依据。

综上所述，法院在认定事实方面存在错误，导致了错误的判决，特此提出上诉，请法

院重新考虑。

此致

×市中级人民法院

上诉人：郭×

××××年×月×日

（二）评析病文（2）

病文（2）《民事上诉状》格式基本符合要求，在内容方面，也抓住了原审法院裁判存在的主要问题，有明显的针对性。但仍存在以下毛病：

（1）“上诉请求”写得较笼统，应该写得更具体更明确。

（2）“上诉的事实和理由”不够具体充分。没有针对原审法院认定的事实和适用的法律去反驳其判决。方法上也应有破有立，在否定原审判决的同时需提出自己的要求，举出相应的事实加以论证。本案的上诉理由主要基于原审法院对同是“325 协议”两点决定的认定互相矛盾和对“325 协议”同“901 协议”的关系与效力范围认定不当，而导致了判决的错误。这样论述时就要分点进行，有破有立，指出原审法院认定事实的错误的同时，提出客观的事实予以证明。病文（2）未能做到这样，所以人们对其摆出的理由，还是不那么容易理解，不易明其意思。

（3）缺“附项”。应把有关的材料、证据及其名称、状态、份数一一列明，以便有关方面查核。

（三）病文（2）修改稿

民事上诉状

上诉人：郭×，男，32 岁，汉族，企业股东，住广州市×区×镇×路 8 号，电话：××××××××

被上诉人：×市先锋科技有限公司，地址：×市×区×镇×工业区，电话：××××××××

法定代表人：王×，职务：经理

上诉事由：

上诉人因不服×区人民法院〔2002〕×法经初字第××号民事判决书，特提出上诉。

上诉请求：

（1）请求依法驳回被上诉人要求上诉人返还补偿款的无理请求；

（2）判令案件一审、二审的诉讼费由被上诉人承担。

上诉的事实和理由：

上诉人认为，〔2002〕×法经初字第××号民事判决书（以下简称××号判决书）认定的事实有误，从而导致作出了错误的判决，理由如下：

一、被上诉人给付上诉人额外的补偿款是经过股东会议同意的。

被上诉人是 1999 年 2 月由王×、曹×投资开办的科技公司，于 2000 年 8 月经全体股东同意参股。根据 2001 年 9 月 1 日全体股东（即 3 名股东：王×、曹×、郭×）的协议（下称“901 协议”），上诉人是以现金投入股本。经营至 2002 年 3 月 25 日，上诉人经全体股东会议同意退出，并订立退股协议（下称“325 协议”），约定上诉人股份由被上诉人的法定代表人王×以 100 万元买受，并考虑到上诉人在被上诉人处所作的牺牲和贡献，额外补偿 263 609 元。这是股东会的决议，是股东各方真实意思的表示。原审判决也确定了该股东决议的存在，确认协议对上诉人退出被上诉人的效力，但却不确认协议对上诉人给予额外补偿 263 609 元也同样有效力，反而认为上诉人取得上述额外补偿没有依据。这样的处理是明显有违事实、自相矛盾的，既不公平，也不公正，必须纠正。上诉人取得补偿款是依据协议的，是合理且合法的。

二、××号判决书认定事实方面的另一错误，表现在对“901 协议”和“325 协议”的关系和效力范围的认定上，导致作出不当的定性，进而作出了错误判决。

“901 协议”中的竞业禁止条款（即“901 协议”第六条），是股东加入被上诉人时的约定，是一般约定。“325 协议”是专门针对上诉人退股和补偿条件的约定。因此对上诉人与被上诉人围绕退股和补偿的纠纷而言，当然首要的应当是适用“325 协议”。而且，被上诉人的股东都表示“325 协议”的效力是独立的，并非“901 协议”的补充。而“325 协议”中没有规定竞业禁止条款，因此不能约束上诉人。实际上依据本案事实，上诉人得到补偿的基础有二：一是全体股东的一致同意；二是该补偿是对上诉人所作牺牲和损失作出的补偿。因此，原判决书认定“325 协议”是“901 协议”的补充，从而认定上诉人违反了竞业禁止条款，因此不能得到补偿。这不符合股东订立“325 协议”的初衷，也违背了“325 协议”的本意。

综上所述，依据本案事实，××号判决认定的事实确有不当，上诉人请求二审法院依法驳回被上诉人的无理请求。

此致

×市中级人民法院

上诉人：郭某

××××年×月×日

附：

（1）本上诉状复印件三份。

（2）“901”协议复印件一份。

（3）“325”协议复印件一份。

第三节　应该这么写——范文赏析

一、范文

民事上诉状

上诉人（一审被告）：×××百货商场，地址：×××路 28 号，邮政编码：××××××

法定代表人：张××，经理

委托代理人：周××，××律师事务所律师

被上诉人（一审原告）：××贸易公司，×××路×栋××室

法定代表人：邓×，经理

上诉人因与被上诉人购销合同纠纷一案，不服××区人民法院××××年×月×日（××）法经字第××号判决，现提出上诉。上诉的请求和理由如下：

上诉请求：

1. 请求撤销原判，认定合同无效；

2. 被上诉人的经济损失应由杜×与被上诉人共同负责。

上诉理由：

1. 原判决认定业务员杜×持有业务介绍信，有合理的代理权，其代表上诉人所签合同有效，这是错误的。业务员杜×所持的介绍信是专用介绍信，上诉人只授权他签订有关文具的购销合同，并无授权他签订家用电器的购销合同。被上诉人明知其无代理权，仍与其签订购买300台洗衣机的购销合同。而杜×越权代理后，也并没有得到上诉人的事后追认。因此，杜×以上诉人名义订立的合同是事先未经授权、事后又未被追认的无权代理行为。根据我国法律的规定，该合同应认定为无效合同，因此产生的责任也不应由上诉人承担。

2. 被上诉人在订立合同时不审查杜×有无代理权，杜×明知自己没有代理权而为之，双方都有过错，而上诉人在此事上却是没有任何过错的，由此而产生的损失应由杜×与被上诉人共同负责，而不应由上诉人承担。

基于上述理由，上诉人认为，原审法院认定事实不当，处理时明显有失公正，特向贵院提出上诉，请根据事实和法律，作出公正的终审裁判。

此致

××中级人民法院

上诉人：×××百货商场

法定代表人：张××

××××年×月×日

附：

（1）一审判决书复印件1份。

（2）上诉状副本1份。

（3）杜×所持业务介绍信复印件1份。

二、范文赏析

范文《民事上诉状》的格式内容项目齐全，撰写也符合要求。下面说两点。

第一，前面说到上诉状主要是针对一审的裁判制作的，实际也是对一审有关的裁判的驳斥与否定。“上诉请求”是要求二审法院对原审法院的裁判进行审查，对原审的判决，要求全部撤销或部分撤销。这部分内容的确定和表达是否正确，是否抓住了实质与要害，表达是否简明，会直接影响二审法院对案件的审查，对下文的“上诉理由”部分事实与理由的陈述影响就更大。范文在这一部分提了两点：“1. 请求撤销原判，认定合同无效；2. 被上诉人的经济损失应由杜×与被上诉人共同负责。”这两点提得干脆利索，既清楚又明确。这是上诉状的写作人认真、反复地研究了案件的全部材料和原审裁判的全部内容之

后提出来的。抓住了原审裁判失误的关键与要害，这实际就为后面“上诉理由”不枝不蔓地展开内容，拟就一个恰当的“纲”。

第二，上面说的上诉状实际是对原审裁判的全部或部分的驳斥和否定。驳斥和否定法院的裁判，是一件十分严肃的事情。驳斥和否定要做到正确、准确、有效，不能鸡毛蒜皮一把抓，而要抓住要害，要注意有的放矢。原审审理的是“购销合同纠纷案”，该“合同”是×××百货商场的业务员和被上诉人签订的。被上诉人的经济损失也是因执行了这一“合同”而造成的。原审法院认定这一“合同”是有效的，并依据这一事实作出了被上诉人经济损失由×××百货商场承担的判决。所以被上诉人与杜×（商场业务员）签订的“合同”是否有效，就是二审法院在审判中最该弄清楚的、最关键的事实，也是上诉状最该摆清楚、说明白的关键事实。上诉状在“上诉理由”这部分，就是针对这一点，围绕这一点来摆事实、说理由，来反驳和否定一审法院的裁判的。这抓住了关键，击中了要害，十分有针对性。

被上诉人与杜×签订的“合同”，有效还是无效，关键所在，是杜×有无得到上诉人的授权签订该“合同”。这里最有力的、更改不了的证据是，杜×与被上诉人签订该“合同”时所持的“介绍信”。在上诉理由中先转述了原审法院的“认定”，并断然地指出“这是错误的”，之后，紧接着就说：“业务员杜×所持的介绍信是专用介绍信，上诉人只授权他签订有关文具的购销合同，并无授权他签订家用电器的购销合同。”而原审法院“认定”的正是杜×没有得到授权与被上诉人签订的购买300台洗衣机的“购销合同”。这一“购销合同”是有效合同，还是无效合同，是应该认定的，还是应该否定的，上述的明确的确凿的事实，不是清楚地给了说明吗？可是上诉状没有就此停止说理。它继续以上诉人、被上诉人和杜×在该“购销合同”签订前后的态度与作为，进一步作出说明。即上诉人在该“合同”签订前没有给杜×授权，“事后”也没有“追认”；而被上诉人则“明知”杜×“无代理权”仍与其签订“合同”；杜×以上诉人名义订立的合同“是事先未经授权，事后又未被追认的无权代理行为”。这一段的最后一句话，上诉状是这样说的：“根据我国法律的规定，该合同应认定为无效合同，因此产生的责任也不应由上诉人承担。”这就既从事实又以法律证明了“上诉请求”的合理性，驳倒了原审裁判的认定与主张，为二审法院的审理提供了最明确具体的依据。对上述事实与理由的陈述，上诉状只用240字左右，就说得这么有针对性，这么击中要害，且又这么全面，真是简明扼要，有充分的说服力啊！

上面是针对“上诉请求”第一点的说理说的。其实第一点的说理也是针对第二点“上诉请求”即“经济损失”该由谁负责、由谁承担说的。因为第一点上诉请求和第二点上诉请求是互为因果关系的。第一点的理由说清楚了，说充分了，第二点的说理就可以简略一些。事实正是这样。

第四节　综说与辨析

一、综说

说事讲理都必须清楚明确。

病文（1）、病文（2）和范文相比较，可以使人们知道，作为上诉状，前者的写作基本不合格，很难甚至不可能使当事人达到上诉的目的；后者的写作合格，不仅可以使当事人达到上诉的目的，还提供了取得胜诉的一个重要依据。当中的原因，除了格式的书写是否符合要求外，主要的是“事实和理由”部分的写作能否达到要求，这是最关键、最核心的问题。

“事实和理由”是二审法院能否受理案件的主要依据，也是案件当事人能否达到上诉目的，实现胜诉的重要条件。如果说格式的书写只要明白了要求，认真去做，一般都可以做好的话，那么“事实和理由”的写作，除了要有正确的态度和必要的方法外，还需掌握足够的事实和道理，还需要有与之相应的理解能力和分析能力。病文（1）的写作者，知道一审法院给当事人定“挪用公款罪”不符合事实，说当事人“没有挪用公款”是“借用公款”，但她没有说出实在的事实和道理，当然也没有分析与说明。这样的上诉状是起不了作用的。病文（2）的写作者，知道一审法院判决的谬误，是因为认定的事实不当，也知道其不当的表现。但在上诉状中没能说清楚、道明白，没能让人理解。所以，上诉状也不能发挥应有的作用。这些在相关的“病文评析”里已有具体的分析。范文《民事上诉状》的制作者，对一审法院认定的事实的谬误了如指掌，于是抓住其关键部分、要害地方，在起诉状中着力反驳。首先以确凿的事实证实一审法院认定的被上诉人和杜×签订的“合同”，是没有得到授权，是无效的。接着就详细地说明，杜×和被上诉人知错犯错的事实，进一步证实一审法院认定的事实的谬误。有主有次、有详有略，逐层分析，有针对性地反驳，使一审法院认定事实的谬误，如洞中观火，清清楚楚、明明白白，从而使二审法院受理上诉，并确保上诉取得胜诉。这些在第三节也有说明。病文（1）修改稿、病文（2）修改稿，针对病文的缺陷作出修改，基本上符合上诉状写作的要求，也可借鉴。这里之所以要概括地说病文的教训和范文的经验，目的在于加深对有关教训与经验的理解与印象，以利于在上诉状的撰写中更自觉地实行。

二、辨析

上诉状和起诉状的同异。

上诉状和起诉状都是当事人向法院提出要求的书面文件，写法上也有类似之处，但它们的区别也明显：

（一）提出的时间不同

起诉状的提出时间是由原告决定的，它一般不受法定期限的限制。但上诉状则有法定的限制，它的提交一般是在法院作出裁判，但裁判仍未生效的有限时间内。

（二）在诉讼中的作用不同

提交起诉状引起第一审程序，作出的裁判可上诉；提交上诉状引起的则是第二审程序，裁判是终审的，不可再提出上诉。

（三）针对的对象不同

起诉状针对的是客观事实，由事实推出请求的结果，主要采用叙述的方法；而上诉状则主要针对原审裁判的内容作出驳斥，写法是有破有立。

思考与练习

1. 上诉状的写作有哪些要求？
2. 请说说病文（1）修改稿对病文（1）主要作了哪些修改？为什么要如此修改？
3. 范文《民事上诉状》的“事实和理由”部分在写作上主要有哪些方面值得借鉴？

第十四章 申诉状写作

第一节　写作依据

一、性质

申诉状，是当事人及其法定代理人、被害人及其家属对已经发生法律效力的法院判决、裁定不服，认为确有错误，向法院或检察院提出复查纠正的诉状。

二、作用

由于各种各样的原因，司法机关的裁决也可能会出错，允许当事人对已发生法律效力的裁决提出申诉，其作用有两方面：一方面可以及时纠正司法机关的错误，监督司法机关的工作；另一方面有利于维护当事人的合法权益。

三、特点

和上诉状相比较，申诉状也是当事人不服法院的判决或裁定而向法院或检察院提出来的。不同的是，上诉状是对还未执行即还未发生法律效力的判决或裁决，而申诉状是对已经执行、已发生法律效力的判决或裁定。上诉状向法院提出有时间限制，而申诉状向法院或检察院提出则没有时间限制。

四、格式

申诉状的格式也有首部、正文、结尾三部分。

（一）首部

首部要说明以下三项内容：

1. 标题

标题根据案件的性质确定，如《行政申诉状》。

2. 当事人的基本情况

申诉人基本情况与其他诉状相同。但要注意的是，刑事自诉案件与民事案件当事人的申诉状都应将被申诉人的情况列出，而公诉的刑事案件与行政诉讼案则一般只写申诉人，不写被申诉人。

3. 不服原审裁判的事由

其行文与上诉状类似，如“申诉人因××（案由）一案，不服×××人民法院××××年×月×日×字第×号×事判决（裁定），现提出申诉，申诉的请求和理由如下：”

（二）正文

正文部分包括申诉请求和申诉理由两部分。这部分是申诉状最主要的部分，因此，写作时要特别认真、慎重。

1. 申诉请求

用简明的语言针对二审法院的判决确有错误或不当之处，确需改正的地方提出修改请求。这一请求或全部撤销原判，或部分变更原判，有多少点就提多少点。

2. 申诉理由

这是申诉状的核心，是决定法院能不能受理申诉的关键部分。对已经生效执行的法院判决，没有特别充足的理由，法院是不会轻易更改的，也就是说申诉人的请求是不会轻易实现的。所以，这部分的写作要一丝不苟，不能有任何的粗心大意。一定要充分地研究清楚原判决的主要谬误之处、要害之处，有针对性地列举人证、物证、书证，进行说理说法，直到把原审判决的谬误揭穿，并证实自己的申诉请求合理合法为止。

（三）结尾

包括三项内容：①致送法院名称；②申诉人签名及写作日期；③附项。写法和其他诉状的一样，要一一写明。

五、写作要求

（1）**申诉状的写作，要符合如下规定**。第一，必须由与其权益有关的当事人提出；第二，申诉可以向检察院、原审法院或原审法院的上一级法院提出，这里要注意民事案件的申诉不能向检察院提出，其他则没有限制；第三，申诉是对已经发生法律效力的裁判提出的；第四，申诉状的提出不像上诉状那样有时间上的严格要求。

（2）**态度要十分慎重**。经过反复的分析研究，证实法院的判决确实是有违事实和法律之处，而且这些地方是重要的，不是枝节问题。在写作时要抓住要害、关键，以确凿的事实、恰当的法律条款，有主有次、有条有理地证之、论之，这才可能为法院受理，启动申诉程序，达到改变原判的目的。

第二节　不应该那么写——病文评改

一、病文

刑事申诉状

申诉人：赵××，男，40岁，汉族，××市×厂职工，住××市人民路××号，邮政编码：××××××

申诉人因盗窃、窝赃一案，不服××市×区人民法院××××年×月×日〔×〕法刑初字第×号刑事判决书，现提出申诉。申诉的请求和理由如下：

请求事项：撤销××区人民法院的原审判决

事实和理由：

××市××区人民法院×年×月×日以盗窃罪、窝赃罪为由，判决赵××有期徒刑三年。赵××表示不服。说赵××犯了盗窃罪和窝赃罪是不对的。赵××只是帮李×保管一个行李箱，行李箱里有什么，赵××根本不知道。而且赵××和李×是老乡，帮他保管一下行李也是人之常情。因此根本谈不上什么窝赃。在李×行窃的时间里，赵××在上班，也就是说赵××根本没有作案的时间，当然也就没有犯罪了。原判决书认定的事实是不正确的。事实上赵××根本没有犯罪。请求法院再进行调查，重新审理，作出公正的裁决。

此致

某区人民法院

申诉人：赵××

××××年×月×日

二、评析病文

上面的《刑事申诉状》，格式内容的书写虽然有些瑕疵，但存在的毛病主要在正文的“事实和理由”部分。

（一）针对性不强，事实理由不够具体清楚

法院依据什么判了申诉人盗窃罪、窝赃罪三年徒刑？你申诉人不服，说自己没有盗窃也没有窝赃，你得用理由、以证据来证明。赃物藏在你家里，这是事实，你也承认。那赃物是怎么来到你家的？不是你盗窃的，是谁盗窃的？谁是在什么地方、什么时间盗窃的？这些说清楚明白之后，你还得具体、实在地说清楚在盗窃犯盗窃的时间里你在哪里，有没有和盗窃犯一同作案的时间，有没有到盗窃犯盗窃赃物的地方。如果这些你都没有，你也还得拿出人证或物证来说清楚说明白，才能排除你参与盗窃的可能，否定你作案的事实，否定你的盗窃罪。

盗窃罪和窝赃罪是不同的。你申诉说你没有盗窃，而赃物确实是在你家里。它是怎么来到你家的？是谁放在你家里的？他为什么放在你家里？你知不知道这是他盗窃来的东西？他有没有告诉过你？他在被捕后有没有对这个问题作出交代说明？具体的说明怎样？这些都是证据，都应说得清清楚楚。侦查人员到你家起赃的时候，具体的情况如何，也得说清楚，这也有可能是证据。

上述的这些问题都得一个一个地说清楚、讲明白，病文在这些方面做得不够好，说得过于笼统。

（二）事实和理由，层次欠分明、条理欠清楚

上面说过盗窃罪和窝赃罪是不同的，定罪依据当然也有区别。申诉状把否定两罪的理由根据混在一个段落里，来龙去脉也没有清楚地交代，这就造成了层次不明、条理不清。

既然盗窃罪与窝赃罪不同，判罪的依据也不一样，所以就得分开来说。说了一项再说另一项。从两罪的关系来说，应先说前一项，再说后一项。这样就可以做到层次分明、条理清楚，方便人们理解和接受。

由上可知，写作申诉状，事先得把申诉人不服判决的依据一件一件地弄得十分清楚。原审判决的失误表现在哪里？申诉人不服的地方在哪里？理由和事实是怎样的？这些也得一件一件地想清楚，然后有针对性地进行说理说法。要说得具体、实在、明白、周详，这样才能让受诉法院受理，引起申诉的诉讼程序，才可能保证申诉达到预期目的。

三、病文修改稿

刑事申诉状

申诉人：赵×，男，40岁，汉族，×市×厂职工，住×市××路××号，邮编：××××××。现于×市×区看守所服刑

申诉人因犯盗窃罪和窝赃罪一案，不服××市××区人民法院于××××年×月×日〔×〕法刑初字第×号刑事判决书判决，现特提起申诉。

申诉请求：

(1) 请求撤销××市××区人民法院于××××年×月×日〔×〕法刑初字第×号刑事判决书；

(2) 宣告申诉人无罪。

事实和理由：

××市××区人民法院〔×〕法刑初字第×号刑事判决书，以盗窃罪和窝赃罪数罪并罚判处申诉人有期徒刑3年。申诉人不服，理由如下：

一、申诉人没有犯盗窃罪，原审判决认定事实不清。

首先，申诉人没有作案的时间，也没有实施盗窃行为。申诉人的同乡李×犯盗窃罪的时间是××××年10月23日上午10点左右，地点：××路××号住宅。而在上述时间申诉人正在上班，申诉人单位上班考勤的记录显示，申诉人那天没有离开过工作单位，那天上午的10点左右更是在办公室，有同办公室的同事×××、×××等可以证明。事实上申诉人从来没有到过案发现场××路××号住宅，当然也就更没有实施过任何的犯罪行为了。其次，申诉人没有作案的动机。申诉人有正当的工作，有固定的收入，申诉人没有必要做这种自毁前途的行为。原审判决以从申诉人家中搜出赃物这一情节出发，就认定申

诉人参与了这桩罪案。事实上，申诉人只是帮同乡李×保存行李。更重要的是，本案的作案者李×在口供中也明确表示申诉人并没有参与盗窃活动。所以断定申诉人与同乡李×有合谋盗窃的意图，既没有客观事实证明，又没有同案人的口供证明，这不是太主观了吗？所以原审判决的作出是轻率的，不是建立在客观事实的基础上的。

二、申诉人也没有犯窝赃罪。

窝赃罪的一个主要特征就是行为人明知是赃物而加以掩护。但是在本案中，申诉人根本就不知行李箱的东西是赃物，甚至行李箱中所装物品也是在侦查人员打开箱子后申诉人才知道的。因为箱子是同乡李×寄存在申诉人家中的，李×也没有对申诉人言明箱子中装有何物，李×的口供中也说明他寄存行李箱时没有告知申诉人实情。既然没有“明知”，又何来“故犯”呢？如果申诉人真的参与了作案的整个过程，为什么行李箱中是些什么他都不知道呢？如果真的是窝赃，他在知道同乡李×出事后，为何不转移赃物，而任由侦查人员上门“人赃并获”呢？事实上，如果申诉人要转移赃物，时间十分充裕，完全可以实现。犯罪人10月25日上午被抓获，申诉人中午就已得知，26日侦查人员才到申诉人家里查取赃物。这里申诉人差不多有一整天转移赃物的时间。但是申诉人没有这样做。因为他根本不知道这个箱子是赃物！如果李×不是自己向侦查人员坦白交代赃物的所在，侦查人员就不会也不可能知道申诉人和申诉人的地址，找到申诉人。因此申诉人的行为只是不明底里地收存了同乡寄存的行李箱，如有错的话，也绝不是窝赃行为不是窝赃罪。原审判决的认定事实和法律依据是不恰当的。

上述事实，请法院查明，作出公正的裁决。

此致

××市中级人民法院

申诉人：赵×

××××年×月×日

第三节　应该这么写——范文赏析

一、范文

民事申诉状

申诉人：×××，男，1958年8月出生，汉族

住址：住××县仙花镇犀牛村河口小组×号

被申诉人：××县仙花镇人民政府

地址：××县仙花镇

法定代表人：×××镇长

请求事项：撤销××省××市中级人民法院〔2004〕××法民事终字第118号民事判决书，请求提审。

事实与理由：

一

（一）申诉人和被申诉人于2001年12月30日签订了《置换土地租赁合同》（以下简称《合同》），并经××县公证处公证。《合同》规定被申诉人给出一块四至界限明确包括旱地18亩、山地10亩的一整块土地及以地租的方式的4.4亩水田的补偿款，置换租赁申诉人一块四至界限明确的12亩水田。《合同》从2001年12月起生效（详见附件一）。在2002年1月这个约定的移交土地的期限内，申诉人按约定将一块12亩水田移交给了被申诉人，全部履行了合同，而被申诉人只移交了18亩旱地部分，至今仍未移交“山地”部分给申诉人。由于被申诉人严重违反《合同》，申诉人于2003年8月向××县人民法院（下称一审法院）提起诉讼，请求依法判决被申诉人违反《合同》，并承担相应责任。

（二）一审法院于2003年8月28日公开进行了审理。认定：《合同》的有效性；申诉人按合同的约定已将置换的土地交给被申诉人，履行了合同义务，没有过错；被申诉人只将置换的部分土地交给申诉人使用，显属不当，已构成违约，依法应承担违约的民事责任，将尚未交付使用的土地（山地）交给申诉人，并支付违约金5 000元给申诉人。还认定：被申诉人辩称申诉人侵占7.3亩土地证据不足，不予以认定。（详见附件二）

（三）对一审法院判决，被申诉人不服，上诉到××市中级人民法院（下称二审法院）。

二审法院于2004年6月8日作出了判决。判决认定：双方签订的合同意思真实、合法有效，应该严格履行；认为双方争议焦点在于土地的面积；认为被申诉人在诉讼期间单方委托其下属单位镇国土所制作的《丈量说明》可以作为一证据佐证其已按合同履行了义务；并认为申诉人“举证不能”。从而判定被申诉人已按合同约定，在四至范围内足额交付了28亩土地给申诉人。判决撤销一审法院的（2003）×法民二初字第112号民事判决、驳回申诉人的诉讼请求，并负担二审诉讼费。（详见附件三）

二

申诉人认为：二审法院认定的事实错误，依据的法律错误，判决错误。

（一）此案是《合同》履行纠纷案。争议的焦点是被申诉人有没有按《合同》规定将“山地”部分土地全部移交给申诉人。申诉人的诉讼请求是判决被申诉人不将“山地”部分土地移交，是违反《合同》规定的，应当承担违约责任，决不只是什么“十地面积之争”。（见附件四）

（二）此案既然是《合同》履行纠纷案，就应该以《合同》规定及其相应的事实为依据，以《中华人民共和国合同法》（以下简称《合同法》）和《中华人民共和国农村土地承包法》（以下简称《农村土地承包法》）有关规定为准绳进行审理和判决。而不是以完全背离“合同”规定，也完全违反《合同法》和《农村土地承包法》有关规定的所谓“实际栽种面积”为依据进行审理和判决。

（三）《丈量说明》是二审法院判决的根本依据，是官司进入诉讼程序后，被申诉人指使其下属单位背着法院和申诉人违规制作的。主张荒谬，数据虚假。

1.《丈量说明》所说的所谓“实际栽种面积”：第一，作为一个“意思”，在合同的全部条款中根本没有，是被申诉人的杜撰。第二，作为一种事物，合同签订时在有关的土地上根本不存在。只有合同生效、土地移交后并经过有关方面相当时日的开垦种植才会出现。它和“合同”规定的核心标的物置换租赁的“土地面积”是不同时段不同状态的实体。单方面把合同中没有，合同签订时有关土地上也根本不存在的事物，用来替代合同明确规定了的核心标的物，来衡量双方履行合同的情况，是违反《合同法》的有关规定的。第三，作为证据，《丈量说明》附图表明，35.3亩这一“实际栽种面积”不真实。它把许多不应该丈量计算的和合同约定不计入置换租赁土地面积内的土地计算入内了。这些土地：①被申诉人至今仍未移交的部分“山地”；②现在仍保留原貌的群众的山坟地和荒山、烂坎；③申诉人为了方便生产，已开垦种植的部分的荒坑、烂坎等。这些地大约有10亩（详见附件四），在合同中约定不计入28亩之内。

2. 根据《中华人民共和国民法通则》、《中华人民共和国土地管理法》和《农村土地承包法》规定，这些签订合同时尚未使用的土地的所有权，属有关的舒屋、楼仔、老屋等村民小组，而使用经营权，也随着《置换土地租赁合同》的生效，已属于申诉人了。所以，这些土地的开垦使用问题，是有关村民小组和申诉人之间按国家法律政策处理的事，与被申诉人无关。现在被申诉人利用权力，硬把上述土地的所有权，使用经营权视为已有，并以其替代尚未移交的“山地”部分土地，是明摆着违犯国家的法律政策的。

既然如此，被申诉人当然就不可以用申诉人的所谓的“实际栽种面积”已达到35.3亩来为自己不履行合同、不移交“山地”部分土地辩护。

3. 说明被申诉人给出的那一块土地包括旱地18亩、山地10亩共28亩面积，有三个数据：

①被申诉人给出的那块土地中的旱地18亩部分，是由舒屋、楼仔、老屋三个村民小组租过来的66块山岗地组成的。三个村民小组给出的这66块地的总面积是18亩（详见附件五），加上“山地”10亩，整块地就是28亩。

②被申诉人在2001年12月，为了计算地租和补偿款去丈量核实，结果也是旱地18亩，山地10亩，共28亩。经申诉人认可后，写在合同里。

③被申诉人在官司进入诉讼程序后，背着法院和申诉人，私自去丈量所谓的“实际栽种面积”为35.3亩。

这三个数据，前两个是相同的，而且是在正常的情况下给出的，后一个是在强烈的“打官司”的因素的影响下，单方面违规制作的。两者相比较，很明显，前两个数据真实可信，证明力强，后一个数据，真实性差，可信度低，证明力弱。根据《中华人民共和国民事诉讼法》（以下简称《民事诉讼法》）和最高人民法院有关证据问题的规定，用作审案判案依据，当然应采信前者，不好采信后者。而二审法院的做法则刚相反，这就导致了判决的失误。

（四）对被申诉人违反《合同》没有将“山地”部分土地移交给申诉人，申诉人举出了充分的证据作为证明，一审法院也已采信（见附件六）。对于被申诉人的违规制作的《丈量说明》的违规性虚假性，申诉人也举出了大量的有力证据给予证明（见附件七）。二审法院借申诉人不申请再次丈量土地为由（申诉人不申请原因见附件八）认为申诉人“举证不能”，是无视事实，是无理、无据。

（五）二审法院离开《合同》规定及相关的事实的判决，判非所诉，含混不清。

二审法院的判决认为被申诉人交付给申诉人在四至范围内的土地已足额28亩；还认

为四至范围的面积大于28亩，因为申诉人实际栽种面积已有35.3亩。那么，争论的标的28亩这块土地，在四至范围内的哪个位置？其中旱地多少亩？山地多少亩？还有没有其他的土地？不清楚。多出的7.3亩的“实际栽种面积”，在四至范围内哪个位置？是旱地还是山地？还是其他的土地？是一块地还是若干块地？也不知道。被申诉人有没有按合同规定移交“山地”部分土地？也没有明确的答案。这怎么可以说被申诉人全面履行了合同呢？作为法院的判决，这样含混不清是不可以的。

鉴于以上事实与理由，根据《中华人民共和国民事诉讼法》第178条规定，申诉人向贵院提出申诉，请求提审，以求纠正错案，维护司法公正及申诉人的合法权益。恳请受理、支持。

此致

××省高级人民法院

申诉人：×××

××××年×月×日

附：

(1) ……

(2) ……

(3) ……

(4) ……

(5) ……

(6) ……

(7) ……

(8) ……

二、赏析范文

范文《民事申诉状》，是在后面的《经济合同》一章，有较详细的分析的那份《土地置换租赁合同》的当事人×××，在“二审”诉讼中被判败诉后撰写的。《土地置换租赁合同》是一份在内容和表达方面都是写得较好的合同。在官司中，一审、二审、再审法院都认定是“合法有效”，应“严格履行”的合同。可是在执行中却出现了严重的问题。被申诉人没有按合同约定将“山地”部分土地移交给申诉人，经催促，一年不移交，两年也不移交。申诉人认为被申诉人是故意违反合同，故向法院提起诉讼。在应诉时，被申诉人以自己下属背着法院和申诉人私自违规制作《丈量说明》为证据，说申诉人的“实际栽种面积”有35.3亩，说明其完全执行了合同。一审法院经过审核，不采纳被申诉人的《丈量说明》，裁定被申诉人没将置换的部分土地移交给申诉人使用，显属不当，已构成违约，依法应承担民事责任，将尚未交付使用的土地（山地）交给申诉人。申诉人赢得了一审官司。

然而，二审，申诉人却败诉了。被申诉人的上诉证据和在一审答辩状中的一样，观点也没有变，而二审法院却强行认定，双方是“土地面积”之争，认为被申诉人的“丈量说明”可作为证据，佐证被申诉人履行了合同义务，断定申诉人在诉讼中是“举证不能”，从而判决申诉人败诉，撤销一审的判决。

二审判决，按我国法院的制度规定属终审判决。二审败诉，对申诉人是一个极严重的问题，不能不认真对待。在多方人士的支持下，申诉人十分认真仔细地分析了全部的诉讼情况，特别是对合同、一审判决、二审判决，反复作对比分析，认定二审判决是用偷换概念的手法，以完全背离“合同”，完全违背事实的强断乱判，使被申诉人胜诉的。弄清了对方的手法与要害之后，申诉人明确坚决地认为：对方“乱来”，我则不能“乱”，一定要在诉讼中，坚持“以事实为根据，以法律为准绳”的原则，依据“合同”，依据事实，摆明人证、物证、书证，说理说法，揭穿对方的谬误，还事实以真相。申诉人觉得，只有这样，才可能使上级法院接受申诉，再审案件。范文《民事申诉状》就是在上述认识的指导下完成写作的。

《民事申诉状》的格式项目齐全，撰写也符合要求，不多说了。下面着重分析“事实与理由”部分。

“事实与理由”这部分的第一部分，以（一）、（二）、（三）三点，分别叙说：“合同”内容，申诉人的起诉，一审、二审的判决实际，说得简明扼要、重点明确、意图清楚。说“合同”内容，就突出介绍“合同”的标的和移交置换土地的“期限”；说申诉人的起诉，则着重说明被申诉人违约的事实和申诉人的起诉请求；说一审判决，主要说明其认定合同的有效性，申请人履行了“合同“义务，没有过错，认定被申诉人只将该置换的一部分土地移交给申诉人，显属违约，判决被申诉人要将尚未交付的土地（山地）交给申诉人。对二审判决就突出地说明其对“合同”的认定，认为双方争议的焦点在于“土地面积”，以被申诉人私自制作的“丈量说明”作为证据证明被申诉人履行了“合同”义务，断定申诉人在诉讼中“举证不能”，从而判决申诉人败诉。这些叙说，使人明确地知晓：合同的约定，申诉人的起诉请求，一审、二审对案件审判的主要观点及明显的差别，为后面的说理与说法、揭露与批驳二审判决的谬误提供了实在和明确的依据。

“事实和理由”的第二部分，是对二审判决的批驳，是对申诉人的“请求事项”提出的请求的合理合法性的证明。

这一部分开头的一段，是一句话，是“纲”，其他的（一）、（二）、（三）、（四）、（五）点是“目”。这句话，也可以说是上一部分叙说内容的归结。以斩钉截铁的语气说“申诉人认为：二审法院认定事实错误、依据的法律错误、判决错误”，符合事实，击中要害，为“目”的张开，具体内容的展开提供了恰当的依据，十分有利于人们理解和把握“申诉状”的主旨，阅读和领会下文。

“纲”举起后，就张“目”。从五个方面说理说法，批驳谬误，证明申诉“请求”的合理合法性。这五个方面的内容安排也不是随意的，而是根据需要，依照事理逻辑性，有主有次、有重有轻、有详有略、有先有后地进行。

“争议焦点”的问题先说。究竟申诉人与被申诉人的争议“焦点”，是被申诉人是否按“合同”约定向申诉人移交“山地”部分呢，还是什么“土地面积”之争。这是有关案件的性质和裁判案件的依据问题。不说清楚这个问题，其他的问题就会因为性质不清、依据不明而说不清楚。所以，要先说。在第（一）点里，申诉状开头便说“此案是《合同》履行纠纷案”，这是事实。联系第一部分叙说的“合同”规定，一审法院的裁判情况，不难理解和接受。但申诉状还是以申诉人诉求的具体内容为据，证明这决不是什么空空泛泛的“土地面积之争”。紧接着第（二）点，就说“此案既然是《合同》履行纠纷案，就应该以《合同》规定及其相应的事实为依据，以《合同法》和《农村土地承包法》有关规定为准绳进行审理和判决。而不是以完全背离‘合同’规定，也完全违反《合同法》和《农村土地承包法》有关规定的所谓‘实际栽种面积’为依据进行审理和判决”。这里的说明有严密的逻辑性，是顺理成章的事。这两点，都写得极其简练明确，为后面内容的进一步展开作出了具体明确的界定。

第（五）点，也是“事实和理由”第二部分内容的最后一点，是直接反驳二审判决的核心主张的。为什么要放在最后来说呢？因这一核心主张，也就是二审的关键性的结论，虽然是谬误，但也是二审判决的写作者依照其谬误的“证据”炮制的，从形式上看是有根有据的。所以，必须先将其“证据”彻底推翻，然后再对它直接批驳，指明其谬误。这才会水到渠成、瓜熟蒂落，才能让人容易明白、乐于接受。所以，这点内容虽然重要，也只能后说。

这一部分，即第二部分中的第（三）、（四）点之所以要详写，是因为《丈量说明》是被申诉人用来证明其已履行了《合同》义务的唯一的证据，也是二审法院裁判的最根本的依据。所以，不彻底揭露其虚假与荒谬，就不能将二审裁判的谬误从根本上暴露，就不能完全地否定它。这两点作为整份申诉书的重中之重，就是由这样的客观原因所决定的。

第（三）点，即对“丈量说明”的揭露，指出了它是被申诉人私自“违规制作”之后，就三个方面以无可辩驳的实实在在的事实，证实其虚假性与荒谬性。第1点，其核心内容所谓的“实际栽种面积”，这一“意思”在《合同》里根本没有；签订《合同》时有关的土地也不存在；“35.3亩”的数字也是虚假的、不真实的。确确凿凿的事实，证实了“实际栽种面积”是被申诉人完全背离《合同》的杜撰。如此违规、虚假的杜撰，可以作为被申诉人诉讼要求的证据，可以作为法院裁判案件的依据吗？显然是不可以的。

“实际栽种面积”的虚假与荒谬也就是《丈量说明》的虚假与荒谬。既然如此，其作为“证据”和“依据”的实际意义当然是没有的。但是《申诉状》的写作者没有就此为止。接着又以第2、3点，继续证明《丈量说明》的非法性。在《丈量说明》中，被申诉人明显地将置换租赁的土地范围内的尚未开垦使用的地（如荒坑、烂坎等）视为已有，用来充当尚未移交的“山地”，这是违反《土地管理法》、《农村土地承包法》的，也是违反《土地置换租赁合同》的；把《丈量说明》中的所谓“实际栽种面积”的35.3亩数据作为“证据”，也是不符合《民事诉讼法》和最高人民法院有关证据问题的规定的。

第（三）点，就如上面所说明的那样，以翔实的事实，充分有力地证实了被被申诉人作为证明自己诉讼请求的合理性的唯一证据，被二审法院当作裁判案件的根本依据的“丈量说明”的虚假、荒谬与不合法。

第（四）点，是以一份又一份的墨成的事实——起诉状、答辩状，证明二审法院断定的申诉人“举证不能”，只不过是其“无视事实，无理、无据”的乱断。

至此，二审法院裁判的“证据”“依据”被证实完全是虚假、荒谬和不合法的东西。依据“虚假”“荒谬”和不合法的东西作出的判决，难道还会有合法和公平、公正可言吗？还能不是虚假与荒谬的吗？

第（五）点，就是用归谬法彻底揭露二审判决的虚假与荒谬。这里，申诉状的写作者，以二审裁决中认定的被申诉人已移交给申诉人35.3亩土地面积，已超过合同约定要移交的28亩，还多了7.3亩的事实为前提，按照逻辑进行推导，用反问的方式提出几个问题，请求回答。这几个问题的事实，是谁也无法说清楚、道明白的。因为其推导的前提条件“35.3亩”和“28亩”土地面积，本身就是没有“四至界限”，没有土地类别的抽象的、玄乎的土地面积，而《合同》里约定被申诉人要移交给申诉人的是特定、实在的土地，既有明确的四至界限又有清楚的土地类别的土地。这样就把二审法院裁判认定的事实和《合同》约定的事实，是完全的不同形态的两种事物说得清清楚楚了，把二审法院确认的“35.3亩”、“28亩”、“7.3亩”土地的虚假性、荒谬性、玄乎性、不可确定性彻底暴露了。当然，也把整个判决的含混不清、不可确定、无法说清的真相摆到了人们的眼前。这样的判决还不应该否定，不应该撤销吗？回答只能是应该否定，应该撤销。这正是申诉人的申诉请求。

从上面分析可以知道这份《申诉状》的写作，确实坚持了“以事实为根据，以法律为准绳”的原则，实事求是地说理说法，有主有次、有详有略、有先有后地说明问题，针对性强，逻辑性强，说服力也强。所以，它呈送到××省高级人民法院，不到半个月的时间，就被转到了××市中级人民法院。而××市中级人民法院收到后，不到一个月的时间内就组织了合议庭对案件进行再审。经过再审，作出了撤销二审的判决，维护一审的判决的决定。申诉人赢得了官司。当然，这种结果，有许多因素在起作用，《申诉状》写作的成功，只是一方面的因素，但由此也可以看出按照要求写作好“申诉状”的重要意义。

第四节　综说与辨析

一、综说

要正确地使用反驳方法。

通过第二节的“病文评改”，我们知道，申诉状的写作要力戒的“不应该那么写”就是“事实理由”不够具体、清楚、充分；进行说明层次不清、条理不明。第三节的“范文赏析”告诉我们，要写出合格的、能充分发挥作用的“申诉状”，就要坚持“以事实为根据，以法律为准绳”的原则，实事求是、有针对性、有主有次、有详有略、有先有后地说理说法，即“应该这么写”。这些在“评改”和“赏析”里已有具体详细的说明。下面要集中说的是诉状中反驳方法的运用。

反驳是上诉状、申诉状和后面即将要介绍的答辩状撰写中必然要用的一种方法。可以这样说，这些诉状的撰写合格与不合格、质量的优劣和反驳这种方法的使用是否恰当有直接关系。许多病文就是因为没有恰当地使用反驳方法造成的。

在上诉状、申诉状里的当事人的“诉讼请求”几乎都是要求全部或部分撤销原审法院的判决的。要撤销原审法院的判决，就得先证实它是谬误的。这就决定了上诉状、申诉状等不得不用反驳的方法。即先用事实和道理证实原审法院的判决的谬误，从而证实上诉人或申诉人诉讼请求的合理合法，应该得到支持。上诉状、申诉状等要用反驳方法，而且要用好，否则，有关的诉状就可能不合格或有这个或那个毛病。上诉状病文（1)说它不像诉状，就是它根本没有反驳原审法院的判决。申诉状病文《刑事申诉状》，说它有毛病，难以使申诉人实现“申诉请求”，就是它虽然反驳了原审法院的判决，但反驳的针对性不够，说事说理欠清楚，没有充分地揭露原审判决的谬误。

要运用好反驳方法，有几点要注意：

（一）要慎重认真

上诉状、申诉状，要求撤销或改变的都是原审法院的判决，尤其是申诉状要求撤销或改变的是法院已经生效、已经执行的判决。这是很不容易，很有难度的。因此，对原审法院的判决，是否存在失误，是否有重大的失误，要心平气和、实事求是地分析研究，要权衡得失，不能意气用事。如果经过慎重认真地分析研究，确认原审法院的判决确实有重大失误，的确在侵害诉讼当事人的重大合法权益，就要下决心、用力气撰写好上诉状或申诉状。

申诉状范文《民事申诉状》的申诉人，据说在确认了二审法院的判决“认定的事实错误、依据的法律错误、判决错误”，即整个错误，而且这种错误是法庭审判长徇私舞弊、强断乱判造成的之后，仍然坚定地认为“他乱来，我不能乱”，坚持诉状的撰写要按“以事实为根据，以法律为准”办，这种态度就很好。

（二）知己知彼，加强针对性

知彼，才会有针对性。

对原审法院的判决，一定要客观、全面、仔细地分析研究，彻底地弄清其谬误和要害所在。是判决本身错？还是依据错？判决方法错？哪方面是要害？如果是依据错，那么是事实错，还是引用的法律条文错？如果是事实错，那么是错在虚假，还是错在不够准确？或是张冠李戴？如果判决方法错，具体情况又怎么样？这些都得一一弄清楚，并且要以最明确最简练的语言把它们概括出来，为反驳时对症下药做好准备。

（三）要选好自己的论据和论证方法

反驳要知“彼”，还要知“己”，善于用“己”。要以自己最真实最有代表性的论据和恰当的论证方法，去揭露、证实有关法院判决谬误、要害。这就得对自己所能掌握的论据（事实、法律条文）和论证方法进行严格的排查、挑选，从中选定最有力的论据，最恰当的论证方法。有几个论据、有几种方法，哪个（种）是主，哪个（种）为次；这个（种）在这里使用最恰当，那个（种）在那里出现较合适，都得一一弄清楚，并且以最明确最简练的语言把它们概括出来，不能模模糊糊。这是实现反驳的针对性的另一个必备条件。“知己知彼，百胜不殆”，说的就是要“百胜不殆”，不仅要“知彼”还要“知己”。只“知彼”不“知己”，也是不能保证“百胜不殆”的。事实证明很多反驳的失败，都是由于不“知己”。申诉状的病文《刑事申诉状》撰稿人，对原审法院判决申诉人犯盗窃罪、窝赃罪的要害是依据的事实模糊不清，是知道的，也就是说反驳目标是明确的。但为什么在诉状中，没有给予有力的反驳，彻底揭露原审法院依据的事实“模糊不清”的真相呢？

就是申诉状的撰稿人，对申诉当事人赵×没有“盗窃”、“窝赃”的事实，也不够清楚。所以在申诉状中，只说申诉当事人赵×“只帮李×保管一个行李箱，行李箱里有什么，赵×根本不知道”，说帮人家“保管一下行李也是人之常情”“根本谈不上什么窝赃”。这样的理由，和原审法院认定的事实一样模糊不清。这说明申诉状的撰稿人不“知己”，起码是对“己”想得不清楚不具体。如何才算清楚具体、“知己”呢？看看前面的对这篇病文的“评析”就可明白。这里只用这个事实说明，要实现针对性，必须“知己”，不“知己”是做不到的。

要做到真正的“知己”，首先要克服自以为是的思想，不要总是想我真理在握，官司一定可胜诉，要谦虚一点，多设想一些困难。其次，对已掌握的可以用作反驳的理由根据，进行严格的排查。看看有无遗漏或残缺，如果有就坚决补足。对理由根据既要一个个地分析，弄清其真实性和意义，看看是具体说好还是概括说好；还要将它们联系起来研究，弄清它们的关系谁主谁次、谁轻谁重。总之对“己”的理由根据，不能停留在大概清楚上，应该细致、深刻、熟悉，可以随时予以恰当地调遣。这些看看上诉状病文（1）的修改稿《刑事上诉状》、申诉状的范文《民事申诉状》，就可知道它们的撰稿人在这方面是做了艰苦的工作的。

（四）要有一个合理的整体布局

反驳是逻辑性很强的方法，讲究内在联系，一环扣一环。原因、结果要明确，先说后说要清楚，主次详略要得当，不能混乱不清。病文《刑事申诉状》的毛病除了反驳依据的事实笼统模糊外，布局不当也是一个重要毛病。原因、结果、“盗窃”、“窝赃”的事混在一起，使人弄不清楚说什么。同样的事，病文修改稿按事情的实际意义、逻辑关系把“盗窃”和“窝赃”分开来说，并先说“盗窃”，后说“窝赃”。前因后果、主次轻重，明明白白，从而增强了反驳的力量。范文《民事申诉状》内容比较复杂丰富，撰稿者就先概述“合同”签订、一审、二审的实况，作好铺垫，然后再反驳二审法院的判决。反驳一开始，就说：“申诉人认为：二审法院认定的事实错误、依据的法律错误、判决错误。”先提出了反驳的“纲”，接着就依“纲”张“目”，一点一点地进行反驳，以事实与法律结合进行反驳。重点是反驳二审判决所依据的事实。一层一层地展开，把二审法院判决依据的事实批驳得体无完肤后，就以归谬法反驳其推理的谬误，把二审法院的判决、依据的事实和推理方法一块凸显于人们的面前，赤裸裸地揭露出其虚假、荒唐的真相，从而充分证实了申诉人申诉请求的合理合法性，应该得到支持。取得这样的反驳结果，主要是反驳论据的充分有力，反驳的严谨细致，另外和反驳的整个布局的合理安排也是有直接关系的。

二、辨析

申诉状与上诉状的同异。

两者都是制作人不服原审法院的判决而撰写的，目的都是要求撤销或改变原审法院的判决，但两者仍有明显的区别：①上诉状针对的是一审法院的判决，而且是未生效未执行的判决；而申诉状是针对二审法院的判决，而且是已经生效、执行的判决。②上诉状的制作送交有法定的时间要求，即要在规定的时限内送交有关法院，否则失效；而申诉状的制作和送交则没有时限的要求，即何时制作、送交由当事人自行决定。

思考与练习

1. 申诉状是怎样的一种诉状？它的写作要求是什么？
2. 病文修改稿对病文主要作了哪些修改？为什么要这样修改？
3. 范文如何揭露二审法院判决的虚假和谬误的？
4. 在诉状中反驳谬误要注意什么？

第十五章

答辩状写作

第一节　写作依据

一、性质

答辩状，是被告和被上诉、被申诉人，针对原告起诉状的事实和理由，或上诉状的请求和理由、申诉状的申诉和理由，作出回答和辩护的法律文书。

二、作用

答辩是一种相对于起诉、上诉和申诉的应诉行为，是被告和被上诉人、被申诉人依法享有的一种诉讼权利。它保障当事人平等地进行诉讼，维护自己的合法权益。答辩状是答辩的一种主要形式。答辩人可以通过答辩状，在对起诉人、上诉人或申诉人的要求、主张、事实、理由作出答复和辩解的同时，阐明自己的主张和要求。法院也可以通过答辩状更全面地了解案情，更正确地实施法律，更公正地审理案件。

三、特点

答辩状和上诉状、申诉状，同样是通过反驳方法来说明和证实自己的主张和要求，但上诉状、申诉状反驳的是原审法院的判决或裁决，即原审法院的观点、主张；而答辩状反驳的是起诉人、上诉人、申诉人在起诉状、上诉状、申诉状中的要求和主张。

四、格式

答辩状的格式包括首部、正文和结尾三部分。

（一）首部

1. 标题

属一审的写“民事答辩状”，属于二审程序的写“民事上诉答辩状”或“民事申诉答辩状”。

2. 答辩人的基本情况

应写明的项目和要求与起诉的原告的相同。由于答辩人是就对方当事人所诉的内容进行答辩的，所以对当事人的基本情况无须再写。

3. 案由

用一段程式化的文字表述。一般写为“因×××与×××（当事人姓名）××××（案件性质和类别）一案，被诉人根据原告（或上诉人、申诉人）提出的起诉状（或上诉人、申诉状）答辩如下”。

（二）正文

包括答辩理由和答辩意见两部分。这是答辩状的主要部分。

1. 答辩理由

这是答辩状最重要的内容，必须下工夫有针对性地写好。要根据事实和法律规定，明确、具体地回答对方当事人所提出的诉讼请求，阐明自己对案件的看法和主张。首先要说明案情，辩明原委。对方所说事实，可能基本属实，也可能部分属实，也可能完全失实，这要分别对待。对于第一种情况，只需要表明态度，一语带过，然后主要阐明对方在引起纠纷中应承担什么责任；对第二、三种情况，重点放在辩驳对方在哪些问题上在何处如何歪曲事实，在辨析中区分责任和为自己辩解。阐释理由时，要列出人证、物证、书证，要援引法律条款作为依据，切忌空泛。

2. 答辩意见

即在充分阐述答辩理由的基础上，通过归纳，客观明确地提出自己认为应当如何处理纠纷的意见和主张。一般来说，这项内容可以分为几层来写：①根据事实和法律，说明自己行为的合理、合法性；②指出对方指控的失实程序及其诉讼请求的不合理之处；③提出自己的主张，请求法院依法公正裁判。这项内容要写得简明扼要，切忌笼统含混。

（三）尾部

这项的格式和内容，与起诉状的相同，即写明送达法院的名称、署名、日期和附项等。署名应为“答辩人×××”。

五、写作要求

（1）答辩状的写作应遵循下面规定：

①答辩状是由被告、被上诉人和被申诉人提出的。

②答辩状须在法定的期限内提出。《中华人民共和国民事诉讼法》第86条、第148条规定，被告与被上诉人应当在收到起诉状、上诉状或申诉状15日内提出答辩状。

③答辩的内容要针对起诉状和上诉状、申诉状失实或不合理不合法之处。

（2）要冷静、客观地分析对方的诉状，抓住其失实、无理的关键、要害，然后进行反驳。绝不能牵强附会，强词夺理。

（3）反驳要重事实、重证据，要有气势，但不能生硬武断、盛气凌人。

第二节 不应该那么写——病文评改

一、病文

民事答辩状

答辩人：永耀灯饰有限公司，地址：××市人民路48号，邮政编码：××××××

法定代表人：李×，职务：经理

委托代理人：张×，天平律师事务所律师

答辩人因与华天灯饰制造厂（以下简称华天）诉新颖灯饰有限公司（下简称新颖公司）还款一案，现提出如下答辩意见：

华天与新颖公司曾签订10万元借款合同，由答辩人对有关的款项进行担保，答辩人也在合同上确认了这一点。但是，这种担保只是一般担保，而不是连带担保。按照我国担保法的规定，被告新颖公司有还款能力的，不应由答辩人承担担保责任。而且原、被告后来曾就还款事项修改过合同内容，又没有通知答辩人，因此答辩人不应承担担保责任。请法院考虑上述原因，作出公正的判决。

此致

××区人民法院

答辩人：永耀灯饰有限公司

××××年×月×日

二、评析病文

病文的格式和内容存在的问题主要有：

（1）阐述事实不清。答辩人在案件中的关系没有交代清楚，尤其是与本案的原告、被告的关系以及案件的由来都含混不清。在本答辩状中，应当先将当事三方的关系交代清楚，并且要将答辩人在合同中的责任叙述清楚。病文没有做到这一点。

（2）没有列明答辩要点。答辩状与起诉状一样，要鲜明提出答辩人的观点。为了观点鲜明，最好用小标题或概括性的句子来表示。病文中只用一段话来叙述，显然既不鲜明，也没条理，重点也不突出。

（3）答辩状也没有针对原起诉状的内容进行反驳。答辩状应当表示对起诉状的态度，特别是与答辩人主张的不同之处要指出，并用事实加以证明。病文没有做到这一点。例如，起诉状中要答辩人承担连带责任，实际上答辩人要承担的只是一般担保责任，答辩人就应当结合合同内容来强调这一点，甚至要引出合同的有关条款来证明。

（4）缺“附项”。应把有关的材料名称、份数写明。就本案来说，更应该把有答辩人签名担保的原告与被告签订的“借款合同”的复印件的名称、份数写明。

三、病文修改稿

民事答辩状

答辩人：永耀灯饰有限公司，地址：××市人民路48号

法定代表人：李×，职务：经理，电话：××××××××

被答辩人：华天灯饰制造厂，地址：××市文明路35号，电话：××××××××

法定代表人：陈×，职务：厂长

答辩人就被答辩人诉新颖灯饰有限公司（以下简称新颖公司）借贷纠纷、被答辩人要求答辩人承担连带担保责任一案，提出如下答辩意见：

一、答辩人承担的应当是一般担保责任，而不是连带担保责任。

被答辩人与新颖公司于2001年6月26日签订了借款合同，约定由被答辩人向新颖公司出借资金10万元，借期一年，利息按照同期银行贷款利率支付，答辩人同意对该借款合同提供一般担保。三方各自在合同上签字盖章。对于答辩人提供担保的条款在合同的第6条中约定："由永耀灯饰有限公司为新颖公司向华天灯饰制造厂借款提供普通保证。"从合同中的这一约定看，显然，答辩人提供的只是一般担保。虽然合同中没有使用"一般担保"这一明确用语，但是"普通担保"事实上与一般担保同义。因为根据我国担保法的规定，如果保证人提供的是连带担保，必须要明示。但是在本案中显然没有此约定。无论从一般人的理解上，还是从答辩人签订合同的本意，答辩人承担的都是一般的担保责任，而非被答辩人所指的连带担保责任。被答辩人要答辩人承担连带担保责任的要求不符合法律规定。

二、答辩人只对原合同约定的10万借款提供担保，至于后来被答辩人与新颖公司签订补充协议时追加的借款5万元，答辩人无须承担担保责任。

按照我国担保法的规定，保证人承担保证责任只应当在担保合同约定的范围内，超出部分保证人不承担。在答辩人与被答辩人和新颖公司签订合同3个月后，即2001年9月25日，被答辩人与新颖公司又签订了一份补充协议，追加了5万元借款，还款期限与原合同相同。该份补充协议没有告知答辩人。答辩人根本不知道该补充协议的存在，更没有在协议上签字盖章。因此，答辩人就无须对此笔借款承担担保责任。被答辩人提出由答辩人对该补充协议的借款承担担保责任是没有理由的。

上述答辩意见，请法院在查明事实的基础上，作出公正的裁决。判决答辩人对新颖公司向被答辩人的10万元借款只承担一般担保责任而不承担连保责任，更不承担另5万元借款的任何担保责任。

此致

××市××区人民法院

答辩人：永耀灯饰有限公司

法定代表人：李×

××××年×月×日

附：

（1）本状复印件一式三份；

（2）被答辩人和新颖公司签订的《借款合同》复印件一式三份。

第三节 应该这么写——范文赏析

一、范文

民事答辩状

答辩人：赵××，女，30岁，汉族，××商场售货员，现住××路×号

委托代理人：刘××，天平律师事务所律师

因原告李×提出与答辩人离婚一案，现提出答辩如下：

一、原告诉称与答辩人“婚姻基础差，婚后感情不好，双方经常争吵，影响极坏”，这与事实并不相符。答辩人与原告原是同学，相互都比较了解，结婚前经过了三年自由恋爱，感情基础可以说比较牢固。婚后感情也一直很好。孩子没有出世前，双方的日子和睦，很少有吵架的时候。原告对家庭的态度转变是发生在孩子出生后。原告嫌答辩人生了个女儿，其重男轻女的思想又严重，经常对答辩人口出恶言，答辩人一直忍让，并一直向其表示男孩女孩都一样。但其思想一直转变不过来，经常以此与答辩人争吵。

二、原告称答辩人“经常不顾家，不照顾孩子”，也不符合事实。由于答辩人的职业是售货员，上班时间长，而且经常要在晚上和节假日上班，不能够多照顾家庭和孩子，但这是有客观原因的，并非其不愿顾家。倒是原告自己经常嫌弃女儿，对女儿一直爱理不理，更不用说细心照顾了。

三、原告提请离婚，主要原因是嫌弃女儿，想离婚后再婚生个儿子。这种思想和行为是不应得到支持的。

综上所述，答辩人认为，原告与答辩人的感情并未完全破裂，仍有和好的希望，请法院判决不准予离婚。

此致

××区人民法院

答辩人：赵××

××××年×月×日

二、范文赏析

范文的格式项目齐全，内容也符合要求，下面说说正文的写作。

如果说起诉状主要是从正面摆事实说道理来证明当事人的主张正确、合理合法的话，答辩状则主要是以事实和理由驳倒原告的主张来证明自己主张的正确的。先破后立、破中有立，以事实和道理证实对方主张谬误，来证明自己的主张正确、合理合法。答辩状制作要达到这一目的，决定性因素是对方的主张确实有错误，答辩人自己的事实和理由正确。所以，在制作答辩前，答辩人必须认真细致地研究对方的主张，弄清它主要错在哪里，是在事实方面，还是在道理方面，然后抓住主要方面，抓住实质，抓住要害进行反驳。

范文这一点是做得好的。正文先转述对方的主张“婚姻基础差，婚后感情不好，双方经常吵架，影响极坏”，接着就是一句断语“这与事实并不相符”。这既点明了对方主张的要害——说假话，也表明了答辩人驳斥的针对性，就是以事实说明真相，揭穿对方的假话。然后就扣紧这一“纲”张“目”逐层批驳。

“婚姻基础差，婚后感情不好”，“基础”与“感情”，确实是衡量婚姻质量的一个主要问题。但是，真实情况怎样呢？答辩状的制作者，先指出：答辩人与原告“原是同学”，又“经过了三年自由恋爱”，说明感情基础不是“差”，而是比较“牢固”；“婚后”在孩子没有出世前，“双方的日子和睦，很少有吵架的时候”，感情当然也是好的。但有没有吵架，感情不够好的时候呢？答辩人实事求是地承认有。是在答辩人“生了个女儿”之后的事，是原告“嫌答辩人生了个女儿”，是原告严重的“重男轻女”意识，使他经常“口出恶言”，不顾答辩人以“理”相劝、“一直忍让”造成的。这就是说，后来的感情有些摩擦，责任也在原告。至此，就把双方婚姻关系的真相，以及可不可能维持的问题，说明白了。

“经常不顾家，不照顾孩子”，对于原告这一指责，答辩人认为从现象看似乎是事实。但现象不等于真实。那真实情况怎样呢？答辩状说，答辩人的“职业是售货员，上班时间长，而且经常要在晚上和节假日上班，不能够多照顾家庭和孩子。但这是客观原因，并非其不愿顾家”。这说得也在情在理。

从事实真相说明了原告的离婚要求不能成立后，答辩状进一步指出，原告提请离婚的主要原因是“嫌弃女儿想离婚后再婚生个儿子”。这样的错误思想当然不应该得到支持。

以揭示事实真相来驳倒对方的主张，是这篇答辩状的主要方法。在运用这种方法时，撰写者十分注意针对性，实事求是，又注意从思想本质上去点明问题产生的原因，这就加强了答辩状的说服力。在驳倒原告的主张后，答辩状最后用总结的方式提出自己的主张，就是水到渠成的事了。

这份答辩状的内容处理也注意主次详略。正文的第一点是主，详写；第二点是次，略写；第三点是综述，照应开头。有详有略、有开有合，结构比较严谨。这都是写答辩状应注意的。

第四节　综说与辨析

一、综说

诉状不是一般的论文，撰写有其特殊的要求。

有人说，诉状像论文一样，每一份都明显地由论点、论据、论证三大要素组成。说得有些道理。如起诉状，就像论文中的正论，从正面直接以事实、道理，证实制作者的主张、要求的正确。上诉状、申诉状、答辩状等则很像论文中的驳论，主要用反驳方法，以事实、道理证实对方的主张、要求的谬误，从而证实制作者的主张、要求的正确。这是上一章为什么要专门说说“反驳法”的应用的原因。然而，却不能由此就把诉状视为一般的论文。

诉状不是一般的论文，从内容到形式，它都有十分独特的地方，都和一般的论文有明显的区别。

首先，诉状要解决、要阐述的是社会生活中相当尖锐的权益纠纷问题。所涉及的人、事、物、问题，和写作所要达到的目的，都是特定的、具体的、实在的、明确的；行文的对象是有关法院，要求法院通过审判以法律的强制性维护有关当事人的合法权益。

其次，从制作者的目的、动机来看，也和一般论文的作者很不一样。一般论文的作者，是对社会现实中有关的问题有了看法，有了主张，需要表达就写；而诉状的写作者，只有当自己的合法权益确实受到了侵害，确实需要通过诉讼程序寻求法律保护时，才会撰写。在写作时也不像一般论文作者那样，想什么时候写就什么时候写，想怎样写就怎样写，而是要按有关法律法规规定的时限来写，按有关的格式要求和内容要求来写，没有太多的随意性。

再次，论点、论据、论证这三大要素，在诉状里的实际情况和在一般论文里也有很明显的差别。如论点，在诉状里，是以“诉讼请求”的名义出现的，在正文的开头就要单项予以说明。而且，要说得十分准确、具体、实在，针对什么人、为了什么事，提出怎样的要求，都得明明确确，不能遗漏，不得含糊其辞。如果是起诉状，起诉谁、为什么事、要求怎样，都得写清楚。如果是上诉状、申诉状，上诉（或申诉）的是哪个法院哪个判决，要求如何，都得写明白。而论文的论点，一般都不是针对某一具体的人、具体的事的。又如论据，在一般的论文里，只要可以证明论点的事实和道理，天南海北的都可用；而在诉状里却不能这样，它只能用案件所涉及的又能证明制作者主张和要求正确性的事实和法律作论据，不可以旁征博引。至于论证方法，诉状多用直证法，即直接以事实和法律证实自己的主张与要求的合理合法性，或反驳对方的主张与要求的谬误，一般不用类比法、喻证法。

诉状在语言上则要求严格规范、直说其事、实话实说、简明扼要、庄重、质朴。

既然诉状不是一般的论文，从内容到形式，从写作到应用都有其明显的特点，那么在写作时就要在遵守一般论文的写作要求的基础上，像前面列举的各份诉状范文的撰写者那样，认真按照诉状的特殊要求，努力写出诉状的特殊气质和风格来，使其能在诉讼中充分地发挥作用。

二、答辩状与上诉状、申诉状的同异

这三种状书，同样以反驳为主要方法，通过证明对方的状书或判决书、裁决书里陈述的事实与主张的失实和谬误来证实自己的主张和请求的合理、合法、正确。但它们针对的具体对象不同。答辩状针对的分别是案件当事人中的起诉人、上诉人、申诉人诉状里的谬误，而上诉状针对的是一审法院判决书中的谬误，申诉状针对的是二审法院判决书中的谬误。答辩状呈送给有关法院的时限是有规定的，上诉状呈送给有关法院的时限也有规定，必须在规定的时限内送达才有效。申诉状呈送给有关法院的时限则没有规定。

思考与练习

1. 答辩状的特点是什么？请举例说明。
2. 病文修改稿主要对病文哪些地方作了修改？为什么要作这样的修改？
3. 诉状和一般的论文主要有哪些异同？
4. 范文在写作上有哪些优点？请作具体分析？

第十六章
总结写作

总结，和后两章要分别介绍的调查报告、经济合同，都是属于人们在社会活动中常用的应用文。

常用应用文和公文、诉状类应用文相比，其内容和作用涉及人们社会生活的方方面面，其所属文种之多，真的可以说是“数不胜数”。为了工作生活的需要，我们应努力掌握与自己的生活关系密切的有关文种的写作，但在这本书中，由于多种条件的限制，只能介绍总结、调查报告、经济合同三种文种的写作。

常用应用文涉及的内容广泛，体式也多种多样，但处理要求，一般来说相对比较宽松随意。当然其中的一些文种，在某些方面的要求，也有其严格性。如对经济合同用词造句的准确性，就要求很严格。所以，只有从实际出发分别对待。

下面说总结写作。

第一节　写作依据

一、性质

总结，是机关、单位在自己的某一时期、某一工作告一段落或全部结束后，通过把分散的材料、零散的认识集中起来，加以分析研究，找出带规律性的认识，用来说明工作的成败得失和经验教训，为今后工作的开展提供借鉴的应用文。

二、作用

作为人们认识事物、开展工作的一种手段，总结的基础是人们的工作实践，但是，人们的工作实践之所以能够不断地向更高的阶段发展，是和它不断地得到了总结有效的帮助和指导分不开的。总结的目的是为了更好地实践，它是人们实践活动向更高阶段发展的先导。人类在社会斗争、生产斗争和科学实验的范围内，要“有所发现、有所发明、有所创造、有所前进”，就“总得不断地总结经验”。对国家、对政党、对单位、对个人，都是这样。事实证明，谁能经常地、自觉地、正确地总结实践经验，谁就能更自觉、更有成效地进行实践，在实践中取得更明显的成绩，为国家为人民作出更大的贡献。当然总结不一定形成书面材料，但经验也告诉我们，如果形成完整的书面材料，它的作用和影响，将会更大更深远。所以，我们不仅要善于作总结，而且要善于写总结。

三、特点

将总结与其他文体的文章相比较，可以知道，总结具有事后写作、自为写作、据实议事的显著特点。

（一）事后写作

这是从撰写时间上说的。就是做事在先，撰写总结在后。而且只有所做的事有了阶段性进展或全部完成后，才可以撰写相应的总结。有阶段性的进步就撰写阶段性总结，全部完成就撰写整件事情的总结。有些人没有做事，或事情没有一定的进展就撰写这样或那样的总结，那只能是弄虚作假捏造事实，是别有意图的。当然，是不符合总结的撰写必须有的前提要求的。

（二）自为写作

这是指总结撰写的内容。无论是材料还是观点，都是来自撰稿者的机关单位或本人的工作实践。撰写总结的目的也在于对机关单位或本人工作实践进行检验，作出评价，为以后工作计划的拟订、工作实践的开展提供借鉴。有些人把他人的实践说成是自己的实践，把他人的“经验教训”贴上自己的标签写在总结里，或者把撰写总结变作教育他人的手段，都是有违总结的“自为性”特征的。这样做，难免不招致总结撰写的失败。

（三）据实议事

撰写总结是为了检查和评价工作实践，给今后拟订工作计划、开展工作实践提供借鉴，所以，它必须汇总工作实践中方方面面的情况：成绩，问题，各种各样的人物、事件、数据。这是“总”。“总”的目的，为了“结”。“结”就是要从“总”里各种各样情况的“自我”经历与体验中，找出经验和教训，形成看法与体会。这就要求“总”实事求是，简明扼要，把事情的来龙去脉说清楚，把背景讲明白即可，不能不分主次，面面俱到，眉毛胡须一把抓。而“结”就依据和贴紧“总”里的事实，自然地引出经验教训，形成能够揭示事情实质、有规律性的观点看法。也就是说，它是据实议事，就事明理，以自己实践中的事实说明具有规律性的观点或有普遍性的道理。这和一般议论文的旁征博引的论证是有明显区别的。

四、种类

总结按不同的标准可以分为许多种类。

按内容性质分有：工作总结、生产总结、学习总结、科研总结、体育总结、文娱总结等。

按内容是全面还是专项来分有：全面总结、专项总结。

第一，专项总结，是对某工作或某活动的专题性总结。如一个企业中对领导体制改革的总结、加强产品竞争能力的总结，一个学校对如何提高教学质量问题的总结、加强学生思想政治工作的总结等。和全面总结相比较，这类总结的内容比较单一、集中。有的偏重讲经验，而对问题则一笔带过；有的主要谈教训，而对成绩只略说几句。在实际工作中，这类总结用得较多。报刊上发表的大多数属这类总结。如：

范文（1）

抓典型引路　扩大订阅覆盖面

——我们是怎样做好《广东政报》订阅工作的

广东省南海市

近几年来，我市订阅《广东政报》的数量逐年上升，1994年为1 500份，1995年为2 075份，1996年增至2 300多份。几年来，在全省121个县（市、区）中名列第一，受到省府办公厅的通报表彰。我市订阅政报的数量之所以能不断增多，主要原因是市府及办公室领导重视，具体分工由一位办公室副主任和一位秘书科副科长负责，并注意抓好典型和宣传发动工作，不断提高对政报重要性的认识，重视对政报的运用，调动各方面订阅政报的积极性。

一、深入到订数少的地区宣传发动，增加订阅数量

今年8月，当接到省府办公厅和省邮电局关于做好《广东政报》征订发行工作的文件后，办公室主管领导即认真领会文件精神，分析本市订阅工作情况，发现虽然全市订数逐年增多，但各地区间并不平衡。因此，要做好征订工作，首先要抓住订数少的地区作为突破口。9月中旬，秘书科的同志深入到订数少的几个镇、区了解情况，发现最主要的原因还是对政报的认识问题，诸如“刊物多，看不了”、“工作忙，无人看”等，因而不重视，也不积极开展征订工作。针对这些问题，办公室着重宣传了政报的重要作用，列举了许多单位运用政报的经验，以及如何利用政报为领导决策服务等做法，从而在全市范围内统一认识。1996年，原来订数少的几个镇的订数都比1995年有所增加；同时，对市直订数较少的单位，办公室也及时与其联系，做好督促检查工作，也取得较好的效果。

二、抓先进典型引路，扩大订阅覆盖面

在征订期间，我市还注意做好调查研究，总结先进镇、区的经验，突出抓好以先进典型引路。针对当时有部分单位认为，目前所订数量已够多、能保持原有订数就满足的思想，用事实加以启发引导，并在全市政报征订发行工作会议上，安排全市订数第一的西樵区介绍经验。与会者很受启发，从而增强了工作信心，表示要学先进，进一步挖潜，查漏补缺，争取订数有所突破，连个别准备在会上摆困难的单位也改变了主意。西樵区1996年度订数达254份，比1995年增长15.4%，连续居全市之首。

三、掌握工作进程，及时解决薄弱环节

我市吸取以往只重视布置、不注意抓检查落实，造成一些镇、区所订份数偏少，要纠正也来不及的教训。在今年的工作中我们注意处理好这个问题：一是及时掌握征订进度，要求各镇、区及市直各系统定时将所订数量上报；二是要求市邮电局配合，不但要积极上门收订，而且要定时上报收订情况。由于能掌握情况，各镇、区办公室可以及时督促检查，如平洲区政府办公室，从征订进度表上发现有6个单位应订而因某种原因还未订，就及时通知，使一些漏订或少订的单位都能订上政报。据统计，全市这些漏订或少订的单位达25个，落实份数133份。

四、抓工作队伍中的积极因素，表彰先进，鼓舞士气

我市在多年的征订工作中，形成了一支队伍，他们都是各镇、区和市直单位办公室的

领导或秘书人员。为做好征订发行工作、完成征订任务，他们做了大量艰苦的工作，如在布置征订工作时，除专门开会外，还在别的会议上穿插做好宣传发动工作，做到见缝插针；他们不但向主办人员布置订阅工作，还向单位领导宣传政报的重要性，并逐个单位抓落实；主要战线和政府工作部门，一个个地上门宣传，因而取得了较好的效果。为了表彰先进，他们除让一些较突出的镇、区在会上谈经验，介绍先进事迹外，还对1995年度订阅工作成绩较好的13个镇、区和1个市直单位进行奖励。

××××年×月

（载《广东政报》1997年第35期）

第二，全面总结，就是机关、单位、个人对一定时限内所做的各方面的工作，进行全面总结。这类总结，要对工作进行总的回顾检查，分析研究，肯定成绩，指出问题，引出经验教训，明确今后的努力方向。它对工作，既要能反映全貌，又要有主有次，重点突出。要抓住主要的成绩和经验、问题与教训，摆清事实，讲明道理。如各部门、各单位、各战线的年终总结、阶段总结。如：

范文（2）

从15.8万吨到1.14亿吨

——50年来我国钢铁工业的发展

蒲海清

钢铁工业的发展水平是衡量一国工业化水平的重要标志之一。新中国成立50年来，我国钢铁工业的发展取得了举世瞩目的成就，正在向新的目标——钢铁强国奋勇迈进。

（一）产量高速增长，已成为世界产钢大国

新中国成立时，中国的钢产量只有15.8万吨，还不足现在全国一天的产量。新中国成立后至1978年改革开放前的30年里，钢铁工业虽然经历了“大跃进”和文化大革命两次大起大落的严重冲击，仍得到较快的发展，1978年钢产量达到3 178万吨。党的十一届三中全会后，钢铁工业进入了快速发展时期。1978年后，钢产量每年都以200万~300万吨的速度递增，钢产量到1983年就超过4 000万吨，1996年首次超过1亿吨大关，成为世界第一产钢大国。1998年铁、钢、材产量分别达到1.18亿吨、1.14亿吨和1.05亿吨。产钢在400万吨以上的钢铁联合企业有宝钢、鞍钢、首钢、武钢和包钢5家，它们的钢产量占全国钢产量33%以上，产钢50万吨以上的钢铁企业有50家，它们的产量占全国钢产量的85%。

目前，钢铁工业已经建立起了从冶金、地质勘探、工程设计、建筑施工、科学研究到矿山采选、焦化、冶炼、压力加工、碳素、铁合金、耐火材料的完整的工业体系。除少数品种需要进口外，大多数品种已经能基本满足国民经济发展对钢材的需要，结束了钢材在数量上长期供不应求的局面。

（二）技术装备水平不断提高

新中国成立前我国钢铁工业的基础十分薄弱，经过解放初期三年恢复生产和在苏联的援助下建设了鞍钢、武钢、包钢、齐齐哈尔等钢铁厂，我国钢铁工业才得以逐步发展壮大，但直到实行改革开放之前，我国具有现代化水平的先进工艺装备几乎是空白。1978 年武钢一米七轧机和冷轧硅钢片投产，我国钢铁工业才有了现代化装备。

党的十一届三中全会后，我们积极贯彻“利用国内外两种资源和资金，开发国内外两个市场”的方针，加大现代化钢铁工业建设的步伐，建设了上海宝钢、天津钢管公司等具有世界先进水平的现代化大型钢铁企业。同时一些老的大型钢铁企业如鞍钢、武钢、首钢、包钢等结合自身的技术改造，引进或自行开发了一批具有现代化水平的先进的生产线和设备。目前，钢铁工业达到世界先进水平的装备提高到20%左右，达到国内先进水平的装备已经超过50%。特别是经过近几年的发展，钢铁工业工艺技术装备的研究开发取得了长足进步，有些先进成套技术装备已向世界其他国家出口。

（三）工艺技术结构、产品结构不断优化，产品质量显著提高

50 年来，钢铁工业在努力提高产量的同时，注意工艺技术结构、产品结构的调整和质量的提高。1978 年用落后的平炉炼钢工艺生产的钢产量占全国钢产量的 45%，目前已下降到了 2%。鞍钢、武钢已于 1998 年全部淘汰平炉炼钢。到 2000 年底，全国将全部淘汰平炉炼钢工艺。这标志着钢铁工业综合技术水平的连铸比由 1978 年的 2.6% 提高到目前的 73.3%，到 2000 年可达到 80%。新中国成立初我国只能冶炼 100 多个钢种和轧制 400 多个规格的钢材，经过 50 年的建设和发展，目前已经能冶炼包括高温合金、精密合金在内的 1 000 多个钢种，轧制 4 万多个品种规格的钢材。

工艺装备不断改善为钢材质量的提高提供了条件，近年来激烈的市场竞争又极大地促进了企业对产品质量的重视。目前国产钢材在品种质量上大多能够满足国民经济发展的需要，特别是航天、航空和军工等同精尖技术产业所需要的钢材品种都能立足国内生产。有一大批企业如宝钢、鞍钢、首钢、武钢等通过了国际 ISO9000 系列质量认证。1998 年执行国际标准和国际先进标准的钢材比例达到 85%，实物质量达到先进水平的钢材品种有 160 多个。品种的增加，质量的提高，使国产钢材的国内市场占有率由 1978 年的 72% 上升到 1998 年的 89%。

（四）依靠科技，在改善经济技术指标方面取得了较大进步

冶金工业 50 年发展的历史，也是科学技术在钢铁工艺技术领域研究开发应用的历史。新中国成立以来，特别是改革开放以后，在邓小平同志“科学技术是第一生产力”思想的指导下，大力推进冶金科技的研究开发和应用。在炼铁工艺方面，20 世纪 70 年代我国依靠自己的力量解决了攀枝花高钒钛磁铁矿冶炼的世界性难题，同时在高炉强化冶炼、富氧喷煤、长寿命研究等方面，也取得了一定成就。目前重点钢铁企业高炉利用系数达到 $1.98t/m^3 \cdot d$。在炼钢工艺技术方面，以转炉顶底复合吹炼、溅渣护炉、超高功率电炉、炉外精炼、高效连铸等为代表的现代冶炼技术，也在钢铁企业得到应用和推广，使转炉钢铁料消耗、转炉炉龄、电炉冶金电耗等一大批经济技术指标得到了全面改善。在轧钢工艺技术方面，以控冷控轧、连续涂镀、在线热处理、连铸连轧为标志的现代轧钢工艺也正在得到广泛推广。研究与开发的应用，不仅使新品种不断增加，质量不断提高，也为提高产量，降低消耗和生产成本作出了巨大的贡献。

（五）创造出在全国有影响的先进管理经验，促进了行业经济效益的提高

早在 20 世纪 60 年代初，鞍钢“依靠广大职工，开展技术革新和技术革命”的经验就

被毛泽东主席誉为“鞍钢宪法”在全国推广。大冶钢厂开展“小指标竞赛”，开创了企业内部责任制的先河。80年代初首钢实行的“内部承包制”，进行了国有企业改革的大胆尝试。宝钢在引进国外先进技术装备的同时，也大胆引进了国外的现代化管理系统并结合实际消化吸收，创造了“科学、精干、高效”的宝钢现代化管理体系。90年代，邯钢又创造了“模拟市场核算，实行成本否决”的先进管理经验。技术进步和管理创新，促进了经济效益的不断提高。在近年来钢材市场出现结构性过剩、价格大幅度下滑的情况下，企业通过技术进步和加强管理，生产成本降低率每年都达到3%以上，有力地消化了钢材降价的不利因素。1978年钢铁行业实现利税只有50亿元，1998年达到了197亿元。新中国成立以来钢铁行业累计实现利税4 618亿元，为国家创造了巨大的财富。

新中国成立50年，钢铁工业能取得这样的成就，能有这样快的发展速度，主要原因是：

第一，党中央、国务院对钢铁工业发展的巨大关怀和坚强领导。新中国成立50年来，党中央、国务院领导十分关心钢铁工业的发展，对钢铁工业发展中的一些重大问题不但具体部署，而且亲自研究解决。早在新中国成立初期，毛泽东同志就指出：“一个粮食，一个钢铁，有了这两个东西什么都好办了。”在他的关怀下，钢铁工业一直被视为国民经济的支柱产业，放在国民经济发展的头等重要位置上。邓小平同志多次指出：“钢要有1亿到1.2亿吨才够用。这是个发展战略问题。”江泽民总书记对钢铁工业发展给予极大关注，多次视察钢铁企业现场指导工作，不论地处北国草原上的包钢，还是金沙江畔的攀钢，不论是鞍钢这样的老钢铁企业，还是现代化的宝钢，都留下了他的足迹。钢铁工业在新中国成立50年的成就，凝聚着三代领导集体的心血，是党中央、国务院正确领导的结果。

第二，发挥社会主义制度的优越性，全国一盘棋，都来支持钢铁工业的发展。50年来，中央各部门、各级党政领导对冶金工业的建设和发展一直给予极大重视和支持。在新中国成立初期恢复生产和钢铁工业各个发展时期，各级党政领导对钢铁工业发展中遇到的困难和问题高度重视，给予了大量的物质支持，大量的干部、工程技术人员和生产骨干输送到钢铁工业。钢铁工业50年的飞速发展是与全国人民的支援和各单位部门的大力支持、协作分不开的。

第三，冶金战线广大干部职工，团结奋斗、努力拼搏。在50年建设和发展中，涌现出了一代又一代、一批又一批的优秀干部、劳动模范和先进工作者，他们把自己的一生奉献给了新中国的钢铁工业，并用自己的言行感染和带动全行业职工，发扬主人翁精神，为钢铁工业的发展顽强拼搏。钢铁工业的发展与进步，凝聚着老一辈领导和冶金战线广大生产建设者们的心血和汗水。

经过50年的建设和发展，我们已经实现了由钢铁小国变成钢铁大国的梦想。但是同世界上先进的产钢国家相比，我国还不是钢铁强国。面对我国即将加入世界贸易组织的前景和21世纪经济的新发展，我国钢铁工业还存在很大的差距。主要表现在：

一是总体技术装备落后，技术工艺结构调整的任务十分艰巨。目前中国钢铁工业具有世界先进水平的技术装备只有20%左右，许多企业的主体生产设备都是20世纪五六十年代生产制造的，虽经过改造，但变化不大，而且中小型设备多，消耗高，生产率低下。

二是产品结构不合理，质量水平不高，缺乏在国际上有代表性的产品。我国虽有1亿多吨钢的生产能力，但是国民经济发展需要的关键钢材品种中，还有700多万吨高附加值钢材国内不能生产或产量不足，需要进口，如高速铁路用钢材，汽车、家电、化工、石油、大型电站、造船、军工等部门所需要的部分专用钢材。在质量方面，能够达到国际先进水平的产品产量不到总产量的1/3。在品种方面，中国的板管比不足40%，而先进产钢国已经超过60%。随着我国现代化建设的发展，钢材产品的需求结构将会发生更大的变化，对板管比和产品质量的要求会更高。

三是企业组织结构不合理，缺乏具有国际竞争地位的代表性企业。我国钢铁企业组织结构不合理，地区结构不合理现象非常突出，产业集中度低。当前400万吨以上规模的企业只有5家，产量仅占全国产量的30%多。中小型企业专业化分工程度低，批量小，工艺装备相似，产品雷同，造成低档次产品钢材供大于求，出现结构性过剩。

四是经济技术指标与先进国家相比落后，劳动生产率和经济效益低下。由于技术工艺装备落后，经济技术指标与世界先进水平相比有相当大的差距，如我国吨钢综合能耗比世界先进水平高30%左右。加之我国钢铁从业人员多，劳动生产率目前不足100吨/人·年，而世界先进产钢国为800～1 000吨/人·年。所以，要提高我国钢铁产品市场竞争力，还有很大潜力可挖。

五是我国钢铁工业技术创新能力薄弱，多数先进工艺装备主要靠从国外引进，消化吸收速度慢，重复引进的问题比较突出。

21世纪，钢铁产品仍将是国民经济建设重要的基础原材料。特别是我国是个发展中的大国，面临着大量的基础设施建设和实现工业现代化的任务，这给钢铁工业的发展提供了良好机遇。但同时我国钢铁工业也面临加入世界贸易组织后，国际竞争更加激烈的挑战。因此，今后钢铁工业发展要彻底从过去只注重规模扩张、数量扩大的粗放式发展模式转向注重品种、质量和效益的集约式发展道路上来，深化改革，建立现代企业制度，在精干主体、分离辅助和减人增效等方面取得突破性进展。同时按照“三改一加强”的要求，加快企业组织结构、工艺技术结构、产品结构和地域布局的调整，建立钢铁工业科技创新体系，用好国家加大技术改造投资的政策，狠抓技术进步，以现代信息技术改造传统设备，走高起点、专业化、规模化的发展道路，提高钢铁工业的整体素质和钢铁产品的市场竞争力，使我国成为真正的钢铁强国。

××××年×月

五、格式

总结不是法定公文。现实中，有大量机关、单位的总结，也有大量的个人总结，它们除内容方面的区别外，外部形态也没有法定公文那样严格的格式。

一篇总结的格式，即结构包括标题、正文、落款三部分。

（一）标题

总结的标题形式不一。全面总结的标题，一般由单位名称、期限、文种组成，如《××市2005年计划生育工作总结》。专项总结的标题比较灵活，大部分都没有“总结”二字，如原国家女子排球队的《女排冠军是怎样得来的》、中国科学院的《科技发展50年的回顾与展望》。还有双标题的，正标题点明主旨或要回答的问题，副标题点明时间、内容，如范文（1）的标题《抓典型引路　扩大订阅覆盖面——我们是怎样做好〈广东政报〉订阅工作的》、范文（2）的标题《从1.58万吨到1.14亿吨——50年来我国钢铁工业的发展》。形式可以不同，但都要十分简洁且有实在意义，对总结的内容起画龙点睛的作用。

（二）正文

这是总结的主要部分，它要根据目的要求，全面、具体地回答"做了什么"、"怎么样做"和"为什么会这样做"、"结果怎样"四个问题，使读者在了解情况中，得到认识上的升华、理论上的提高。从宏观来看，总结这部分结构基本上都是总分式的，并具体表现为"总—分"与"总—分—总"两种格局。

"总"，即总结正文的开头部分，简明扼要地概括总结事项的基本情况或中心内容，为后面内容的展开举起一个"纲"，使读者有一个总的印象。

"分"，就是对"总"即开头部分提出的中心、概括的内容的展开。这是总结的关键部分。要写三方面内容：一是成绩收获，要写得实在、充分。在全面性总结里，常专用一部分来写。在专项性总结里，有单独一部分写出的，更多的是被融入经验或做法的行文中。二是经验，就是通常说的做法、体会。这是总结的核心。无论是全面总结，还是专题总结，都应该有足够的分量，足够的篇幅。三是问题和今后努力的方向，全面总结这项是不能少的，专项总结里如果要写，一般也较概括。

（三）落款

落款包括两方面内容：制发文机关、制发文日期。一般都写在正文后面的右下方适当位置。但也有特殊，范文（1）就把制发文机关名称"广东省南海市"写在标题的正下方，制发时间仍写在正文后面的右下方。

落款的两项内容，任何总结都不应该少。不过有些机关单位的总结，署名既可以署单位的，也可署负责人的，如范文（2）。

六、写作要求

（一）实事求是

这是撰写总结必须坚持的一个重要原则。我们总结的目的是为了弄清情况、找出规律、得出经验教训，以指导今后工作更好地开展，取得更大的成绩。所以，收集材料，提炼观点，都必须实事求是，是怎么样就怎么样。材料不真实，观点不符合实际，不能反映实践客观实际情况的总结，不是我们需要的总结，不是我们要做的总结。这是思想认识上必须十分清楚的，行动上应该始终坚持的。

（二）充分地占有材料

这是撰写好总结的前提条件。那种认为总结是写自己经历或体验过的东西，无须专门收集材料的看法不全面。经历和体验过的东西，可以为收集材料带来方便，但应该看到它们大多数仍然是属于分散、零碎、没有条理的东西。因此，只有将它们汇集起来，加以整理归类，分析研究，才能发掘出事物的本质和规律，才能找到符合实际的经验和体会。所以写总结和写其他文章一样，要认真地收集和占有材料。可以说，材料的搜集和占有量越多越好。现实的、历史的、概括的、具体的、正面的、反面的、直接的、间接的都应搜集和占有。充分地占有材料，可以为观点的提炼提供深厚的"物质基础"，可以为材料的选择提供广阔的"空间"，保证总结的撰写可以顺利或比较顺利地进行。

（三）找出规律性的观点

在总结中摆材料说情况是不可少的，但这不是撰写总结的核心目的。写总结的核心目的是发现规律、找出规律、形成观点。只有符合规律的观点，才能为今后的工作提供指导，发挥作用。规律性观点就是使我们在实践中能按党和国家的方针政策打开工作局面，顺利开展工作、取得成绩、完成任务的想法、主张、措施、办法。这些规律性的观点，只有将材料联系起来反复地分析比较，才能发现，才可找出。发现了，找出了，还要以简明的语言概括起来予以说明。它是总结的灵魂，意义所在。所以，再艰难也要找出来。其实，这一找出观点的过程，从工作一开始，就在进行，不断进行；撰写总结时，只是更集中、更系统地进行，使之更加明确而已。

（四）合理布局、突出重点、显示特点

总结不管是哪个种类的都得说明：做了什么，怎样做的，为什么要这样做，结果如何四个问题。这四个问题的说明，不能面面俱到，要突出重点，显出特点。怎样做的和为什么要这样做，就是我们通常说的做法和经验体会，应该是重点，其他部分都是为此服务的。明确了这些，就得把它们落实到标题的拟写，正文的“总”、“分”布局上。正文如何开头，如何结尾，中间如何展开，都得有所考虑。重点的，应该详写，其他略写，有特点的地方要适时点拨、照应，以加深人们的印象。这里的观点设置、内容安排、材料裁剪、方法使用、语言调遣等问题，都得进行全面仔细的考虑。这样做了才有可能突出重点、显示特点。

第二节　不应该那么写——病文评改

一、评改病文（1）

（一）病文（1）

××乡上半年工作总结

半年来本乡在精神文明和物质文明方面做了许多工作，取得了很大成绩。半年来，主要做了以下工作：动员组织乡、村干部和广大群众学习中央一号文件；安排、落实全年生产计划；推行、落实承包责任制；帮助专业户发展；修建乡小学校舍；建乡食品厂方便面生产车间厂房；推销乡果脯厂、食品厂、编织厂的产品；为乡机械加工厂解决原材料不足问题；美化环境，街道两旁栽花种草；封山植树；办了一期果树栽培技术培训班；健全了乡政府机关，调整了工作人员，开始试行乡干部招聘制。

半年来，在工作繁杂、头绪多而干部少的情况下，能做这么多工作，主要是：

(1) 上下团结。乡领导和一般干部都能同甘共苦，劲往一处使。工作中有不同看法，当面讲、共同协商。互相间有意见能开展批评与自我批评，不犯自由主义。例如，经管科同志对乡长不同他们商议，擅自更改果脯厂的奖励办法，影响产量一事有意见，经当面提出，乡长接受了，作了自我批评，并共同研究了新的奖励办法，使生产量又增加了。

(2) 不怕困难。本乡企业刚刚起步，困难很多，如技术力量薄弱，原材料不足；产品销路没有打开等。为此，经管科的同志和全乡干部共同想办法，他们不怕跑路，放弃自己的休息时间，忍饥挨饿受冻，四处联系，终于解决了今年所需要的原料，推销了一些产品。

(3) 领导带头。乡的几位主要领导带头苦干、实干。他们白天到下边去调查了解情况、解决问题，晚上才开会研究问题，寻找解决的办法。领导干部夜以继日地工作，带动了全乡工作。

××乡人民政府
××××年×月×日

(二) 病文 (1) 评析

看过这篇总结后，稍微思索一下，会发现不少毛病，主要有三点。

第一，材料缺乏，情况不明。这个乡在××××年上半年的确是做了大量的工作，但是他们工作的实在情况，我们并不知道。这个乡做了12项精神文明和物质文明方面的建设，但这12项工作的情形怎样，从该总结中我们难以知道。比如说，推行、落实承包责任制在农村是一件大事、要事，这个乡半年前承包责任制的落实情况如何、经过半年现在又怎么样，总结并没有给我们有关的信息。又比如，发展乡镇企业在农村也是一件大事、要事。该总结告诉我们，这个乡“建乡食品厂方便面生产车间厂房；推销乡果脯厂、食品厂、编织厂的产品；为乡机械加工厂解决原材料不足问题”，但是建方便面生产车间的厂房投资多少、规模多大、生产效益如何，果脯厂、食品厂、编织厂等生产情况如何，半年前销售情况怎样，现在又是怎样的情形，该总结里也没有这方面的材料。这就说明，该总结的撰写者，在写作前没有在搜集和占有具体材料方面下工夫。

第二，材料不充分，不能使人认可工作成绩。可以认为，这个乡的干部工作是很努力的。但成绩表现在哪里？该总结告诉我们的，除了“取得很大成绩”这句套话外，只有为果脯厂“共同研究了新的奖励办法”，“解决了今年所需要的原料”，“推销了一些产品”三点。这里既没有必要的统计数字、概括性材料，也没有乡里为上述各项工作解决困难的较为实在的说明。比如说，为什么要建乡食品厂方便面生产车间厂房，建这个厂房解决了乡里的什么问题，为什么要“试行乡干部招聘制”，招聘了多少干部，解决了什么问题等，都没有作进一步的说明，这样的总结怎么能令人折服呢？事实说明，若要告诉人家“取得了很大成绩”，但摆不出材料，那么不要说只是说一遍，就算是说十遍，也只能是“瞎子点灯——白费蜡”。

第三，没有总结出具有规律性的东西。该总结列举了3条经验。但是这3条经验，机关可用，企业可用，工厂可用，农村可用；过去可用，现在可用，将来也适用。这就说明作者不仅没有占有必要的材料，更没有对该乡的情况作起码的分析，没有从该乡的工作实际出发，概括出为问题的解决、工作的开展起了作用的属于规律性的东西。既然如此，写经验时就只好套用现成的，适合你、适合我、大家都适合的“万能型”的东西了。其实，写这样的、没有经过自己认真思考的东西，既不能说明单位的实际，对提高自己的认识也没有作用，对别人更不会有启发。

这篇总结失败的教训，应该使人们更深刻地认识到，要写好总结，占有材料、分析材料、找出规律性的东西是很重要和很有必要的。

（三）病文（1）修改稿（略。缺基本性材料，无法修改）

二、评改病文（2）

（一）病文（2）

文秘专业二班公文写作学习总结

公文写作是这学期开的4门专业课程之一。上54个课时。由××教授主教。××大概有60多岁了，头发花白，脸色红润，讲话气力很足。看来他不是单纯的专业老师。他说学习公文写作，就是学习如何用公文来办理公务，做好工作的理论、知识、方法的总结，就是要培养大家用公文来办理公务、做好工作的能力。这种能力是“白领阶层”必需有的重要工作能力、竞争能力。对××教授的这种讲法，开始大家不以为然。但当××教授用大量事实，特别用一篇又一篇的公文“病文”来说明时，课堂就显得十分安静了，似乎受到了“震撼”，原来“公文写作”与自己将来的工作、事业的关系如此密切。从此以后，大家对公文写作的学习劲头大了，认真了。

××老师从讲“通论”到讲文种写作，都十分重视用对比法。几乎每一次课，他都先讲办什么事并从正面简明扼要地讲清如何办，如何写这件事，接着展示“病文”，分析不能这样写，这样写办不好事，最后出示“修改稿”，让同学讨论“不应该那样”和“应该这样写”的问题。范文、病文、修改稿的对照，使“不应该那么写”和“应该这么写”的事实、道理都明显了，同学们就容易领会、掌握。如讲公文的性质作用时，××老师不是先讲理论，而是先展示病文《会议通知》，让同学思考片刻后问：撰文者写这一公文是用来办什么事的？这样写，能够办好这件事吗？经过讨论分析统一了认识后，他将“修改稿”展示出来，让同学们对照“病文”与“修改稿”再讨论：为什么“修改稿”这样写，撰稿者的目的就能达到，就可以办好事？最后，老师简明扼要说明“会议通知”写作应注意的要点，并水到渠成地点明公文的根本性质、作用，这样理论与实际、正面与反面的对照，给人的启发当然就大，印象也深。

××老师的直观教学，很能调动同学的学习积极性。对比方法，很多老师讲课都用，但××老师讲课是对比加直观。对比也不是笼统的，而是具体、实在的，是同一个内容甚至是同一件事、一个问题的对比，好与不好、恰当与不恰当的对比。这种对比特别突出地表现在“作文讲评”方面。××老师一个学期“作文讲评”课有六七次。每次都将同学的有代表性较好的和不够好的作文投影出来，让同学讨论，并最后出示“修改稿”，当中还让有关作文的作者现身说法。这样教学把比较抽象、笼统，不那么容易捉摸的写作理论、知识、方法，变得直观、具体，看得见摸得着，内容不论是成功还是失败的都是同学实践过的。所以学习就有兴趣。

一个学期的公文写作学习，我们的收获确实很大。学习态度有明显变化，掌握较多的理论知识，实际的写作能力也有较大的提高。我班有46个同学，据调查统计：

公文写作学习前			公文写作学习后					
必要性			必要性			收获		
必要	无必要	无所谓	必要	无必要	无所谓	大	一般	小
8	21	17	34	3	9	29	12	5

黎晴天同学说，原来以为什么公文、私文，都是弄墨舞文。没有想到写公文有这样重要的意义，和一个人的办事能力、竞争能力这么密切关系。过去认为给上级写公文，用“请示报告”准不会错，不知道“报告”和“请示”是不同文种，用错了就可能办不好事，更不知道对不相隶属单位（特别是同级的职能部门）请求批准应该用“请批函”，过去用“请示”是“贴错了门神”。江昊文入学前曾在机关待过一段时间，喜欢写点“小文艺”，他说，过去公文材料多就写详细点，少就写简单点，什么要有利办事，方便办事，简明扼要，应用语体要求等，极少考虑，相反自觉不自觉地用“文艺笔法”，弄出许多笑话。现在学了公文写作，明白了很多道理，得到许多知识，过去犯的错误，今后肯定可以少犯甚至不犯。

我们的公文写作学习，虽然取得显著进步，但也不尽善尽美。有些人学习还是不够自觉，有两个同学总评成绩不及格。

×××

二〇〇四年七月二十日

（二）评析病文（2）

病文（2）是全面性总结，是一个班对班里同学公文写作学习情况的全面总结。从文中可以看到，撰稿者有强烈的写出班里同学学习中感受最深的东西的愿望。但是他的愿望有没有实现呢？从总结的整体上看，没有完全现实。原因是该文有两个主要毛病。

1. 着重点不恰当

从标题可以知道，这篇“总结”是总结自己班同学的学习情况。其着眼点自然是同学的学习情况。同学的学习和老师的教学关系是密不可分的，写同学的学习自然会涉及老师的教学。涉及就是涉及，不是主要的，不是主要着眼点。老师教学中的一些情况是必然要写的，但写它是为写同学的学习情况服务的，即是说写老师在教学中的表现是为写同学在学习中的表现服务的。这个目的不能变，这个角度不能变，如果变了，也就是着眼点偏移了，必然会引发材料的选择和裁剪方面的失误，就会使总结的内容出现主次不分、详略失当、喧宾夺主，甚至是反客为主的现象。这正是此篇“总结”存在的首要问题。从“总结”所写的材料看，十分明显，除了倒数第二段写学习成绩，主要写同学方面的情况外，其他主要是写老师的教学情况，写得具体、详细、占的篇幅大，而同学的学习情况只是三言两语说及，笼统抽象，只是一些为印证老师教学效果的“套话”、“空话”。要改变这种状况，就得先将着眼点移到同学的学习情况方面，并从反映同学在学习中表现的良好的思想品质主旨的需要出发，明确以同学的学习情况为主，详写，以教师的教学情况为次，略写，对所写的事实、情况进行恰当的取舍、裁剪、表述。

2. 内容安排不具突出主旨的作用

文章的内容安排，不仅要注意层次分明、条理清楚，还要注意鲜明突出地表现主旨。这篇“总结”，先分别说明“原因”，后集中列举“成绩”的结构方式，虽然大体可以做到层次分明、条理清楚，但不具有鲜明突出地表现主旨的作用。相反却让主旨掩盖于不恰当的事实和情况的叙述中，而鲜明不了，突出不了。要改变这种状态，第一，应把后面列举的“成绩”的主要事实，移到“总结”的开头部分，以突出的位置说明，调动起人们往下阅读的兴趣，吸引人们去弄清楚取得成绩的原因。第二，用“片言居要法”安排主旨和各部分文章的观点。先以精警的语言概括出“总结”的主旨，并让它和“成绩”的主要内容事实一起在开头部分出现，人们一看“总结”的开头，就能把握全文的中心。接着把说明“原因”的各部分文章的观点，也以一句精练话语概括出来，以“段旨句”的形式，分别置于相应部分文章的开头。这样各部分文章在保证观点鲜明突出的同时又能注意材料与观点的统一，各部分文章就可实现观点鲜明突出，整篇“总结”也可以做到纲举目张、井然有序，有利于人们理解“总结”的内容，把握“总结”的观点，记住“总结”的要点。

（三）病文（2）修改稿

文秘专业二班公文写作学习总结

公文写作是这学期上的4门专业课之一。讲课54课时。据调查统计，上课前，我们班46位同学中对公文写作的学习，认为“有必要”的有8人，认为“无必要”的有21人，认为“无所谓”的有17人。经过一个学期学习后，认为公文写作的学习“有必要”的有34人，“无必要”的3人，“无所谓”的9人。认为学习收获“大”的有29人，“一般”的有12人，“小”的有5人。许多同学说：“没有想到公文写作课会讲得这么生动、这么有用。”为什么会有这样明显的变化，主要原因是我们同学在教学上有创新精神的任课老师××教授的教育下，能端正认识、主动积极地投入学习。我们体会主要有三个方面：

一、首先要转变认识

对公文和公文写作，应该说我们是不很了解的。但有看法：公文简单、呆板，公文写作课就是讲条条框框，枯燥无味。因此，许多人都不想学。上第一节课，大多数人都带了课外书，有十多人连公文写作的课本都没有带。××老师在讲台站稳后首先将投影机打开，一篇《会议通知》的全文清晰地在屏幕上显示出来。他要求同学思考、讨论：作者写这个通知的目的是什么？这个通知这样写能否达到目的？大多数同学认为这样写基本可以达到目的。随后，老师把通知的“修改稿”投影出来，并要求同学把“原稿”和“修改稿”对照思考、讨论。最后，老师对照着“会议通知”的原稿、修改稿，结合同学讨论中的各种看法，简明深刻地阐述了公文的性质和学习公文写作的意义。老师贴近同学实际又充满期望的激情的话，“震撼”着同学对“公文写作”近乎无知的心。许多同学好像第一次如此认真地把学习公文写作和自己毕业后的工作、事业联系起来思索。许多同学从心底里承认：学习公文写作对于秘书专业的学生就是学习看家本领，就是增强自己在社会中的竞争力。认识转变了，学习公文写作的兴趣也随之浓烈起来。带课外书进课堂的迅速减少了，向老师提出这样或那样的问题大幅度增加，大家都下了决心要学到公文写作的真本事。

二、用对比法学习收获大

中学的语文课，大学的基础写作、新闻写作，不论是讲理论还是分析范文，不论讲知识还是介绍写法，一般都从正面讲：应该这样写、应该那样写。讲到反面的，即不应该那么写的内容，总是笼笼统统、含含糊糊的。××老师讲公文写作不是这样。不管讲哪一种文种，他都先概括明了说清这种文种是用来办什么事的，用这种文种来办事要特别注意什么。在简明地分析范文后，接着就出示“病文”，让同学讨论这篇公文是用来办什么事的？这样写是否有利于办这件事，是否方便于办这件事？是否可以办好这件事？统一认识后，让同学联系范文，对照“病文”和“修改稿”再讨论。最后老师抓住主要问题小结。这种理论与实际的对照，好和不好的对照，较好和更好的对照，一句话就是应该这么写和不应该那么写的具体、实在、直接（病文、修改稿都投影到屏幕上）对照（从办事方面说，就应该这么办和不应该那么办的对照）的讲课方法，给我们同学的印象实在太深刻了。于是我们也学着用，课堂上讨论时用，课外自学时也用。不怕不识货，就怕货比货。对比的学习方法，使我们较容易地弄懂较抽象难懂的问题，较好地区别了容易混淆的知识、方法。如“文学语言”和“应用语言”、“模糊语言”和“精确语言”的区别，“报告”与“请示”、“报告”与“总结”、“请示”与“请批函”、“通报”与“决定”、“公告”与“通告”及“通知”等文种的同异。通过具体的比较，我们都较好地弄清楚了。又如同是写一件事情或一种情况的公文，说这么写：笼统、简单，没有说清楚问题；说那么写：琐碎、啰唆，没有突出重点。怎么写，才算清楚明白又突出了重点即简明扼要呢？通过对病文和修改稿（或范文）的细致对比分析，我们懂得了抓住事情或情况的重点和关键的地方，用恰当的语言写出来，就能较好地达到简明扼要的要求。对比的方法，的确是使人理解问题快、掌握知识牢的方法。

三、多练才能提高写作能力

在中学作文我们是按老师的要求应付着写的，在大学里讲写作的课程增多了，但一学期也不过写一两篇作文。××老师反复强调：写作是把写作理论、知识转化为写作能力的根本手段。学习写作，又不作文，是绝对提高不了写作能力的。他在讲课中经常要同学做一些小练习，一学期专门的作文就有六七次。他引导同学课外抓紧机会多练习。他指出公文写作和私务文书写作虽然有明显区别，但写作上好些基本方法和基本要求是相同或者相近的，如报告、总结和我们平日写的情况汇报，请示和请批函和我们平常写的××申请书等的写法和写作要求就有许多相同的地方。××老师的指引破除了我们对公文写作的神秘感，扩大了我们练习公文写作的天地。许多同学特别是学生干部平日写作有关的文字材料也有意识参照相应的公文文种写法和要求。从我们出版的两期“公文写作”学习园地的作文看，几乎没有文种性的错误，正文的内容也大都符合办事的要求。原来语文基础较差的同学大多数进步较大，就是原来语文基础较好的同学也有明显的提高。江昊同学喜欢写一些“小文艺”，开始不把公文写作学习放在心上，第一次的作业不及格，他说“这是他作文史上破天荒的一次”。老师找他当面批改后，他承认自己是用“画鬼”的方法来“画犬”。以后他对公文写作学习较认真了，注意按公文写作要求作文，最后两次练习分别得了80分和85分。

我们的公文写作学习，绝大多数同学都较认真努力，写作能力有明显的提高，但也还有少数同学下工夫不够，有两个人总评成绩不及格。

×××

二〇〇四年七月二十日

三、评改病文（3）

（一）病文（3）

公文写作学习总结

文秘二班　粟××

公文写作学习了54个学时，由×教授讲课。收获出乎预想地大。原来不想学，现在觉得越学越有味道；原来以为学不到东西，现在不论写作知识还是写作能力都有明显的提高。

一、较系统地掌握了公文写作的基本理论知识

对公文，过去我只知道它是“官场文章”，对它的性质、特点、作用不了解也不想了解。我不想进“官场”，了解它干吗？现在知道了公文是专门用于党政机关单位办理公务的、作用巨大的应用文。还知道了如何根据它的性质、作用、特点来确定主旨、选择材料、安排结构、使用语言等知识、方法。

二、熟读了许多范文和病文

在学习写作中，“范文”有“示范作用”，它告诉我们“应该这么写”，“病文”有“警示作用”，它告诉我们“不应该那么写”。课本中有100多篇范文，有50多篇“病文”，大部分我都读了。特别是老师重点分析的，我学得更细致，将两种文章对照着读，具体弄清楚“为什么不应该那么写”，“为什么应该这么写”，这样学到的东西，道理明、印象深，很有用。

三、写了十多篇作文

写作课是实践课，学习写作理论知识是为了指导写作实践，是为了写出符合要求的文章来。因此，老师布置的七八篇作文我认真写，我还结合学生会工作写了好几篇。这十多篇作文，使我更实在地知道了有关文种“不应该那么写”和“应该这么写”的道理、知识，写出来的作文也基本符合要求。这对我将来参加工作很有好处。

总之，公文写作课的收获很大，感谢老师的教诲。

二〇〇五年十二月七日

（二）评析病文（3）

这篇“总结”虽然思路清晰，几方面的收获也比较明确，但存在的问题也十分明显。

1. 内容笼统，未写出具体事实。对“公文写作”学习的认识、态度转变了。如何转变的？如何在认识了公文的性质、作用后转变的？转变后的情况怎样？说读“范文”和“病文”弄清了“为什么不应该那么写”、“为什么应该这么写”，怎么样读，怎么样弄清楚的，弄清楚的结果如何？说写出来的作文基本符合要求，具体情况如何？也得有事实才能使人明白、认可。

2. 没有明确地交代取得“成绩”的原因。做什么？如何做？为什么做？结果如何？

总结一般都要回答这四个问题。当然，在一篇总结里对这四个问题的回答可以有所侧重，但由于这四个问题是有机地联系在一起的，所以，不论你侧重回答哪个问题，都必然会或多或少或详或略地涉及其他问题。就上面这篇总结来说，它是侧重写收获的，但是写收获如果不把取得收获的原因说明白，收获的可信程度就会受到影响。由于收获的原因不清楚，给人家的教育启发当然也就少，对自己今后实践的指导意义也不会太大。所以，对这篇总结进行修改时，必须加大这方面的力度，即在说明“收获”时，要注意揭示其取得的原因。

（三）病文（3）修改稿

公文写作学习总结

文秘二班　粟××

公文写作课，由×教授讲课。上了54个课时，收获出乎意料地大。我原来不想学，后来觉得越学越有兴趣，原来以为学不到东西，现在无论是理论知识还是写作能力自我感觉都有明显的提高。

一、明确了目的、端正了态度，树立了正确的公文写作的理念

对于公文，过去只知道它是“官场文章”，十分呆板、十分枯燥。对它，我没有什么兴趣可言。可是听了×教授的讲课以后，情况很快起了变化。×教授讲公文的性质、特点、作用时，生动的事实，精辟的见解，使我觉得新鲜，使我不得不认真地思考。在思考中，我明确地认识到：公文是人们在治理社会、管理国家中，用来办理公务的有巨大作用的工具性文章。中央的方针政策、法律法规用它传达到基层，传达到干部、群众，而干部、群众也是通过它了解中央的方针政策、法律法规，并进而贯彻执行。所以“当官”要了解掌握它，不当官也要了解掌握它。只要你参与治理社会、管理国家的工作，为群众做事，不进“官场”也要了解它、掌握它。在市场经济的时代，现在稍微有点规模的企业、单位，招聘人才的考核也都有公文写作这一项内容。看来以前认为不学公文不会影响自己将来的工作的想法大错特错。不仅有影响，还有直接的很大的影响。公文写作的能力是“白领阶层”应该具备的一项重要能力。这项能力的强弱直接影响“白领人士”的录用、晋升、工资待遇。这些认识，使我改变了对待公文写作学习的态度，明确了学习的目的，树立起为办理公务而学习公文写作、为办好公务而写作公文的理念。目的明确了，态度端正了，又有了正确的理念，我的学习就认真了。我不仅认真听老师讲课，还自觉地找一些有关书籍来阅读。在听课和阅读中，较系统地掌握了公文写作的基本理论、基本知识，掌握了主要公文文种的写作知识。比如能比较自觉地按照公文的性质、作用、特点去处理公文写作中从确立主旨到遣词造句的不同于其他体裁文章的特别要求，能够在理论和写作实践上分清诸如请示与报告、请示与请批函、公告与通告等容易混淆的文种的主要区别。

二、几十篇范文和病文的对比分析，使掌握的文种的写作知识实在　顶用

以前我是不看公文文章的。这个学期，随着老师的教学，我认真地阅读和分析了几十篇范文和病文。这一成绩堪称“史无前例”。数量上是“史无前例”，质量上也是“史无前例”。因为这些阅读和分析，是在老师的指导和示范下进行的，是在弄清有关文种“应该这么写”和“不应该那么写”的明确目的下进行的。“范文”和“病文”的对比，“病

文”及其“修改稿”的对比，使“不应该那么写”和“应该这么写”的道理、知识、方法变得明确、具体、实在，具有强烈的“示范作用”和“警示作用”。真是得益匪浅、印象深刻。例如，函的写作怎样才“得体”。某市人事局给某中学写的借用课室的“范文”商洽函，某农业学校给某农果场写的有关安排毕业生实习问题的“病文”商洽函的示范作用和警示作用，就长久地留在我脑子里。又例如，请示的结构怎样才合规范，说理由如何才能做到概括而不笼统、具体而不琐碎，提请求怎样讲才是实在明确等，课本里几篇范文和病文的作用也会像交通岗上的红绿灯那样在我的写作中闪亮。

三、写了十多篇作文，公文写作能力实实在在地有所提高

十多篇的作文，有老师布置的作业7篇，我自己结合学生会的工作写的5篇。这些作文的写作目的十分明确，就是要通过实践把有关的理论知识变成能力，就是要在实践中进一步分清楚什么是“不应该那么写”，什么是“应该这么写”。如叙事，我们从小学作文开始，追求的都是生动形象。而公文则以清楚明白、简洁扼要为目的，要求抓住要点、突出关键。理论上明白，做起来却很难。在写“情况报告”时说明情况的时候，在写“通报”中概括事实的时候，开始我都把握不好，还是不自觉地在追求生动形象，写了很多废话。经过老师的评点，反复地练习，后来才写得好一些。又比如公文的结构，为了做到纲举目张，便于读者抓住要点、掌握重点，常常用“片言居要法”和“分条列项法”。我在练习中真的付出了相当大的努力，才转变了认为这样太呆板不吸引人的意识观念，慢慢地在实践中按照公文写作的要求去做。

意识观念的转变，能力的获得，没有正确的理论学习不行，离开了“多练”也的确不易做到。所以，今后我还得加强“多练”，在“多练”中进一步理解、掌握公文写作的有关理论知识，使自己的公文写作能力得到更大的提高。

二〇〇五年十二月七日

第三节　应该这么写——范文赏析

一、赏析范文（1）

范文（1）《抓典型引路　扩大订阅覆盖面——我们是怎样做好〈广东政报〉订阅工作的》属专题性的经验总结，其正文结构是典型的“总—分”式。

第一段是“总”。概述的是订阅《广东政报》所取得的成绩和主要经验。点明的是“做了什么”和“怎么样做的”。这一“点”虽然是概括，但实实在在。由于这样，人们对所取得的突出成绩，对怎样取得这样突出的成绩，自然就希望有更进一步的了解。

“总”是“纲”，“分”就是“目”，纲举目张，正文的第二段至最后一段是“分”部分，从四方面把“目”张开。分别把“做了什么”和“怎么样做的”，具体、详细地告诉人们。

四个方面就是四种做法、四条经验，又以序数加小标题的方式逐一写出，扣紧“总”

张开。这样，整篇总结就显得观点突出，井然有序，十分有利于人们把握总结的中心，理解总结的主旨。请看提纲：

总（纲）	分（目）
我市订阅《广东政报》成绩突出，主要是领导重视，有效地调动了各方面的订阅的积极性	一、深入到订数少的地区宣传发动，增加订阅数量 二、抓先进典型引路，扩大订阅覆盖面 三、掌握工作进程，及时解决薄弱环节 四、抓工作队伍中的积极因素，表彰先进、鼓舞士气

这样的内容安排所取得的效果，是每一个总结的撰写者都希望做到的，也是读者想看到的。

有纲有目，纲举目张，可以使总结写得中心突出、井然有序。“纲”举起来了，“目”也要张开。张“目”的一个好办法，就是片言居要。把“目”所涵盖的事实材料，进行分析研究，抓住实质，提炼成精粹的语言即“片言”，放在说明“目”这部分文章的开头处，让它“立”着。如范文（1）所做的样子。这样，文章就有了“眼睛”，有了灵魂，有了能特别引人注意的地方。然而，这只是一个方面。因为眼睛是不能没有眼球的，灵魂是不能没有肉体的。所以“立”起了“片言”，文章有了“目”还得用恰当的事实材料，让它实实在在“张开”，眼睛才能闪动，灵魂才会活跃，总结才可以满足人们想进一步具体详细了解“做了什么”和“怎么样做的”愿望，总结的主旨才会有充分的说服力。如何做到这样呢？范文（1）在这方面也值得大家学习。

范文（1）正文中的四个“目”，即四条经验，实际上就是“扩大订阅覆盖面”总工作内的四个方面的工作。对这四个方面的工作在总结中我们看到是实实在在的，有眼睛有眼球，有灵魂有肉体的。因为对这四个方面工作的叙述，都是扣紧“片言”，抓住主要事实按照原来工作的进程开展的。如第一个“目”即第一条经验：“深入到订数少的地区宣传发动，增加订阅数量”，就是先说发现有些镇、区订阅少的原因是认识问题，接着讲如何针对问题进行工作，最后以事实说明结果。这样，人们就从实实在在的工作中，理解和接受这条经验，相信它是“扩大订阅覆盖面”增加订阅数量的有效办法。其他三条经验也是这样被说明的。所以，整个市的“扩大订阅覆盖面”的先进事迹和经验就可信，就可学。对改进今后的工作，自然有借鉴作用。

二、赏析范文（2）

范文（2）《从15.8万吨到1.14亿吨——50年来我国钢铁工业的发展》是全面总结，总结的是新中国成立50周年以来钢铁工业发展的情况，时间跨度长，涉及的面广，内容复杂。为写好这一总结，撰稿者在正文内容的结构方面是下了很多工夫的。

正文开头一段是“总”，结尾一般也是“总”，中间的所有段落是“分”。全文的结构为“总—分—总”。

开头一段的“总”，以两句话70个字，点明要总结的工作的重要意义，所取得的“举世瞩目的成就”，要迈向的“新的目标”。真是言简意赅，精辟异常。既亮出了总结的主旨，举起了全文的“纲”，又能有效地激发起读者阅读下文的强烈兴趣。

结尾一段的“总”，从我国钢铁工业的任务和当前所处的严峻的国际环境的实际出发，突出强调要彻底转变发展模式，建立科技新体系，走高起点、专业化、规模化的道路，使我国真正成为钢铁强国。这就照应了开头，使整篇总结首尾呼应、浑然一体。

除开头一段和结尾一段外，正文的其他段落，属“分”的部分。这部分，紧扣“总”部分亮出的主旨、举起的“纲”“张目”。先分三个大部分，然后各大部分再分几个方面，以不同写法的序数加“片言居要”（也称小观点）的方式排出。请看：

总	分		总
新中国成立50年来，我国钢铁工业的发展取得了举世瞩目的成就，正在向新的目标——钢铁强国奋勇迈进	举世瞩目的成就	（一）产量高速增长，已成为世界产钢大国 （二）技术装备水平不断提高 （三）工艺技术结构、产品结构不断优化，产品质量显著提高 （四）依靠科技，在改善技术指标方面取得了较大进步 （五）创造出全国有影响的先进管理经验，促进了行业经济效益的提高	我国钢铁工业要彻底转变发展模式，建立科技新体系，走高起点、专业化、规模化的道路，使我国真正成为钢铁强国。
	成就取得的原因	第一，党中央、国务院对钢铁工业发展的巨大关怀和坚强领导 第二，发挥社会主义制度的优越性，全国一盘棋，都来支持钢铁工业的发展 第三，冶金战线广大干部职工，团结奋斗、努力拼搏	
	发展中存在的问题	一是总体技术装备落后，技术工艺结构调整的任务十分艰巨 二是产品结构不合理，质量水平不高，缺乏在国际上有代表性的产品 三是企业组织结构不合理，缺乏具有国际竞争地位的代表性企业 四是经济技术指标与先进国家相比落后，劳动生产率和经济效益低下 五是我国钢铁工业技术创新能力薄弱，多数先进工艺装备主要靠从国外引进，消化吸收速度慢，重复引进的问题比较突出	

如上的结构，显然已使十分庞杂繁多的材料，有了十分清楚明晰的条理与层次，十分有利于人们理解和掌握总结的观点。然而，这些观点要让人们接受和信服，还得有丰富恰当的材料，还得将这些材料依其性质，按其观点的要求，进行排列组合。或依发生的时间

顺序，从纵的方面叙述，或依事物各部分构成的并列方式，从横的方面给予说明。只要需要，只要可以，甚至可以用纵横结合方式列出有关的材料。

上面的结构提纲告诉人们，范文（2）这篇总结，从材料安排的角度看，在主旨的统帅下，首先从横的方面，以并列方式安排“成就”、“原因”、“问题”三个方面材料。这三个方面构成的是我国钢铁工业50年来发展的现实。这三个部分又各由若干方面构成，这些方面也是并列的，所以也各自以并列方式安排材料。至于各个小方面的事实、数据的安排，又不尽相同。有的是“纵式”，如“成就”中的（二）（五）部分、“原因”中的“第一”部分；有的是“横式”，如“成就”中的（三）（四）部分、“问题”中的各部分。而“成就”中的（一）部分用的是“纵横结合式”。这一部分在“产量高速增长，已成为世界产钢大国”观点之下，列举了新中国成立以来各历史阶段的钢产量的数据，大中型钢铁联合企业的数量及其生产情况，钢材品种满足需要的情况三个方面。这三个方面属“横式”排列。其中，对三个历史阶段钢产量的数据是用“纵式”叙述法。新中国成立时，新中国成立后到1978年，1978年改革开放后到1998年，一个阶段接一个阶段地说明，令人印象深刻。产量高速增长和大中型钢铁企业、钢材品种高速增长结合着看，人们自然就会接受和信服我国“钢产量高速增长，已成为世界产钢大国”的事实和观点。

范文（2）从材料的实际、观点的需要，用“横式”、“纵式”、“纵横结合式”来叙述说明有关的事实与数据，做到了观点与材料紧密结合，完全符合总结对象涉及面广、材料庞杂繁多的特点要求。有“横”有“纵”列出的大量情况与数据，让人们既可以了解我国钢铁工业50年来的高速发展的历史，又可以知晓我国目前由“钢铁大国”向“钢铁强国”迈进的各方面的现实。

范文（2）这篇总结的成功，除了有布局合理、观点鲜明突出的因素外，写作态度的实事求是，语言简明朴实，也是重要的因素。说成绩、问题，有一说一，有二说二，是牛说牛，是马说马，不夸大不缩小。我国钢铁工业50年时间从15.8万吨增加到1.14亿吨，说取得了“举世瞩目的成就”，没有丝毫夸大；我国钢产量达到1.14亿吨，成为世界第一产钢大国，说是“钢铁大国”，不是“钢铁强国”，符合事实。因为我国钢铁生产水平离世界先进水平在许多方面还有很大的差距。例如，“总体技术落后”，目前我国钢铁工业具有世界先进水平技术装备的“只有20%左右”；“产品结构不合理、质量水平不高”，在国民经济发展需要的关键钢材中“还有700多万吨高附加值钢材国内不能生产或产量不足”；在质量方面能达到国际先进水平的产品产量“不到总产量的1/3”等，说得多坦然、多实在。又如，介绍情况，背景、过程、结果，全而不繁，简而实在。这一点看看总结正文的第三段，即介绍我国钢产量从15.8万吨增加到1.14亿吨的历程那一段就十分清楚。全段300字左右，就把我国钢铁生产50年历程中的两个阶段情况说得明明白白，就把1998年我国铁、钢、材的产量，把产钢400万吨以上企业、产钢50万吨以上的企业的户数及其产量在全国总产量中的百分比，分别交代得清清楚楚。真是扼要简明，该说的一事不漏，不该说的一句没有。这样的内容处理，这样的用词造句，这样的叙述表达，当然就可取得巨大的说服效果。

第四节　综说与辨析

一、综说

总结写作应努力占有各方面的材料。

第二节里评论的三篇病文，有一个共同突出的毛病，就是撰稿者没有努力去搜集和占有应有的材料。病文（1）连最基本的工作情况的材料都没有，人们在总结中无法具体知道他的工作情况；病文（2）搜集和占有的材料偏离了总结同学“学习公文写作”的目的，人们在总结中看到的是教师“教授公文写作”的情况；病文（3）所占有的材料过于笼统，人们在总结中看不到他具体学习公文写作的情况。造成这一状况有写作态度问题，但也和对占有材料的重要性认识不足，对写总结应该占有哪些材料和如何去搜集、占有了解不够有关。

对于占有材料的重要性，在“撰写要求”里，已有足够的说明，这里侧重说说要占有哪些材料和怎样去占有的问题。

写总结，和写其他的文章一样，占有材料越多越好。现实的、历史的、概括的、具体的、正面的、反面的、直接的、间接的，都应尽可能地搜集和占有。如果是写某一工作某一阶段的总结，就应以收集和占有该阶段工作的全部材料为主，也要收集和占有前一段工作的材料；要以收集和占有本单位的情况材料为主，同时对兄弟单位工作的情况也应有所了解；要收集和占有正面的材料，也要收集和占有反面的材料；要收集和占有概括性的材料，也要收集和占有个别的、有代表性的具体材料。占有的材料应努力做到完整、准确。

要搜集和占有上述的材料可以通过下面的途径和办法。

（1）把前一段的工作总结、这一段工作的计划和在这一段工作进程中见之于文字的各种材料，如会议记录、大事记、简报、上级的有关指示、有关领导的讲话稿、群众的反映、各种统计数字、下属单位或个人的小结等集中起来，认真阅读，详细摘录。

（2）召开有关人员的座谈会，共同回顾工作的过程，议论工作的成败得失。

（3）个别访问。对典型人物，对特别熟悉情况的人，对持不同看法者，应该个别访问，和他们谈情况、谈思想。这样就可以得到丰富的生动具体的材料。

（4）制发调查表，把需要得到的数据和有关情况制成表格，让有关人员填写。

上面的途径和办法都要从实际出发，灵活运用。

范文（1）尤其是范文（2）之所以说情况明明白白，讲观点清清楚楚，使人不得不接受，不得不相信，原因很多，其中有一个就是其撰稿者在搜集和占有材料方面下足了工夫。范文（2）撰稿者搜集和占有的材料，从总结里人们就知道，不仅有本行业本系统的，还有其他行业、别的系统的；不仅有新中国成立以来各重要时段的，还有新中国成立前的；不仅有中国的，还有世界的，特别是先进国家的。这里有人、有物、有领导、有群众，有业务、有政治，有数量、有质量，有技术、有管理、有成绩、有问题，真是国内国外，方方面面。总之，有关涉及的材料，他们都注意搜集，都尽量占有。所以，使用时就可旁征博引，好中选好，准确恰当。这是很值得学习的。

二、辨析

（一）总结和计划的关系

总结和计划都是机关、单位常用的应用文，在内容和写作上的关系密切，但两者的写作目的、方法是不一样的。第一，计划是人们为了在一定的时间内实现某一目标预先对某一工作作出安排部署时撰写的应用文，其撰写是工作实践开始之前；而总结，如前面说过的，是人们为找出工作实践中的有规律性的认识，即经验教训，在工作实践结束或告一段落之后撰写的。第二，就内容看，总结是计划执行的结果，做总结既要以计划为依据，又要对计划完成的情况作出判断。所以，写总结要看计划。计划的制订，一般要以前一段的总结为依据，其目标、任务、措施、办法都要参照前一段总结的情况提出来。可见两者是互相制约、互相促进的，都是以实践为基础，以指导实践为目的的。不过具体内容是有不同的。计划要回答的是“做什么”、“怎样做”、“做到什么程度”、“要取得怎样的结果”，而总结要回答的是：“做了什么”、“怎样做的”、“为什么会这样做”、“取得了什么样的结果”。所以，计划和总结是相辅相成的。

（二）总结和报告的同异

总结和报告，都是以撰写机关或单位的工作情况为内容，但两者有区别：一是总结是为机关、单位找出经验教训、发扬成绩、克服缺点，把工作做得更好服务的，可以说是机关、单位内部的行文。而报告是为上级机关的决策提供有关的信息材料服务的，是上行文。二是总结的内容要求一般比较全面，工作的成绩、经验、问题，今后做法都要说及，而报告的内容要求简明、集中、突出重点。三是总结要说明情况，但重点在于总结经验教训，因而，较多进行分析议论，而报告也说明有关的经验教训，但重点是说明情况，因而主要用叙述说明方法，较少用议论，正文的开头必须写明主送机关，结束时也得有专用的结束语。

思考与练习

1. 说说总结的特点和写作要求的关系。
2. 总结对于改进和提高工作能力的重要意义何在？
3. 指出病文（2）修改稿主要在哪些方面对病文（2）作了修改？为什么要作这样的修改？
4. 说说范文（2）是怎样说明我国钢铁工业的实际情况的？
5. 范文（1）是如何阐释《广东政报》的订阅工作经验的？
6. 请以学习《应用写作》为内容撰写一篇总结。

第十七章 调查报告写作

第一节 写作依据

一、性质

调查报告，是对社会生活中的某种事物、某件事情、某个问题，进行了调查，有了充足的材料，研究出规律性的东西之后，写出的一种书面报告，是社会管理和科学研究中经常使用的一种应用文。

二、作用

调查报告由于能客观真实地反映现实，又有鲜明的文体特点，因此它在现实中，在形成、贯彻、坚持党的实事求是和理论联系实际的思想路线方面，在党和国家管理社会、建设社会、发展科学的各个方面，都有着非常重要的作用：为党和国家的方针、政策、法律的制定和修改，科学的发展创造，提供第一手材料；为各级领导机关掌握情况、研究问题、处理事务、进行科学决策提供依据；引导人们正确看待社会上的热点、焦点，为两个文明建设服务；扶持新生事物，传播典型经验；披露丑恶事件真相，告诫人们吸取教训；促使人们深入实际、转变思想作风，克服官僚主义、主观主义。总之，调查报告在社会生活中，在提倡唯物论的反映论，反对唯心论的先验论，提倡辩证法，反对形而上学方面都有重要的作用。

三、特点

调查报告是调查研究成果的反映，但是，不是所有调查研究的成果都要以调查报告来反映。消息、通讯、总结，甚至评论一些文学作品，也常常用来反映调查研究的成果。那么调查报告和这些文体有何区别呢？也就是说，调查报告有什么特点？

调查报告的特点是：材料真实，风格平实，既有消息、通讯用事实说话的客观性，又有评论文章观点鲜明突出的特色。

（1）材料客观真实。调查报告用来说明观点的材料，是撰稿人在深入调查之后所得到的真人实事，不容许虚构捏造、夸大缩小、张冠李戴。这是它的性质决定了的。

(2) 风格平实。调查报告在运用事实说明观点时，从篇章结构的安排到表现方法的选用，多是直陈式。它刻意追求的是简明扼要地讲清事实，鲜明有力地说明观点。它不会离开这一目的，不会像通讯和一些文学作品那样，去追求情节的生动性、表现方法的多样化和语言的华美。

(3) 用事实说话的客观性。说的是调查报告不像文学艺术作品那样，以生动的形象去感染读者；也不像议论文那样，以严密的逻辑推理去折服读者；而是以客观的态度摆出充足的事实，去说明道理，使读者“信之、服之”。这点和消息有相似之处。

(4) 观点鲜明突出。是指调查报告在客观地陈述事实的同时，也毫不含糊地揭示事实蕴含着的意义，表明作者的主张。即文章的观点，不仅以最鲜明的语言表达，还常常是放在文章显要的位置上，使读者一目了然。这点和消息不一样，而与评论十分相似。

四、种类

调查报告以不同的标准，从不同的角度分，有各种各类。以搜集和占有材料的调查方法的类型分，有普遍调查报告、典型调查报告、抽样调查报告。

(一) 普遍调查报告，又称普查报告

普遍调查报告是对以普遍调查方法获取调查对象的有关材料，进行分析研究，找出规律性的东西后，写成的调查报告。这种调查报告，从其内容范围来看，大至全国甚至全世界，小到某一基层单位。其材料是对全部调查对象逐个调查之后的汇集，真实、准确。这类调查报告，反映说明的是有关客观事物的最普遍、最基本的情况。它是有关单位、部门用于制定某一事情某一工作的开展方案或重要决策的重要依据。如人口普查报告，就是我们国家正确制订国民经济计划，合理分配和有效地利用我国丰富的劳动力资源，安排好人民的物质文化生活，加强社会管理等的重要依据。

(二) 典型调查报告

典型调查报告是对以典型调查方法获取的材料进行分析研究，找出了规律性认识后，写成的调查报告。这种调查报告的撰写对象是撰稿者从调查对象中自行选定的有代表性的典型的个别或少数人、事物、单位。情况材料是撰稿者对调查对象面对面地、系统地、深入地、全面地调查了解取得的，所以，有明显的真实性。其调查目的是为调查对象的有关问题作出性质上的判断，是属于定性方面的调查报告。这种调查报告，无论是过去的革命斗争，还是现在的社会主义建设，都被广泛使用，作用明显，如陈云同志的《母猪也应该下放给农民私养——青浦县小蒸公社调查报告之一》。

范文 (1)

青浦农村调查

(一九六一年八月)

六月下旬到七月上旬，我在上海市青浦县小蒸人民公社住了十五天，进行了农村调查。这里是我一九二七年做过农民运动的地方，新中国成立后，也常有联系，情况比较熟悉。在我去之前，由薛暮桥同志带了一个工作组先去调查了一个星期。工作组中有两位同志，是一九二七年和我同在此地做过农民运动的。农民知道我们，所以敢于讲话。我听了公社党委两次汇报，召开了十次专题座谈会，内容是：(一) 公养猪；(二) 私养猪；

（三）农作物种植安排；（四）自留地；（五）平调退赔；（六）农村商业；（七）公社工业和手工业；（八）粮食包产指标、征购任务、农民积极性；（九）干部问题和群众监督；（十）防止小偷小摸、保护生产。这些座谈会，有几次主要是向农民做调查，有几次是和公社党委交换意见。我自己还去农民家中跑了若干次，观察他们养猪、种自留地、住房和吃饭等情况。农民对我们党有赞扬，也有批评。他们的意见和情绪，概括起来有四：一是粮食吃不饱；二是基层干部不顾实际、瞎吹高指标，参加劳动少，生活特殊化；三是干部在生产中瞎指挥，不向群众进行自我批评；四是没有把集体生产组织好，农民的积极性差，相反，对自留地、副业生产积极性高。但是，他们认为在新中国成立后，得到的好处不少，主要有五：一是分到土地后"好过年了"；二是荡田淤高了（全公社共有耕地二万四千亩，其中荡田占七千亩）；三是电力灌溉多了（约占耕地面积百分之八十）；四是化肥多了（近两年每亩平均有三十斤）；五是虽然还受干部一点气，可是比国民党时好得多了。

此后，我又到杭州、苏州，找了与青浦情况相仿的嘉兴地区几个县（如嘉兴、嘉善）、苏州地区几个县（如吴县、吴江、昆山）的县委书记和若干个大队支部书记，研究了种双季稻和种小麦的问题，也顺便问了养猪和自留地的情况。另外，又找了与青浦土地、人口、气候条件不同的肖山和无锡两县县委的同志，调查了种植情况，做了比较，研究了农作物种植安排上的有关问题。最后，就养猪、农作物种植安排、自留地三个问题，同上海市委、浙江省委、江苏省委交换了意见。现在把这三个问题的调查材料送阅，供参考。

母猪也应该下放给农民私养
——青浦县小蒸人民公社调查报告之一

目前在养猪问题上，公私并举、私养为主的方针已经确定了，但对母猪公养或私养，还没有明确规定。这个问题需要迅速解决。根据我们看到的和听到的情况来说，目前大多数农村人民公社已经把肉猪下放给社员私养了，但大部分母猪仍然由公社、生产大队或生产队公养。母猪是否应该下放给社员私养，许多公社仍然犹豫不决，等待观望。我们在小蒸人民公社亲自观察了全公社十五个养猪场中的十个，并召开了两次养猪问题座谈会以后，清楚地感到私养母猪养得好，产苗猪多，苗猪的成活率高。相反，公养母猪空怀多，流产多，苗猪死亡多。我们在嘉兴地区、苏州地区同若干个公社的干部淡话中，也得到了同样的印象。事实告诉我们，要迅速恢复和发展养猪事业，必须多产苗猪；而要多产苗猪，就必须把母猪下放给社员私养。这是今后养猪事业能否迅速恢复和发展的一个关键。

一、私养母猪养得好，产苗猪多

小蒸农民原来有养母猪的习惯，过去每十户中大约有三户养母猪。在公社化以前，两千四百农户共养母猪七百到八百头，全年产苗猪一万多头。苗猪一部分留下来养肉猪，一部分卖给邻近地区，换回饲料。在母猪实行公养以后，一九六〇年全公社母猪增加到一千五百头，但只生了六千七百零四头苗猪，一头母猪全年平均只生四头半苗猪；而且死亡了五千九百九十三头，死亡率达到百分之八十九。另外还有七百一十胎流产，损失了四千一百九十六头胎猪。在公社化前实行母猪私养时，平均一头母猪一年生十四、五头苗猪，苗猪的死亡率只有百分之六。据饲养场的管理人员说，私养母猪几个人管一头，所以养得好；公养母猪一个人管几头（一个饲养员平均十头，加上种饲料和收集搬运饲料的人员以及饲养场的管理人员，平均每人只养四头），所以养不好。据养母猪有经验的农民说，他们养母猪，养得好赚钱多，养不好要亏本，所以对母猪像对产妇一样关心，对苗猪像对婴儿一样关心。他们举出母猪私养比公养有下列几条好处：

（一）喂食喂得好。按照不同时期母猪和奶猪的不同需要，供给饲料，有时多给吃精饲料，有时多给吃青饲料，有时让吃干一点，有时让吃稀一点。他们看着母猪、奶猪吃食，研究它们喜欢吃什么，如果有病不吃食也容易及早发现。公养猪喂食一般化，象开"大锅饭"，干稀一律，吃多吃少没有人管。

（二）垫圈垫得好。私养猪用青草垫圈，圈内清洁舒适，母猪、奶猪皮毛干净，不易得病。公养猪因无人割草，只用少量稻草垫圈，圈内都是水淋淋的，母猪、奶猪常常遍体泥浆，容易得病。

（三）母猪怀孕后注意保胎，不使它受惊。有的农民想方设法减少雷声、爆竹声对母猪的惊动，出肥时先把母猪赶到圈外，避免受惊。

（四）注意接生。发现母猪快要生育时，农民就睡在猪棚旁守护，生产时注意不让母猪压死苗猪。

（五）保护奶猪。对最后生下来的比较瘦弱的奶猪特别照顾，把它放在奶水最多的第三个奶头上吃奶。经过安排，奶猪就习惯于在固定的奶头上吃，大小长得比较均匀。

（六）夏天注意防暑，冬天注意保温。夏天在猪棚内垫些水草，母猪睡在上面比较清凉。冬天在猪棚内垫些干草，加上棚小，遮盖得好，容易保温。公养猪因为棚大，冬天很冷，苗猪怕冷，挤在稻草中或母猪腹下，易被母猪压死。

养母猪比养肉猪困难一些，有些同志怕农民养母猪养不好。据我们了解，愿意养母猪的，都是对养母猪比较有经验的农户。他们喂养母猪，总是不让母猪空怀、流产，力求生得多、活得多。因为饲养得当，一头私养母猪全年生产和养大的苗猪，至少比公养母猪多一倍以上。

二、无论母猪或者肉猪，私养比公养还有几个好处

（一）私养猪饲料比较充足。现在养猪不可能完全靠精饲料，必须搭配相当多的青饲料。在青饲料的供应上，私养猪比公养猪好得多。养猪农户可以利用辅助劳动力和工余时间去捞水草、割青草，把鲜嫩的给猪吃，老的垫圈。小蒸公社在宣布把大部分母猪和苗猪、肉猪下放给社员私养后，当天晚上和次日清早就有许多要求养猪的农户，争先出去捞水草、割青草，晒干贮存，准备作冬季的猪饲料。可见，国家供应同样多的精饲料，私养猪比公养猪可以吃得饱，吃得好。

（二）私养猪比公养猪长肉多。私养猪因为吃得好，睡得好，长肉比较快。一头肉猪平均每天可以长肉半斤，二十多斤的苗猪，养四五个月就能够长到一百斤上下。公养猪吃同样多的精饲料，一个月平均只能长五六斤。

（三）私养猪比公养猪积肥多。私养猪用大量青草垫圈，积肥多，肥料的质量也好。公养猪用少量稻草垫圈，积肥少，肥料的质量也差。私养母猪每头每年能出肥约二百担，公养母猪每头每年只能出肥一百担到一百二十担，按肥效计算只能抵六十担到八十担。

（四）私养猪可以利用辅助劳动力和工余时间。有辅助劳动力的农户，养肉猪不需要

误工，养一头母猪全年只要少出工十到二十天。公养猪则要用整劳动力。小蒸公社每个整劳动力只能养四头母猪，或者养十头肉猪，公社和大队共养两千四百头猪（包括苗猪），就用了整劳动力约三百人，平均每人只养八头。

（五）私养猪节约稻草。公养猪煮饲料和垫圈，每头每天至少用稻草二斤，全年七担多，比一亩稻田所收的稻草（约六七百斤）还多一点。私养猪在做饭时附带煮猪食，割青草垫圈，所用稻草很少。

由于以上原因，私养猪能赚钱，公养猪要亏本。据农民计算，养一头母猪，一年生苗猪十二头到十六头，可以卖一百八十元到二百元。养一头肉猪，长到一百多斤出卖，可以卖三十元到四十元；一年养两头，可以卖六十元到八十元。公养猪大多亏本，去年小蒸公社公养猪亏本三万八千多元，平均每一农户要负担十六元，加上基本建设投资约七万元，就损失更大。

我们也问了私养猪有什么缺点，干部提出下面两条：一是怕农民偷杀肉猪拿到黑市出卖；二是怕国家迫切需要肉猪上市的时候农民不肯出卖。但是，只要政策得当，加强管理，这两个缺点是可以避免的。同时，国家和集体也可以养一部分肉猪，来适应市场紧急需要。

三、母猪不下放就不能恢复和发展养猪业

把肉猪下放给社员私养，把母猪留着归公社、生产大队或生产队公养，这是否可以说已经执行了公私并举而以私养为主的方针呢？我们认为执行得不彻底，公养的比重还太大。理由有两条：

第一，粗看起来，母猪少，肉猪多，母猪公养，肉猪私养，就已经是私养为主了。实际情况并不如此。每一头公养母猪在正常的情况下，平均要带四五头奶猪；母猪和奶猪合计，在猪的圈存数中，一般要占三分之一到二分之一。如果母猪公养，加上苗猪和公猪，就有三分之一以上，甚至半数上下仍然是公养。小蒸公社在今年六月底圈存猪三千七百二十头中，肉猪只占一千四百三十七头，还不到百分之四十，其余百分之六十全是母猪、公猪和苗猪。由于母猪大部分是公养，肉猪也仍有小部分是公养，所以小蒸公社六月底的圈存猪中，公养的仍占三分之二，私养的只占三分之一。上海市郊区十个县，六月底在圈存猪八十五万头中，社员私养的只占四分之一。

第二，母猪比肉猪更加难养。前面已经说过，公养母猪空怀多、流产多，所生苗猪死亡多。如果不能够多得苗猪，整个养猪事业就不可能迅速发展。小蒸公社一九五七年猪的全年饲养量达到一万五六千头，在母猪公养后的一九六〇年，下降到五千六百头，减少将近三分之二。据今年六月底统计，全公社有九百零九头公养母猪，只带了一千二百三十四头奶猪，每头母猪平均还不到两头。目前公养母猪的条件，还不可能迅速改善。如果母猪继续公养，今年冬季奶猪仍可能有较多的死亡。只有迅速把母猪下放给社员私养，母猪的生育率和奶猪的成活率才能够大大提高，才能够供应大量的苗猪，以便保证明年养猪事业的迅速恢复和发展。

在鼓励社员私养母猪以后，必须解决苗猪的市场交易问题。可以考虑在国营商业或供销合作社的领导下，恢复过去的苗猪市场。对出售苗猪的农民，应该奖励一定数额的饲料和肉票，使苗猪的供应能够迅速增加。

四、母猪私养要从实际情况出发

把大部分母猪下放给社员私养，和公私并举的方针并不矛盾。有些地区养猪有一定基础，把大部分母猪下放给社员私养是毫无问题的。但是，上海市近郊的蔬菜产区，大概有十个公社，农民过去缺乏养猪的经验，他们不会养母猪，目前还不可能把大部分母猪下放给社员私养。在这些地区，机关或公社办养猪场，养比较多的母猪和肉猪，可能是必要的，可以继续试办。但必须按照饲料供应的可能来拟订养猪规划，并努力改善经营管理方法。同时，要充分利用农民私养的可能性，协助他们多养猪。在一般的农村中，为了改进猪的品种，公社或生产大队应该饲养良种公猪和一部分良种母猪。这样，仍然是公私并举，但以私养为主。

上海市郊区要担负七百万城市人口猪肉供应的任务，因此有必要采取多种办法，包括机关公养、社队公养和社员私养等，迅速发展养猪事业。究竟如何养得多，养得好，还有待于进一步摸索经验。目前农民养猪的潜力还很大。农村现在重新分了自留地，又把口粮安排到户，口粮加工所得的糠也归农民所有，广大农民就具备了养猪的条件，积极性大大提高了。到六月底止，上海市郊区八十多万农户，私养猪只有二十一万头，平均每四户养一头，如果发展到每户一头猪，就可以增加三倍。为着充分发挥社员养猪的巨大潜力，目前必须拿出大部分公养的母猪和苗猪，来满足社员的需要。这个问题，在许多地区还没有完全解决。解决这个问题，对今后养猪事业的迅速发展可能是有重要意义的。

（三）抽样调查报告

抽样调查报告是对以抽样调查方法获取的材料进行分析研究，找出了规律性的认识后，写成的调查报告。这种调查报告的撰写对象（也称样本）是从调查对象的总体中，按随机原则抽取出来的一部分单位；撰写中对所取得的这部分单位材料进行计算研究、分析推断，得出结论，并以此结论出发推定调查对象总体情况“应该如此”或“必须如此”的判断。这其中的调查计算、分析推断，都必须遵循严格的程序规定。所以，这种调查报告，所反映的情况，比较客观真实，所分析推断的结论也比较准确可靠。随着随机抽样调查在现代社会调查中使用越来越广泛，抽样调查报告的作用也越来越大，使用的频率也越来越高。《当代青年家庭婚姻爱情价值观的变迁——基于广州调查的分析与思考》就是这种调查报告。

范文（2）

当代青年家庭婚姻爱情价值观的变迁

——基于广州调查的分析与思考

梁幸枝　骆　风

一、引言

进入21世纪，我国的改革已远远超出经济范畴，在社会多个领域引起重大变迁。社会的变迁，不可避免地引起人们价值观的大变动，而这种变动首先通过处于人生敏感期的青年反映出来。不少学者认为，新世纪青年价值观的特点主要体现为“自我价值意识显著增强”，“以自我为中心”、“价值取向趋向于以物质利益为唯一价值尺度”、“行为方式趋于务实求新”，同时又“形成主流化多样化发展的态势”、“爱国主义彰显”等。[1][2][3]

青年的社会化离不开家庭，婚姻是青年组建新家庭的合法基础，而爱情又是青年步入婚姻殿堂的精神基础。所以，对家庭、婚姻、爱情的态度是青年人生观的重要组成部分，对他们的人生进程影响极大。广州作为我国改革开放的前沿阵地，社会现代化的进程相当显著。对广州青年的家庭婚姻爱情价值观念变迁的研究，将成为考察新世纪我国青年价值观念变迁的典型和重要的案例，可以较好地反映当代青年价值观在社会巨变中的变迁轨迹。本文采用广州社情民意研究中心“广州居民基本价值取向年度调查”的数据资料（跨度为1999—2009年，由于某种原因2000年的数据缺失），通过定性与定量相结合的实证研究，分析广州青年家庭婚姻爱情价值观的变迁，并从中洞察其发展趋势，以反映我国青年价值观的变迁。

“广州居民基本价值取向年度调查”的内容，除了“家庭”、“婚姻”、“爱情”三个指标外，还包括“身体健康”、“金钱”、“个人事业（事业发展）”、“物质享受”、“国家富强”、“服务社会”、“社会和谐”、“自由”、“人权”指标，共12项。应该说，指标之间的内在联系非常清晰，涵盖了人生价值选择的基本方面，构成了人生追求的核心内容。“广州居民基本价值取向年度调查”采用随机抽样和配额抽样相结合的抽样方法，每年入户访问广州市辖的越秀、荔湾、白云、海珠、天河、黄埔六区的居民；调查样本在2003年以前为500份，2003年及以后上调到1 000份。调查样本基本符合社会总体情况，具有较强的统计代表性。

关于青年的年龄界限划分，无论是理论上还是实际应用中都有不同意见，本研究根据现实的需要将其界定为18～45岁，且根据古人言“三十而立”，把广州青年分为18～30岁的“年轻人”和31～45岁的“中青年人”。在2003年之后的被试中，另外选取了46～60岁的“中年人”、60岁以上的“老年人”两个参照组，从而描述不同年龄段的人群的家庭婚姻爱情观念、刻画广州青年家庭婚姻爱情价值观变迁历程。以2009年为例，总样本为1 016，其中18～30岁的“年轻人”占总样本的36%（有效人数为366），31～45岁的“中青年人”占38.7%（有效人数为393），46～60岁的“中年人”占19.4%（有效人数为198），60岁以上的“老年人”占5.9%（有效人数为59），各年龄段的样本基本达到社会调查最小样本30的要求。

二、变迁

（一）家庭观——继承“以家为重”的传统

家庭是以婚姻为基础、以血缘关系和收养关系为纽带的社会基层组织，也是人类生活的基本单位。历年调查数据显示，“家庭”在广州青年价值取向中的地位一直很高，“家庭”的重要性得到充分肯定，大多数年份的比例维持在九成以上（见图17－1）。2008、2009年调查显示：青年对价值取向前三位的选择中，“家庭”的被选比例在六成左右，稳居第二位，仅次于第一位“身体健康”，远高于第三位的“金钱”（见表17－1）。这表明，长期以来广州青年一直是“以家为重”，并没有像有些媒体渲染的那样——当代广州青年不在乎家庭了。

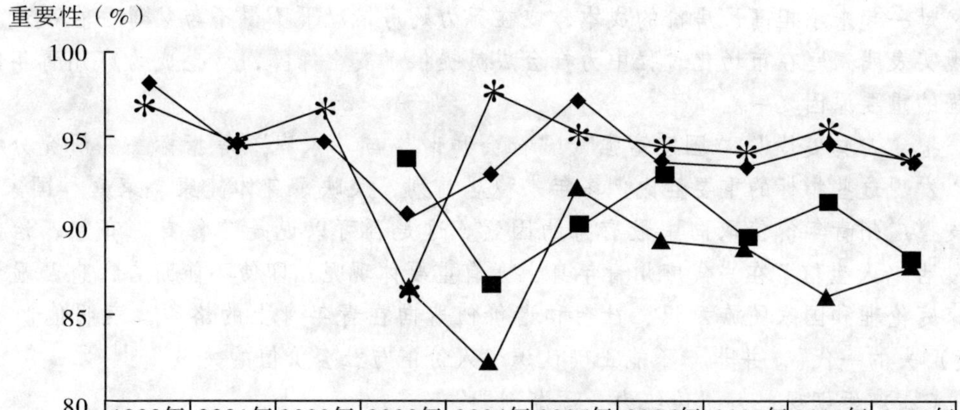

	1999年	2001年	2002年	2003年	2004年	2005年	2006年	2007年	2008年	2009年
30岁以下	96.9	94.9	96.9	86.2	97.8	95.4	94.8	94.4	95.8	94
31-45岁	98.1	94.6	95	90.6	93.1	97.3	93.9	93.6	94.9	93.9
46-60岁				93.8	86.7	90.3	93.3	89.6	91.7	88.4
60岁以上				86.7	82.2	92.3	89.4	89	86.3	88.1

图 17－1　1999 年以来广州青年对“家庭”重要性的评价

表 17－1　广州青年对价价值取向前三位的选择（%）

	2008 年	2009 年
身体健康	62.4	59.5
家庭	61.6	59.1
金钱	35.6	31.2
国家富强	20.8	24.0
个人事业	24.1	23.3
社会和谐	23.3	23.3
婚姻	21.2	21.3
人权	14.8	13.2
自由	9.8	12.9
爱情	9.6	12.5
物质享受	4.4	5.0
服务社会	3.6	4.9

从不同年龄人群对比发现，年轻人对“家庭”的重要性评价高于中年人和老年人。通过座谈我们发现，广州年轻人、中青年人的这种价值取向不仅与传统文化“家”的观念密切相关，也与近年来的市场改革，尤其是与社会福利方面的改革密切相关。与中国经济的市场改革进程同步，社会福利（住房、教育、医疗和养老保障等）也逐步市场化，使得家庭在提供社会福利项目方面的作用日益重要。特别是城市住房价格的高涨，年轻人不得不

让父母一起来承担高昂房价的成本，或在无力购房情况下不得不与父母住在一起。诸多社会现实表明家庭在市场化过程中为社会成员提供了安全保障，这也成为广州青年家庭观念较强的重要原因之一。

把“身体健康”、“国家富强”、“社会和谐”与“家庭”等指标一并研究分析，我们可以发现这些指标的重要性比例多年来稳居前列，反映了身体健康、家庭和国家（社会）是支撑广州青年价值取向中最有力的因素。这是否可以说是“修身、齐家、治国、平天下”古老人生信条在当代广州青年身上亦有重要体现呢？即使不能断言，也凸显了中国传统家庭伦理和国家民族意识、社会和谐价值取向在青年身上的烙印，表明他们不是“缺（迷）失的一代”，并非“不能正确认识个人价值与社会价值的关系”。[1]

（二）婚姻观——“传统力量逐渐削弱”

婚姻意味着当事人双方的责任，这种责任不仅是对配偶的忠诚，也是对孩子和整个家庭维系的义务。然而，现代社会倡导结婚自由、离婚自由的婚姻观，同时男女青年独立生活的本领大大提高，再加上西方性自由思想的影响，广州的离婚率像全国其他大城市一样逐年上升，“闪婚闪离”以及“未婚父母”等现象频频发生，而且这些现象已不再如20世纪那样受社会舆论的“关注”了。

2008年、2009年数据统计显示，仅两成青年将“婚姻”选为价值取向中的前三位，该人群比例远低于“家庭”、“金钱”等指标（见表17－1）。广州青年对“婚姻”重要性评价表现出不稳定的状态，其中，年轻人心中婚姻重要性的比例在70%～85%之间波动；而中青年人的评价更显现了在波动中略有下降的趋势（见图17－2）。这或许暗含着广州青年在分享市场改革、经济增长带来物质丰富成果的同时，承受着婚姻方面的感情困扰。

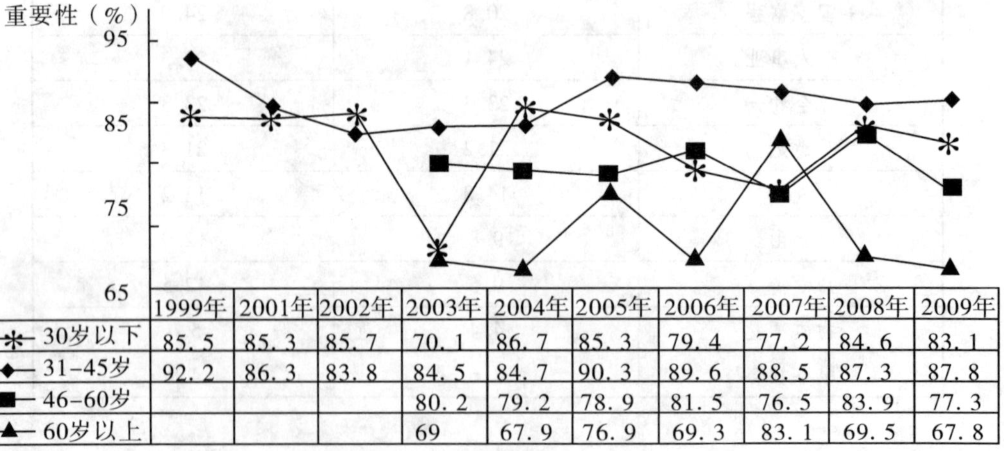

	1999年	2001年	2002年	2003年	2004年	2005年	2006年	2007年	2008年	2009年
30岁以下	85.5	85.3	85.7	70.1	86.7	85.3	79.4	77.2	84.6	83.1
31-45岁	92.2	86.3	83.8	84.5	84.7	90.3	89.6	88.5	87.3	87.8
46-60岁				80.2	79.2	78.9	81.5	76.5	83.9	77.3
60岁以上				69	67.9	76.9	69.3	83.1	69.5	67.8

图17－2　1999年以来广州青年对“婚姻”重要性的评价

虽然，传统婚姻观的力量确实在现代化和社会转型的进程中有所削弱，但传统是不可能轻易消失的，这从不同年龄群体对比就可发现，中青年人对“婚姻”的重要性评价是所有群体中最高的，比例在九成左右，无论是已经结婚或者等待结婚的中青年人，都把结婚当做人生中的大事之一；其次是年轻人，比例在八成以上；再次是中年人，比例在七成七；最低的是老年人，比例在七成以下（见图17－2）。

调查还显示，“事业发展（个人事业）”在年轻人心中占有重要地位，其重要性一直高于“婚姻”；而中青年人对“事业发展（个人事业）”重要性评价呈上升趋势，从1999年的七成上升到2009年的八成，这也是中青年人对12项价值观指标评价中唯一上升的指标。这些数据可看做是目前大龄未婚青年现象普遍化的重要原因——事业追求心强烈，婚姻为此让道，突出了青年自我价值实现的强烈需要。

我们认为，广州青年婚姻价值取向的不稳定性，主要可从两个方面来理解：一是社会环境对社会成员婚姻的态度，从以往严格控制转变为当前比较宽容，夫妻双方婚姻解体后要承担的社会压力明显减小；二是社会成员经济自主性的提高，导致对配偶依赖感的降低，这使得婚姻双方对配偶的要求不仅停留在经济方面，还包括人品、脾性、气质方面等综合素质要求，这种对配偶要求的逐渐提高一定程度上影响对婚姻作出较高的评价。青年人婚姻价值取向变化虽然不利于某些婚姻的维系，但却能给个人幸福提供了较大的空间，或许有助于保证个体的幸福。

（三）爱情观——“贬值中的爱情”

虽说“生命诚可贵，爱情价更高”，但数据却显示，“身体健康”在广州青年价值观念中始终占据最重要的地位，而“爱情”在广州青年心目中的地位不稳定且不高。调查统计表明，这种情况具体表现为三个方面：一是广州青年对爱情的重要性评价随着时间不同而上下波动，而且中青年人的评价更显现了在波动中下降的趋势（见图17－3）；二是仅一成左右青年将“爱情”选为价值取向的前三位，较选择“婚姻”的比例更低（见表17－1）；三是若把“金钱”与“个人事业”作为参照指标，20世纪“爱情”的重要性比例高于“金钱”、“个人事业”，进入本世纪后，后两者则超过了前者，且青年将“金钱”、“个人事业”选为最重要价值取向前三位的比例远高于“爱情”（见表17－1）。可见，“爱情”在广州青年的价值取向中不断“贬值”。

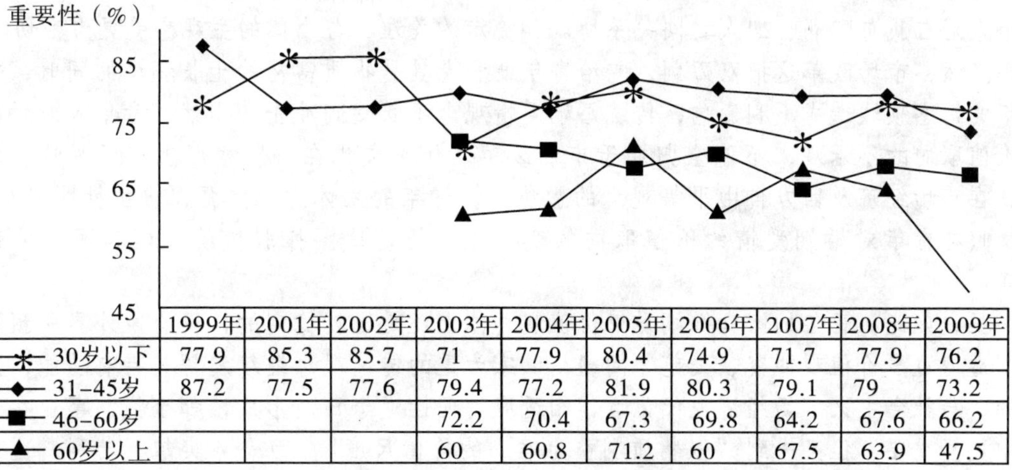

	1999年	2001年	2002年	2003年	2004年	2005年	2006年	2007年	2008年	2009年
30岁以下	77.9	85.3	85.7	71	77.9	80.4	74.9	71.7	77.9	76.2
31-45岁	87.2	77.5	77.6	79.4	77.2	81.9	80.3	79.1	79	73.2
46-60岁				72.2	70.4	67.3	69.8	64.2	67.6	66.2
60岁以上				60	60.8	71.2	60	67.5	63.9	47.5

图17－3　1999年以来广州青年对“爱情”重要性的评价（%）

通过家庭、婚姻、爱情价值观念比较，我们发现了一个令人困惑的现象：广州青年重视家庭，却不像以往那样看重婚姻与爱情。这或许是因为当代青年逐渐偏重经济、职位和社会地位而减少对情感的投入，闪婚、速食爱情等新型社会思潮的出现，也展现了当前人们对婚姻爱情既渴望却又困惑的矛盾心态。

青年婚姻爱情观念的变化，与我国市场改革导致的社会结构变迁有重要联系。我国社会结构变迁最为明显的表现是——商品化和市场化进程在社会成员日常生活领域的侵入。市场领域内的公平交换法则替代了情感领域内的需求法则。这容易使得社会成员对情感方面的投入大打折扣；商品化逻辑下的各种物品都可以用货币来衡量则容易让社会成员把情感的投入和货币相提并论，如目前爱情消费主义、爱情物质主义在社会生活中流行，这也是“金钱”的重要性渐渐高于“爱情”的原因之一。

只是，我们不需要过于悲观，因为“爱情”这种美好又美妙的情感，仍是大部分广州青年的渴望和追求。因为调查发现，年龄越小，对“爱情”的重要性评价比例越高。以2009年为例，年轻人和中青年人对该指标的重要性评价最高，比例在七成五左右；进入中年后，重要性评价逐渐下滑，比例为六成六；老年人的评价最低，重要性比例不足五成。也就是说，年轻人与老年人的比例相差高达30个百分点左右（见图17－3）。

三、结论

从前所述可知，在广州青年的价值体系中，“家庭”的重要性仅次于“身体健康”，一直稳居第二位；而婚姻观和爱情观两个指标的重要性比例随着时间而上下波动，且排位靠后。有专家认为，主导且稳定的家庭观和逐渐式微的婚姻观、爱情观，反映了青年的家庭婚姻爱情价值观在传统与现代交融过程中，存在着交错缠绕的难题：“价值观的表层已向现代意识靠拢，而在深层仍然受传统观念的制约。”[4]

我们认为，这一难题的产生与中国市场改革进程不无关系。市场化改革为社会成员塑造的日益竞争观念要求个人关注自己的身体健康进而为忙碌的工作提供前提条件，同时社会福利的市场化改革也使得家庭在社会保障并未完全建立的情况下提供了替代机制。而且，对家庭的重视是一种集体取向，受众多利益关系牵绊，除了夫妻是其中最基本的关系，还有其他的血缘关系，如父子、上辈、下辈、表亲、姑亲等。而婚姻爱情的评价主要是个人对自我与配偶、恋人之间关系协调和稳定的关注，与个体的主观感受更为密切。[5]

显然，市场改革这把双刃剑，它给青年便利尤其是物质富裕的生长环境的同时，却对青年的情感领域造成不利影响，传统婚姻爱情观念不断受到冲击。当然，青年人对婚姻爱情价值取向的不乐观，不能全归罪于市场改革，外来文化在一定程度也有所影响。事实上，在市场经济及西方自由平等观念的影响下，青年的主体意识增强，自主性明显提高，这反映在青年对婚姻爱情的价值取向的变化上，便是试图挣脱传统婚姻和两性关系的束缚。

虽说如此，青年的家庭婚姻爱情价值观总体上还是比较稳定的，没有像外界所预测那样，遭遇过多价值观冲突、失范等问题，以家为重的传统观念继续发挥其特有功能，同时新的、与社会主义市场经济现代化运作相适应的理性观念日渐形成，如金钱、事业在青年人中更显重要，但又未到“以物质利益为唯一的价值尺度”，而是务实却不功利，这可从以下数据得到印证。

青年对“金钱”重要性评价比例多年维持在七成至八成五之间，且有三成人将“金钱”选为最重要价值取向的前三位，这一比例仅位居“身体健康”、“家庭”之后（见表17－1）；与中老年人、老年人相比进一步发现，不同年龄群体的评价是基本一致的。这表明，青年对“金钱”的价值取向与社会存在共识，并未显现出青年这一群体的差异。此外，青年对“物质享受”的重要性评价一直处于所有指标的末位，而且中青年人的评价更出现明显的下滑，从20世纪末的近六成（59.1%）下降到2009年的四成六（46.8%），几年下降了13个百分点。可见，即使在被人们普遍认为的功利主义、享乐主义思潮盛行的今天，也不能认为这些已成为对当代青年产生主导影响的主流思潮。

总的来看，青年家庭婚姻爱情价值观的演变缓慢而逐步有序化：在多元文化的成长环境下，新世纪青年对价值的评价更为包容，足见其传统性与现代性较好地融于一体，这也成为社会稳定繁荣发展的重要基石。但通过研究发现，随着社会转型及市场经济的进一步发展，人们的素质和收入不断提高，不管是对家庭生活，还是对婚姻爱情生活，都提出了日益高涨的要求。要实现和谐的家庭，或是和谐的婚姻爱情，既需要物质基础的积累，也需要精神条件的创造。结合目前我们社会改革的需要，应注重对青年的家庭婚姻爱情价值与行为的互动关系的深入研究，以期对和谐婚姻家庭的构建发挥作用。

参考文献：

［1］段怡萍．21世纪中国青年人的价值观．中南民族大学学报（人文社会科学版），2004（8）．

［2］袁潇，风笑天．改革开放30年我国青年流行文化与价值观的变迁．青少年导刊，2009（4）．

［3］曾燕波．当代中国青年价值观的变迁与整合．［2009－09－23］．http：//www. ccylorg. cn/zhuanti/tgjyz/qsnyj/200909/20090923_ 296264. htm.

［4］江洪．改革中青年价值观变化的特点．青年研究，1989（2）．

［5］骆风．试论和谐社会建设中的家庭道德建设问题．广州大学学报，2008（12）．

五、格式

格式，对调查报告来说就是结构。

一篇调查报告的结构，通常由标题、正文、署名和署时三个部分组成。这三个部分是有机统一的。

1. 标题

调查报告的标题和调查报告的内容有密切的联系。许多调查报告的标题，常常是调查报告主旨的概括表述。从形式上看有两种：

单标题，如《湖南农民运动考察报告》、《白云山制药厂挖掘人才的调查》。

双标题，如《母猪也应该下放给农民私养——青浦县小蒸人民公社调查报告之一》、《腾飞的法宝——白云山制药厂调查》。

无论是单标题还是双标题，都要写得概括精练、醒目、吸引人。

2. 正文

调查报告正文通常有三部分：前言、主体、结尾。也有一些只有前言、主体，没有专门的结尾部分。

（1）前言，即开头。作用是提示全文，帮助和吸引读者阅读与理解文章内容。这部分从内容上讲，或者概述调查对象的情况，点出文章主旨；或者介绍调查的时间、地点、经过，以说明材料的来源；或者交代调查的目的动机；或者指出调查的问题和结论。要求写得凝练、有吸引力。

（2）主体，是对前言部分提出问题的回答，或者是对提示内容的展开。要求具体写出调查研究过程中所得到的有关调查对象的基本情况：或做法与措施，或成绩与经验，或问题与教训，有些还提建议。当然，不要求面面俱到，而要求根据写作目的有所侧重，有所取舍，这部分的任务是对已形成的观点，从实际出发进行排列组合、列举事实、展开内容，充分鲜明地突出说明主旨。

调查报告主体部分的内容，总是比较丰富多样，因而，观点的排列组合、层次的划分安排、内容的展开方法也多种多样。基本上可以概括为纵式、横式、纵横结合式三种。

纵式，就是按照事物（或问题）在发展变化进程上客观存在的纵向的先后顺序来划分层次、排列观点、展开内容的方式。

横式，就是按照事物（或问题）的构成在客观上存在着横向的若干部分（或侧面）的现实情况来组合观点、划分安排层次、展开内容的方式。

纵横结合式，就是将纵式和横式结合在一起，或纵式里有横式，或横式里有纵式，结合起来组合观点、划分安排层次、展开内容。这种方式，一般是用在所反映的调查对象牵涉面广、内容复杂的调查报告中。

（3）结尾。调查报告的结尾，常用于归纳全文，照应开头，强化主旨。

有了恰当的结构，就可以根据所占有的材料的实际，运用“点”“面”结合法、相互对比法、举数字列表格法、夹叙夹议法，展开内容，下笔为文，使调查研究中形成的观点主张物化为调查报告。

3. 署名

调查报告一律要署名。位置，有的在标题下方适中处，有的在正文的右下方。在报刊上发表的可用笔名，其他的都用真名。这除表示对调查内容负责外，还可以给人以真实感。

六、写作要求

调查报告的写作要抓好三个主要环节：调查、研究、写作。这三个环节，调查是基础，研究是关键，写作是把调查获得的材料、研究形成的观点，通过布局安排、语言调遣组织成文章。

（一）调查

调查报告的作者，需要深入调查对象的实际，了解情况，掌握材料。不作调查，就不可能了解情况、掌握材料，当然也无法进行研究，动笔写作。所以，调查是写作的基础，必须首先做好。

要做好调查，首先要有明确、具体、实在的目的，并根据目的和任务的实际需要，学习有关马克思主义理论和党的方针政策，学习有关的专业理论知识，在这一基础上制订出切实可行的调查计划，然后进行调查。

进行调查，要有正确的态度和“甘当小学生的精神”。要选择恰当的调查类型和调查方法。常用的调查类型有四种：普遍调查、典型调查、个案调查、抽样调查。常见的调查方法主要有：文献调查法、实地观察法、访问调查法、集体访谈法、问卷调查法、实验调查法。实践中究竟选用哪一种类别、采用哪一种方法，应根据调查目的和实际情况而定。原则是哪一种便于弄清情况、达到目的，就用哪一种。

了解情况、搜集材料，一定要注意全面性。不仅要了解事物的现状，还要了解事物的历史；不仅要了解事物的概貌，还要抓住重点，了解细节；不仅要了解某一事物的本身各个方面的情况，还要了解它和周围事物的关系；不仅要看书面材料、听口头介绍、掌握间接的材料，更要亲自到群众中、到实际中去看去听，尽量掌握直接的材料；不仅要听正面的、肯定的、赞成的意见，还要耐心听反对的、批评的意见；领导的、当事人的与群众的意见，各种角度的，正确的和错误的意见，都要听。总之，要客观、全面、深入地了解情况、占有材料。对取得的材料要认真进行整理。整理要及时，最好在当地进行，要统一项目、统一要求，一旦发现不明确、不准确、不完备、有矛盾的地方，要抓紧订正、核实、补充，为在分析研究中形成正确的观点提供良好的基础。

（二）研究

即分析，就是对“丰富的感觉材料加以去粗取精、去伪存真、由表及里”的思考，以发现事物的本质，找出事物发展的规律，形成明确的观点。这是调查研究的根本目的，是动笔写调查报告之前必须做好的关键一环。所以，必须认真、细致、反复地进行，务求取得明确的结果，务求正确、新鲜、有针对性。

对事物的分析，有现象分析和本质分析；有横向分析和纵向分析；有部分分析和整体分析；有量的分析和质的分析；有现实分析和趋势分析；有原因分析和结果分析。这些分析，可以分别进行，更应该“由此及彼”联系起来考察。进行这些分析时，应遵守形式逻辑和辩证逻辑的规则。在分析中努力弄清事物存在的真实情况、构成情况、主次情况，局部与局部、这个阶段与那个阶段的共同点和差异点，局部与全局的关系，存在和变化的原因等。对每个方面的情况的认识，都应该努力用简明的判断表达出来，并进而形成段旨句和主旨句。

（三）写作

调查和研究两个环节准备了材料，形成了观点，就可以根据主旨的需要谋篇布局，即结构文章了。

在谋篇布局时，要注意前言、主体、结尾三部分内容关联与照应。特别是主体内容的组合，不管是用纵式，还是横式，还是纵横式，都得注意层次分明、纲举目张，都得注意观点和材料的有机统一，使观点鲜明突出，材料能有力地说明观点。要从实际出发，该用纵式就用纵式，该用横式就用横式；说明观点展开内容，是用片言居要法、点面结合法、还是用相互对比法、举数字列表格法、夹叙夹议法，都得视说明主旨的需要、材料的实际情况而定，切勿生搬硬套。

语言要在朴实中求生动活泼。

第二节　不应该那么写——病文评改

一、评改病文（1）

（一）病文（1）

宁升县双青乡妇女状况调查（部分）

双青乡是革命老苏区，但是这里的妇女由于环境闭塞，生活圈子狭隘，受教育又少，视野短浅，思想愚昧、保守，既自卑又自足。她们对学习科学文化知识没有热情，认为学不学一样种田。水稻良种杂优，其他地方已推广，但她们仍不热心种。直到一个女副乡长带头在自己承包田种了，亩产由500多斤增至1 000多斤，她们才肯种。她们政治上的是非观念也差。好些妇女把捡到的台湾的空飘物品藏起来，甚至作为礼物送人。妇女杨某1980年招一男子吴某入赘（未登记），生下一男孩后，由于合不来，吴某在1983年初以外出搞副业为名，一走了之。走时留下一张字条说："超过两个月不寄钱回家，即算解除夫妻关系。"1985年杨某和王某恋爱，并到乡里办理结婚登记手续。1986年吴某回家后，到法院控告杨某，法院判杨某犯了重婚罪。而乡妇联主任，竟以所谓的"维护妇女儿童权益"的理由，进行干预，支持杨某抗判。

……

（二）评析病文（1）

《宁升县双青乡妇女状况调查（部分）》存在的问题是在材料与观点的处理方面，主要有两点：

1. 文中"视野短浅，思想愚昧、保守，既自卑又自足"的看法，是悬空的。文章里没有任何材料可以说明这种看法。

2. 有些观点似有事实可以证明，可是这些事实蕴含的实际意义和作者的观点是不同的，也就是说观点和材料是不对号的、脱节的、矛盾的。如文章中用来说明双青乡妇女"对学习文化科学知识没有热情"这个观点的事实是：双青乡妇女看到女副乡长种杂优增产了，才肯种。这一事实的意义，恰恰说明双青乡妇女对学习科学文化知识有热情：在双青乡带头种杂优的是妇女，有人带了头其他妇女也跟着种了。又如，文章用来证明双青乡妇女"政治上是非观念也差"这个观点的一个主要事实，是乡妇联主任对法院判处杨某犯有重婚罪进行了干预，支持了杨某。妇联主任的"干预"对不对呢？从文章所叙述的事实来看，是对的。因为吴某和王某的"结婚"是没有办理登记手续的，不受法律保护。所以，当吴某宣布和杨某"解除夫妻关系"后两年多的时间，杨某和王某恋爱，并到乡里办理结婚登记手续，从法律的意义上看，是无可非议的，不构成"重婚罪"。妇联主任懂得用法律主持公道，出来"干预"，说明其"是非观念"强，不是"差"。从这一事实来看，"是非观念差"的，不是妇联主任，而是包括调查报告作者在内的一些人。观点和材料所显示的意义如此相反，文章怎么可能有说服力呢？

出现上述情况的根本原因，在于作者在调查研究中没有坚持实事求是的原则。对材料的掌握不全面，对事实的分析研究不认真不客观。没有“由表及里、由此及彼”深入地研究事实，没有从现象到本质，从事实的联系中去把握和梳理出事实的应有意义，而是以某些世俗“偏见”，甚至是“唯上”心态，去看事实，去套事实。最明显的例子就是对乡妇联主任肖××支持杨某抗判一事的错误判断。在这样的精神状态下，以这样的思维方法形成的“观点”，怎么可能会符合事情的实际呢？怎么可能揭示出事物的本质意义呢？这样写出来的调查报告又怎么可能做到观点正确、材料恰当呢？这些情况告诉我们，上文的观点与材料不对号、脱节、矛盾，不仅有写法问题，还有指导思想和思想方法问题。在调查报告的写作中，应坚持实事求是的精神和态度，以辩证的方法去分析问题，才是正确的方法。这是千万不可以掉以轻心的。否则，不仅难于避免调查报告内容的片面性，严重的甚至会把事情弄到黑白颠倒的程度。

（三）病文（1）修改稿

宁升县双青乡妇女状况调查（部分）

双青乡是革命老区、山区，地处偏僻，至今还没有公路相通，也还没有中学，这里的群众大体上依然过着日出而作日入而息的生活。在调查中我们发现，这里的民风淳朴，群众对党和国家有深厚的感情。这可能和他们长期受革命传统的熏陶有关。这里的妇女和男人比较起来，受教育的程度更低，和外界的往来更少。但从她们的言谈举止中，看得出她们对新生事物、对科学文化知识还是有较高的学习热情的。如××××年女副乡长把水稻良种杂优在自己的承包田里试种，其他妇女知道后也跟着种，结果使乡里的水稻亩产由250公斤迅速地增至500公斤，结束了乡里长期吃返销粮的历史。她们经常听广播，关心国家大事，政治上的是非观念比较强。前几年在乡里还不时发现有台湾的空飘物品，绝大多数的妇女捡到后都能主动地交给有关部门处理。乡妇联主任肖××支持妇女杨某抗判的事，更在全乡传为佳话。

上垌村妇女杨某1980年招一男子吴某入赘（未登记），生下一男孩后，由于合不来，吴某在1983年初以外出搞副业为名，一走了之。走时留下一张字条说：“超过两个月不寄钱回家，即算解除夫妻关系。”1985年杨某和王某恋爱，并到乡里办理结婚登记手续。1986年吴某回家后，到法院控告杨某。法院没有深入调查弄清事实，就判了杨某重婚罪。眼看杨某和王某一对好端端的夫妻，一个和睦的家庭，就要瓦解。乡妇联主任肖××认真地了解了事实真相后，顶着多方面的巨大压力，向县妇联反映，到法院说理，旗帜鲜明地坚决支持杨某“抗判”。

……

二、评改病文（2）

（一）病文（2）

厂小志大积累多　人均贡献七万五

——××省第五漂染厂增产增收的调查

××省第五漂染厂是个小型工厂。全厂现有职工389人，1980年产量1.756万米，上交税利2 577万元，平均每个职工为国家提供积累6.57万元，是本省纺织系统创造纯收入水平较高的企业。今年9月以来，完成情况与去年同期相比，产值增长3.2%，产量增长4.2%，上交税利增长13.6%，取得了增收大于增产的优异成绩。

今年初，该厂全面分析了生产上存在不平衡的情况，看到退浆、染色、整理3个工序的设备能力是两头小中间大，认为解决增产的关键在于提高整理和退浆两道工序的生产能力。方向明确后，他们对这两道工序就抓得很紧。

为了多出口、多创汇、多增利，他们密切与外贸部门联系，了解国外市场的需要，积极增产利润水平高而且在国际市场上畅销的××牌中长纤维产品，今年计划生产500万米，比去年增加两倍以上。1—9月已完成385万米，预计全年可增加利润42万元。

同时，他们也十分重视内销市场的变化。今年在青年中流行“米黄热”，市场要求大增，他们就及时改变产品结构，生产出大量米黄色布料，满足了市场需要。仅这个产品，1—9月就增加利润136万元。

在生产计划的调度安排上也动了许多脑子，如适当调节车速，使前后工序环环扣紧。如整理机的车速，从原来一分钟35转加速至40转，提高了整理工序的生产能力。

该厂在降低成本上也积极想办法，确定了节约染料成本5%的奋斗目标，在保证产品质量的前提下，采取以国产染料代替进口染料，以低价染料代替高价染料，取得较好的效果。如对元色染料的配方就作了3次修改，从开始用每公斤78元的进口料，改用每公斤48元的国产料，后又改用每公斤36元的国产低价料。通过不断改进配方，使今年的染料成本，从去年每百米26.70元降为24.52元，降低了8.2%，预计全年可节约染料成本达60多万元。

该厂还积极争取财政、银行部门的支持。今年贷款108万元，增添烘干机和退浆车各一台，现在都已投入生产，每月增产中长纤维15万米，年内预计可增加利润82万元。

目前，该厂领导和群众都积极表示，要再接再厉，借经济改革的东风，积极生产，勇于革新，全年争取上交税利2 900万元，达到平均每个职工年纯收入7.5万元，为国家作出更大贡献。

××××调查组

一九八一年十二月二十日

（二）评析病文（2）

《厂小志大积累多　人均贡献七万五——××省第五漂染厂增产增收的调查》是一篇典型调查报告，是总结经验的调查。主旨明确、材料充实，标题、前言、结尾都写得简洁明了。但对正文部分，读者却不容易理解它的意义、掌握它的观点。原因主要是作者对有关的材料分析研究不够，没有很好地分类，没有把各类材料的观点概括出来，形成段旨句并按“片言居要法”把它们放在文章相应部分的显要地方。所以，人们就觉得它的观点不鲜明突出，材料的安排也有点乱。如果我们对其中的材料重新分类，再进行深入的分析，将各个观点形成“段旨句”，然后按“片言居要法”对主体部分调整安排，展开内容，情况就会改变。

认真细致地分析研究上文各个材料后，我们可以发现：

第二、五、七段三个材料，可以归为一类。第二段的材料说的是厂里通过分析研究弄清了生产上存在的不平衡情况，主要是退浆、染色、整理三个工序的设备能力两头小中间大。要增加生产的关键在于提高整理和退浆两道工序的能力。第五、七段两个材料说明的是厂里弄清了问题的症结之后，就积极从调度安排、筹集资金、增置设备方面采取措施，化解症结，提高了生产能力，增加了收入。这三个材料的意义可以归纳概括为：针对薄弱环节平衡生产能力。

第三、四段两个材料也可以归为一类。它们说明的是厂里为了增产增收，主动积极地了解市场情况，适时地安排生产相应的产品，满足市场需要。第三段材料说的是根据国际市场需要安排生产长纤维产品；第四段材料说的是根据国内市场需要安排生产米黄色布料。两种安排都使厂里大幅度增加了产品和利润。这两个材料的意义可归纳概括为：了解市场需求增产适销品种。

第六段的材料，可以自成一类。它说明的是，厂里为了降低生产成本不断改进染料配方的事。其意义可以归纳概括为：改进染料配方降低产品成本。

根据上述的分析归纳，我们可以按“片言居要法”的要求，以归纳概括出的各类材料的意义作为相应部分文章的小标题，并以相关的材料说明之。这样就可改变病文中材料安排杂乱、观点不够鲜明突出的毛病。

（三）病文（2）修改稿

厂小志大积累多　人均贡献七万五

——××省第五漂染厂增产增收的调查

××省第五漂染厂是个小型工厂。全厂现有职工389人，1980年产量1.756万米，上交税利2 577万元，平均每个职工为国家提供积累6.57万元，是本省纺织系统创造纯收入水平较高的企业。今年9月以来，完成情况与去年同期相比，产值增长3.2%，产量增长4.2%，上交税利增长13.6%，取得了增收大于增产的优异成绩。我们在该厂调查期间，听取了厂领导、车间负责人的介绍，召开了工人座谈会，查看了有关的报表，经过分析研究后认为：××省第五漂染厂之所以能取得增产增收的优异成绩，主要是依靠全厂职工，认真采取了切实有效的措施。

针对薄弱环节平衡生产能力

今年初，该厂全面分析了生产上存在不平衡的情况，看到退浆、染色、整理三个工序的设备能力是“两头小中间大”，解决增产的关键在于提高整理和退浆两道工序的生产能力。问题查明后，他们即采取相应的措施，在生产计划的调度安排上适当调节车速，把整理机的车速从原来一分钟35转加速至40转，从而提高了整理工序的生产能力，使前后工序环环扣紧。

他们积极争取财政、银行部门的支持。今年贷款108万元，购置烘干机和退浆车各一台，现在都已投入生产，就这一项，使每月增产中长纤维15万米，年内预计可增加利润82万元。

了解市场需要增产适销品种

为了多出口、多创汇、多增利，他们密切与外贸部门联系，了解国外市场的需要，积极增产利润水平高而且在国际市场上畅销的××牌中长纤维产品。这一产品今年计划生产500万米，比去年增加两倍以上。1—9月已完成385万米，预计全年可增加利润42万元。

他们也十分重视内销市场的变化。今年在青年中流行“米黄热”，市场要求大增，他们就迅速改变产品结构，及时生产出大量米黄色布料，满足了市场需要。仅这个产品，1—9月就增加利润136万元。

改进染料配方降低产品成本

××省第五漂染厂在降低成本上也积极想办法，确定了节约染料成本5%的奋斗目标。他们在保证产品质量的前提下，采取以国产染料代替进口染料，以低价染料代替高价染料，取得较好的效果。如对元色染料的配方就作了3次修改，从开始用每公斤78元的进口料，改用每公斤48元的国产料，后又改用每公斤36元的国产低价料。通过不断改进配方，使今年的染料成本，从去年每百米26.70元降为24.52元，降低了8.2%，预计全年可节约染料成本达60多万元。

目前，该厂领导和群众都积极表示，要再接再厉，借经济改革的东风，积极生产，勇于革新，全年争取上交税利2 900万元，达到平均每个职工年纯收入7.5万元，为国家作出更大贡献。

××××调查组

一九八一年十二月二十日

三、评改病文（3）

（一）病文（3）

国道经济——城郊发展的重轴线

最近，我们带着市、区主要领导对发展国道经济的高度关切和期望，重点对纵贯子陵南北207国道经济进行了调查研究，得出了两点结论。城郊的社会繁荣和经济发展，对国道经济的依赖性极强，国道经济将是城郊发展的重轴线。

207国道子陵段长20.9千米，沿线涉及9个村（新桥、子陵、建泉、美满、南桥、曾坡、何冲、枣店、三当）33个村民小组、1 221户、4 860人和1个居委会、8 452人，约有面积54平方千米。在现有农户中，因国道征地而随迁随建的农户有135户，搬迁到国道旁建房居住的有278户，1 112人。

经济发展水平。沿线纯种植农户298户、1 056人，占总农户和总人数的24%和27%；以养殖为主的农户28户；以从事运输为主的农户396户；有不同的经济项目的（如餐馆等）499户。外出打工2 600人，占总人数74%。沿线农户年收入在4 000元以下73户、4 000～10 000元的283户、10 000元以上的814户、100 000元51户。欠集体债务72户，占沿线总户数6%；占全镇欠债农户总数2‰；沿线9村人均纯收入4 500元，比全镇人均纯收入高840元。

经济发展形式。国道沿线经济发展形式大体有以下6种：1. 先学驾照→帮别人开车→自己买车赚钱159人，如新桥村陈思兵等。2. 农民→打工→当老板28人，如曾坡村陈治福等。3. 外出务工→回家办实体72人，如南桥村3组王开州，在20世纪90年代初到海南打工，4年前回村在国道边投资80万办石膏加工厂，并在南桥集镇办了一餐馆，年收入达20万元。4. 买三轮车→合资买汽车→本人单独买汽车跑运输23人。5. 买三轮车→买汽车→兴办其他实体9人。6. 种植→从事流通或加工→养殖12（户）人。

城郊发展对国道经济的依赖性十分明显：

（1）农民收入上的依赖性。城郊经济发展步伐的不断加快始于国道的兴建。1991年207国道建成通车之前国道沿线的9个村人均收入仅1 800元，五年间的平均增幅为3%；国道建成后，9个村人均收入达到了2 700元，5年的平均增幅为15%。其余21个村人均收入为2 300元，平均增幅为6%。国道沿线村人均收入明显高于其他村。单纯从数据上也可看出国道沿线人均收入的快速提高，也拉动了全镇人均纯收入的增长。

（2）观念更新上的依赖性。这应当是子陵国道兴建后一个最大的收获。从外组外村搬迁到国道沿线居住的农户，起初都是一个简单的想法，出行方便。只想摆脱晴天一身灰，雨天一身泥的困态。或者说是让儿子好找媳妇，女儿好找婆家。有的甚至只想在国道边上投个热闹，可以坐在门前看一看南来北往的汽车解除寂寞。但国道强大的人流、物流和信息流，却让这些农户在观念上得到了"脱胎换骨"，由居住变成了想赚钱→会赚钱→赚大钱。如曾坡村3组农户曾繁远，过去居住在本村5组离国道10华里开外，1992年搬迁临国道居住只想让大儿子曾国强到子陵中学读书方便一些，搬迁后看到日夜穿梭的车流就萌生了办餐馆的念头。两年后，"外面的世界"促使他关掉餐馆办起了米厂，继而又关掉米厂跑起运输。他说：原来想让两个儿子读到高中算了，但住在国道边看到外面的形势想法改变了，要让儿子、女儿多读书。现在全家9口人，有6人非农业人口，其中1个儿子考上大学还当上了公务员。现在全家不仅有2台汽车搞运输，还开起了榨房，在本村请了4个帮工，家庭固定资产已近40万元，他搜集信息准备今年再增加一个加工项目。

（3）发展方式转型上的依赖性。从1991年国道通车至今，子陵的国道经济发展大体经历了三个过程，即餐饮服务型到生产加工（大米）型再到复合拉动型。其一是餐饮服务型国道经济。这是起初的国道经济雏形。1993年，国道子陵段共有62家餐馆，人们戏称为"六个一"经济：一座房、一扇门、一张餐桌、一个火锅、收一百元钱。由于餐饮服务的质量和动机等多种原因，餐饮国道经济在1995年前后逐渐走向了萧条。这一时期发展上的收获是极大地促进了镇内人员和农户投资上的流动。其二生产加工型国道经济。随着国家粮食政策和市场的开放，生产加工型国道经济很快代替了餐饮型国道经济。1998年，从南桥集镇到枣店、三当村9.4公里内，共有大米加工厂32家，几乎是一夜之间的"雨后春笋”。大米加工销售能力当时已超过1亿斤。大米加工“三巨头”（蒋传虎、梁廷彪、刘顺元）销售网络几乎垄断了贵州六盘水市的整个粮食市场，销售触角已经打进了五粮液等知名企业。仅三四年时间，在市场法则的规范作用下，大米加工厂家又先后“死”掉了27家。这个阶段依赖性体现在国道经济打通了子陵小市场与外界大市场的部分对接通道，不少农民完成了初步的原始积累当上了老板。南桥村蒋传虎就是一个典型。他由办餐馆到搞大米加工，现在除继续从事大米加工又涉足建筑行业，雇工近百人，资产已达400余万元，且建筑行业业务都在四川和贵州等外省市。其三是复合带动型的国道经济。时间从2002年以来，区委的“经营城郊”战略实施以后，国道经济的发展特征“激活带动”作用（依赖性）非常明显。带动是多方面的，主要是以下三点：劳动力结构调整带动。子陵镇每年动态打工人员在1万人左右，仅国道因素容纳和拉动的已达3 000人以上，占到全镇的1/3。农民相对专业化分工的带动。以运输业为例，据统计，国道沿线农户已拥有各种机械及运输车辆1 000余台，从业人员按1∶2计算，全镇因国道因素拉动的运输从业人员可达4 000人以上。农业产业化调整带动。一是临国道的“金家生猪养殖小区”已成雏形，小区内年出栏生猪在1 000头的大户已超过20户，美满村二组蔡修华，2003年开始从事生猪养殖，两年时间生猪年出栏已近1 000头。去冬今春又投资30余万修建猪栏100间扩大养殖规模。在他的带头下，两个兄弟及在本镇的妻妹、妹夫，去年以来都先后规模性养起了生猪。亲带亲，国道带乡村，在子陵已形成了一种“经济现象”。由此，国道养殖业的拉动，使子陵镇进入了全市六个生猪养殖大镇行列。二是大米加工的产业化不断壮大。过去子陵32家大米加工厂加工能力达到5 000万公斤，现在以南桥集镇蒋传虎为代表的5家大米加工厂年吞吐量却超过了5 000万公斤。每年在周边县市钟祥、宜城等地还可以转化粮食1 000万公斤以上，使全镇将近1/2农户（5 000户）受益。农户在种植业上的比较收益由此有了提高。国道经济的三个发展阶段，从很大程度上不断地促进了子陵区域经济增长方式的转变。

（4）城郊工业（建材）发展上的依赖性。城郊工业在子陵也可叫做国道工业。沿207国道已形成的工业基础暂且不论，仅就三点足见一斑。首先是地下资源的依赖。子陵段的国道末端（子陵、新桥、曾庙），即东宝石膏储量的富集区，目前尚有储量近亿吨，石膏资源的科学开采与利用，将是子陵建材工业发展的重要基础材料。其他还有白云石、方解石等都具有开发利用价值。其次是土地资源的依赖。工业项目建设用地是工业发展的基础资源。目前，沿207国道两侧，镇、村两级共储备20～400亩不同面积的土地达21处。最后，现在基础设施上的依赖。国道两侧已经成为子陵工业经济主要分布带，供电设施、供水设施、通信设施，较为完备（境内已有110KVA变电站2座，35KVA变电站4座，依托荆门城区的供水网400毫米主水管道已覆盖207国道子陵南端8公里）。长荆铁路、焦柳铁路在207国道横穿而过，同时，襄荆高速与之仅公里之遥。客观上，207国道已为子陵工业特点是建材工业的发展奠定了物质基础。

（5）财源建设上的依赖性。20世纪80年代末90年代初，也就是207国道1991年下半年投入营运以来，依托207国道，先后建成年产60万吨荆工水泥，年产15m^3的中高密度纤维板，石膏矿5座，年生产能力100万吨，石膏粉生产线17条，年加工能力28万吨，年产纸面石膏板800万m^2，水泥彩瓦400万片，内外墙化工涂料5 000吨，花生奶5 000

吨，聚合氯化锡1.2万吨，年产3万吨的纳米轻质碳酸钙项目和年产40万吨的精铸机械等都落户207国道区域。这些产业的发展，已形成了子陵区域性财源的主体骨架。2004年子陵镇实现地税收入420万元。其中，沿国道的102家工业企业实现工商税收达350万元，占实现税收总额的80%以上。

同时，依国道而建和正在形成的中小集镇，如子陵中心集镇、南桥集镇和新桥工业小区集镇发展迅速。当然，事实上的国道经济发展中出现的问题，比较突出的是自发性和盲目性。造成内因不足外因缺乏。由此就派出生了诸如规划、投入、机制、环保、投资环境等方面的问题，特别是农民已占和抢占“地盘”建住宅的现状都会给城郊发展带来很大的难度。

城郊发展重轴线的主要体现。

国道经济是城郊子陵发展最直观的反映。无论过去还是将来这一事实将不可改变。或许是个巧合，如果把子陵地理图取1/2东西两面折叠，其折线大体与207国道重合，“轴线”由此产生。同时，现实意义上讲，城郊子陵发展以国道的依赖性，又可引申出国道这一经济“脊梁”。怎样加快发展子陵207国道经济，我个人认为要在以下三个方面加大力度，通过“加大”促进“加强”实现“加快”。努力使国道经济这头“牛”更加充满生机和活力，确保“经营城郊”战略在子陵的更好落实。

(1) 加大拉力。科学合理制定出国道经济短、中、长期发展规划，把国道经济作为一个“项目”予以确认和包装，以规划拉动发展。努力克服发展上的自发性和盲目性，避免有限的国道资源的浪费和损失。规划制定形式上采取两种办法，即镇里制定5年一个发展周期的控制性规划，村级在总规划的基础上，结合乡村经济发展制定3年一个周期的实施性发展规划。规划制定的种类上，主要抓好两个规划的制定落实。国道区域（土地）利用规划。结合实际，分段对现有的国道沿线土地利用进行修编，严禁在国道沿线随意乱批滥建住宅，确保经济项目用地空间。对现有农民住宅用地，可两个或两个以上村联合集中建设国道居住新村，也可依托现有中小集镇规划，沿207国道，子陵重点建好新桥、子陵中心集镇和南桥集镇3个居民小区。为防止失控，国道集体土地可以实行“提级”管辖，即所有建设性用地管理和审批一律上收镇或区，强化规划的权威性。国道沿线产业发展规划，重点编制好3个产业发展规划，一是建材工业发展详规。主要以石膏、石灰石、白云石、超细重钙和高中密度板延深加工为主。二是加工运输产业发展详规。以现有国道运输业为基础，规划发展洋丰肥料、金太阳大米、宝源木业、石膏、石膏粉、荆工水泥、祥元涂料和新型墙体（砌块）材料8大主导工业产品的加工运输业。三是商贸流通产业发展详规。按照国道沿线农民已经形成的六大经济形式，用规划促进产业巩固和提升，实施上，以子陵中心集镇、南桥集镇和新桥小集镇为中心的商贸群体，允许和鼓励镇及镇外农户“双栖”（拥有两处宅基地，到国道经商的批地建房不调田），到国道居住规划区建住宅房经商，农忙回农村居住种田，闲时到集镇居住，增加商贸流通产业形成的人流量。

(2) 加大推力。主要是政策推动。在区委“经营城郊”战略的推动下，子陵要切实树立起“经营国道”的理念。国道村要强化经营好“国道组”的认识，并认真地付诸落实。组织领导。结合下半年两委换届，在国道村试行“三个一律制度”。即：国道村一律派驻村党（总支）支部第一书记或副书记；国道村的国道组一律由村书记或主任为村民小组长；国道村一律由镇党委成员联系和包村。同时，对沿线部分村推行村组合并，整合力量。资金投入。建立和完善对国道村资金倾斜投入机制。通过召开镇人民代表大会，将资金投入倾斜制度变成法定性的镇级财政预算。可将税费改革后的道路转移支付资金，一次性纳入国道村投入预算。力争在近年内，结合争取国家投入，实现国道村村村通邮路的目标。另外，完善其他诸如自来水等基础设施建设，加大经济产业发展项目的投入力度，确保各项规划的顺利实施。

(3) 加大引力。发挥市场对资源基础性的配置作用，完善国道村级发展机制。第一，国道村所属工业企业工商税收镇级分成部分，可全部和部分返还村级，由镇管村用（只限于发展投入，不能用于非生产性开支）。第二，由土管部门对207国道沿线建设性用地，按征、租和入股等形式核定估价，挂牌（优惠）进入市场，增强其科学与合理性，刺激群众（农户）参与发展（招商引资）的积极性。第三，对国道村现有产业基础（特色）及产业发展规划，统一登录子陵政府网站对外推介，增强其市场的融合性。第四，镇级在国道村完善组建大米加工和畜禽销售、蔬菜生产三大流通协会，努力扩大国道沿线群众进入市场的渠道和途径。第五，鉴于高店收费站坐落207国道的现实，要开通国道经济发展的“绿色通道”，对已投资和将要投资的企业在运输和商务通行上落实通行费的或减免的优惠政策。

×××××
××××年×月×日

（二）评析病文（3）

“路通财通”、“想要富先开路”，这是发展经济的一个重要规律。病文（3）的撰稿者想以子陵镇依托207国道的开通，推动社会经济腾飞的事实，从正面说明这一规律，宣传这一规律，用意是很明确的，也很有积极意义。调查也下了很多工夫，取得的材料很丰富，撰写的调查报告《国道经济——城郊发展的重轴线》也能使人从总体上感受到子陵镇社会经济的快速发展。这是应充分肯定的。然而，《国道经济——城郊发展的重轴线》作为调查报告，其撰写的各个主要环节，几乎都存在需要修正的地方。

1. 标题的意思不显豁不明确

《国道经济——城郊发展的重轴线》是比喻性的标题。撰稿者想以它来说明207国道的开通对子陵镇经济起飞的重要作用。“轴线”，在《现代汉语词典》里的解释是：“绕在轴上的棉线或丝线”。把国道喻为“轴”或“中轴”，似乎还说得过去，喻为“绕在轴上的线”，就不恰当了。它们之间没有相似之处，没有构成比喻的必需条件。把“国道经济”比作“轴线”，也一样不可以。现在还没有这样的说法。打比喻，是为了把要说明的意思说得有形象性更容易使人理解、明白。达不到这一目的，就不如不说。“城郊”一词，所指太宽泛。从撰稿者的本意和全文内容看，它是指荆城北郊的子陵镇，是调查报告要全力说明的对象。这样的地方，在文章中第一次出现，第一次和读者见面，还是根据内容实说、直说为好。既然如此，这篇调查报告的标题，改为“207国道开通　子陵镇经济腾飞”，似乎好一些，比较切近撰稿者的意图，较形象地概括了调查报告的主旨。

2. 材料的占有存在明显的欠缺

调查报告撰稿者的目的意图，决定了他在动笔撰写前，即调查阶段必须搜集和占有如下两方面的材料：一是子陵镇，特别是207国道沿线地区在207国道开通前后的社会经济发展状况的材料；二是207国道子陵段的两端与哪些主要地区连接，这些地区的社会经济发展简况的材料。从调查报告中，我们看到，这两个方面的材料，撰稿者已搜集和占有不少，但也明显有欠缺。如子陵镇，特别是207国道沿线地区，在207国道开通前的交通状况和社会经济发展状况的材料、数据，207国道子陵段两端连接的一些主要地区的社会经济发展简况材料、数据。子陵镇，特别是207国道沿线地区，在207国道开通后的社会经济发展状况的材料十分丰富，相关数据也不少，但缺漏也很明显。如反映和说明207国道在1991年开通后，子陵镇和国道沿线地区的工农生产总值、财税收入、人均纯收入等重要数据，只有2004年镇实现地税收入420万元一个，其他的没有。207国道沿线的有关个案数据不少，但整体的数据缺乏。就人均纯收入的数据来说，只有1990年和1991年的，没有2004年的。而且这些数据只是9个村的，没有同样是属于207国道沿线的“一个居委会、8 452人”的。这些材料数据的欠缺，严重地影响着对有关问题深入分析和全面认识，造成了写作时材料的选择和使用上的捉襟见肘。

3. 材料的梳理比较粗疏

调查阶段的搜集和占有材料，应该持韩信带兵的态度——多多益善。但对已占有的材料，则要按“去粗取精、去伪存真、由此及彼、由表及里”的方法进行梳理。这种梳理，要按调查纲目的要求，认真细致不断地进行。这一工作做好了，第一，可以及时发现材料占有上的疏漏，及时的补充调查、补足材料。病文（3）材料占有上存在的严重疏漏，不能说和对材料的梳理不及时、不够认真没有关系。第二，可以把占有材料中“粗”、“伪”的部分删除，使“精”、“真”的材料的面目更加清楚，意义更加鲜明。病文（3）第四段所列举的“国道沿线经济发展形式”的6种，就是对300多个个案材料不断进行梳理后形成的，撰写人是下了许多工夫的。但它写在文章中，还是使人觉得粗疏。我们如果对这6种形式的事实再作深入的分析，就不难发现其内容的基本意义是一样的。就是207国道开通后，这些“洗脚上田”的农民，在投身市场经济中，几乎都是走先给人打工，然后自己干，再就是自己（或与人合伙）办企业当老板的路。在这条路上，他们转变了观念，学到了本领，积累了资本。这样的梳理结果，显然比原来的梳理更集中、更鲜明地显示了事实的意义，更“精”了，代表性更强。

材料的粗疏，还凸显于病文（3）的第二大层次里。这一层次是说明成绩和经验的。有6个小观点、6个方面的事实材料。6个方面的事实材料几乎都存在这样或那样的不同程度的粗疏。“（1）”中用来说明“农民收入增长”的事实、数据，残缺不全，交代不清，甚至表达错误。“（2）”中用来说明“发展方式转型”的事实，菁芜混合、主次不分，甚至喧宾夺主、拖沓冗长，无简明扼要可言。如此的粗疏，已严重地影响了事实材料作用的发挥。它们的存在是和梳理材料时没有按照“去粗取精、去伪存真”的要求认真进行分析，严格进行剪裁有很大关系的。这是撰写调查报告时应引以为戒的。

4. 观点提炼未能恰当地概括有关事实的本质意义

调查报告的观点，恰当地概括有关事物的意义，才会给人以最大的启发、充分的说服力。这篇调查报告第二大层次在说明“成绩和经验”前，有句总起的话：“城郊发展对国道经济的依赖性十分明显。”这是对子陵镇经济发展的原因实质的总揭示、总评价，是调查报告主旨的核心观点。这里除了“城郊发展”说得不够明确外，“依赖性”的断定，也是不那么符合实际的。“依赖”的含义，是“依靠别人或其他事物而存在，不能自立”。子陵镇（包括207国道沿线地区）的社会经济本来就发展着，207国道通车后发展得更快，起飞了。这里，207国道通车这一因素，无疑是起了很大的作用，不能低估，但这毕竟是外因。外因要通过内因起作用。如果内因不变化，不起作用，外因再好、再强，也可能“白搭”，甚至可能变成反作用。这是有许多例子证明了的。现在的事实是，子陵镇这个“内因”，当207国道通车这个“外因”出现时，是积极地发生变化，使“外因”的作用能够充分发挥的。内外因互相配合、密切配合，从而使子陵镇（特别是207国道沿线地区）的社会经济急速发展，腾飞了。这是事情的实质。不看到这一实质，就是没有全面地看到子陵镇社会经济腾飞的真正原因、根本原因。如此总结出来的经验教训，给人启发、教育的积极作用，就会大打折扣。所以，我们说，病文（3）对子陵镇社会经济发展总评价的观点，应该改，起码要改变表述方法。

总观点不恰当，其属下的6个小观点中的“依赖性”的说辞也得去掉。但这样还不够，因为这6个小观点中的其他方面的意思在概括上也存在这样或那样的不恰当。如“（3）发展方式转型的依赖性”，从用来说明这一点的事实材料“餐馆服务型”、“生产加工型”、“复合拉动型”的经济实体的内容性质看，很难说是什么“经济发展方式”或者“经济增长方式”，不过是企业类型罢了。“餐饮企业”、“大米加工企业”之类的企业类型的变换，确实可以从一个角度看到子陵经济的变化，但不能因此就说它们是什么经济发展方式的转变或经济增长方式的转变。又如“（5）财源建设上的依赖性”，“财源建设”说法新鲜，实际说的是建设工业企业的事。这在“（3）”和“（4）”已说了不少，再多说，就可能重复。像现在这样，又实在令人觉得内容单薄，观点未得到应有的充分说明。因此，不如把政府增加财税收入的事实和“（1）”中的“人均收入”增加数据放在一起去共同说明207国道开通后，人民和国家的收入都大幅增加为好。

问题与建议部分。存在的问题是说得明确，但欠实在。三点建议，意思好，但宽泛了一些，而下面的说明内容有些则太具体，重复的地方不少，影响明快。建议或对策一类的内容，是针对存在的主要问题，提出改正意见、努力方向，给人思路上的启发的。因此，要有针对性，不能太空泛，又不好太具体。太具体会束缚人的思考。如“加大拉力”，实际是讲制定规划，纠正自发性、盲目性，拉动发展的问题；“加大推力”，主要是讲出台政策，以政策推动发展的问题；“加大引力”，主要是讲要尽快完善配套设施，营造更好的投资环境问题，都应该从大处实话实说为好。

5. 内容布局散乱

材料是为观点服务的。观点不当，必然造成材料详略处理和安排不当。从大的方面看，此文的前言、主体，主体的成绩与经验、问题与建议，几大部分的划分，还是清楚的。但由于观点的不恰当，使好些材料的安排不恰当。如前言中的第3段农民收入情况的数据、第4段农民在207国道通车后从业情况的变化，就应该归到“成绩与经验”相应的部分；而“成绩与经验”部分中即第5～11段里的农民观念转变、农民办企业类型的变化，利用当地资源办企业和政府财税收入增加等事实材料，都不能像现在这样设置了，应随着观点的变化而改变，以实现观点和材料的有机结合，有详有略、简明扼要地为表现主旨服务。第13段有关“重轴线”的说辞，撰稿者虽然用意在照应开头，但没有必要，删去。第12段、第14~16段，按前面的分析作出修改后保留。

根据以上评析，从观点的提炼，材料的梳理、选择，内容的布局都应对《国道经济——城郊发展的重轴线》作出较多的修改，使之能更好地反映207国道开通后，子陵段地区经济迅速发展的现实。

（三）病文（3）修改稿

207国道开通　子陵经济腾飞
——207国道子陵段地区经济发展情况调查

最近，我带着市、区主要领导对发展国道经济的高度关切与期望，对纵贯子陵镇南北的207国道沿线地区的社会经济发展情况进行了调查研究，形成一个看法：依托207国道的兴建开通，子陵镇的社会经济在腾飞。

207国道横贯荆城北郊子陵镇区路段长20.9公里，沿途涉及新桥、子陵、建泉、美满等9个村，33个村民小组，1 221户，4 860人，面积约54平方公里。207国道的南端近经荆门直至湖南省等地，北端近经襄樊直至河南省等地，沿途有众多的经济发达的城市和地区，1991年开通后，车辆川流不息，车流、物流、人流、信息流，使20.9公里沿途农民目不暇接、眼界大开、心情振奋。“路通、财通”“若要富，先修路”的效应立时显现，不断加强，一波又一波地推动着沿途地区的社会经济腾飞，带动着子陵镇的社会经济迅猛发展。

1. 国道开通，造就的观念新、能力强的劳动力大军，是子陵社会经济腾飞的重要条件

207国道在1991年一开通，子陵沿线的农民纷纷“洗脚上田”，到2004年外出打工已有2 600人，占总人数的48.6%，子陵镇年出外打工的有1万人左右，仅国道因素拉动的就达3 000人以上。这些“洗脚上田”的农民，在强大的车流、物流、人流、信息流的冲击下，心境骤变、观念大变，再也不是只想些“两亩地、一头牛、老婆孩子热炕头”的事了。他们由想做点事→会办些事→会办大事；由想安居变成想赚钱→会赚钱→赚大钱。曾坡村3组农民曾繁远，搬到国道边上住，原只是想儿子读子陵中学方便一些，住下来后，很快就办起了餐馆，接着就开大米加工厂，买汽车跑运输，开榨房，家庭固定资产已近40万元。他不仅要儿子读书，也要女儿读书，不仅读中学，还得读大学。他决心要把事业做得更大。

在“洗脚上田”的农民中，许多人都在走着这样一条路先给人打工，然后自己干，最后就自己（或与人合伙）办实业当老板。据统计，这种老板现在起码有300人以上。南桥村3组王开州在20世纪90年代初到海南打工，4年前回村在国道边投资80万元办石膏加工厂，并在南桥集镇开了一家餐馆，年纯收入达20万元。蒋传虎也是南桥村的，他由开餐馆到搞大米加工，现在又涉足建筑行业，生意做到四川省、贵州省，资产已达400多万元。这些人，在市场经济的摸爬打滚中，有了新的观念，学会经营管理，又积累了一定的

资金，是子陵经济发展的一支重要的骨干力量。

2．国道开通，流通活跃，推动企业迅速转型，是子陵经济不断升级的动力

207国道开通初期，餐馆在沿线两侧一家又一家如雨后春笋地冒出，到1993年已有62家。人们称它为“餐饮服务型国道经济”。这种经济到1995年，就走向了萧条。后来，随着国家粮食政策的调整和市场的开放，许多人又一哄而起，转做大米加工生意。到1998年，从南桥集镇至枣店、三当村的9.4公里的国道两侧就办起了32家的大米加工厂，大米加工销售能力超过5 000公斤。人们称之为“大米加工生产型国道经济”。这32家的大米加工厂，在后来的三四年内也先后“死掉”27家。市场经济的残酷性可见一斑。然而，这对于子陵207国道沿线地区的经济发展，总体来看，不是坏事而是好事。它让这里的人们积累了经验和资金，增长了见识，更实际更深刻地去思考：在市场竞争中，如何才能发挥自己的优势，把要办的事情办好，把企业做大做强。这就有了后来在区委的“经营城郊”战略的指引下发展起来的所谓资源开发型国道经济。

资源开发型国道经济，实际上就是较有目的较有计划地对207国道沿线的具有优势的本地资源，投入更多的人力、物力、资金进行开发。有如下的几个方面：

（1）开发矿产资源。207国道子陵段末端，子陵新桥、曾庙等村的石膏石、白云石、方解石等不仅储量丰富而且品位较高，很有开采价值。207国道的开通，开发利用的交通条件已完全具备。他们就办矿山，办对矿产品进行深加工的一系列企业。

（2）种植水稻、养殖生猪不仅是207国道沿线还是整个子陵镇及相毗邻的镇的传统种养业。谷物资源十分丰富，大米市场的需求量又很大，他们就把大米加工企业做大做强，让生猪养殖更加专业化、规模化。

（3）运输行业，是“洗脚上田”的许多农民首选行业之一。先学驾照帮人开车，然后再自己买车自己开车跑运输。这一行业，从业人员多，车辆多，市场需求旺盛，他们就引导有关人员从实际出发，成立运输公司，更有效地沟通内外，服务经济发展。

（4）207国道沿线社会经济的飞速发展，人流、物流激增，土地需求量很大，办工厂、办实业需要土地，建市场需要土地，建住宅区需要土地。他们就顺势而为，搞土地规划，成立土地资源开发公司。1991—2004年已开发的土地有×××亩，现在国道两侧的土地储备，面积20~400亩的有21块。

资源开发型的国道经济，出现的时间还不长，存在的问题也不少，然而势头很好，发展迅猛，值得关注。

3．国道开通，支柱产业迅速崛起，为子陵经济快速平稳发展打下坚实基础

207国道开通后，子陵沿线地区经济发展一波接一波，很快就步入了利用本地资源的优势发展阶段，支柱产业迅速崛起，逐步夯实子陵经济快速、平稳发展的坚实基础。

开发矿产和办矿产品的深加工企业。年产60万吨荆工水泥厂、年产15万m^3中高密度纤维板厂已先后投产；开了石膏矿5座，年生产能力100万吨；建石膏粉生产线17条，年加工能力28万吨，年产纸面石膏板800万m^2、水泥彩瓦400万片、内外墙化工涂料5 000吨、聚合氯化铝1.2万吨、纳米轻质碳酸钙3万吨、精铸机械40万吨，还和上海高旭化工企业联合生产超细重钙年10万吨。

大米加工，原32家加工厂，年加工能力才5 000万公斤，现在蒋传虎等5家加工厂，

年吞吐量就超过5 000万公斤，每年转化周边县市粮食1 000万公斤，使全镇5 000农户受益，占全镇总农户的1/2。大米远销贵州省、四川省，占领六盘水市粮食市场，打进了五粮液等知名企业。

生猪养殖，仅紧临国道的“金家生猪养殖小区”，年出栏生猪在1 000头以上的农户就超过20户。亲带亲，国道沿线带乡村，整个子陵镇生猪养殖突飞猛进，进入了全市6个生猪养殖大镇行列。

上面列举的开发资源优势正在做大做强的企业，又得到了同样在做大做强中的交通运输、供电供水等服务性行业的支持，它们作为子陵经济发展的支柱性产业的长相，已逐步显露。

4. 国道开通，经济快速发展，子陵镇的工农业生产总值、地方财税收入、人均收入大幅地提高

据统计，207国道1991年开通的当年子陵镇生产总值为______元，2007国道子陵段沿线地区生产总值为______元，仅占镇的生产总值的______%，到了2004年，镇的生产总值为______元，国道沿线的生产总值已达到______元，占镇的总值的______%。财税收入，1991年镇的有______元，国道沿线的只有______元，占镇的______%；到了2004年，镇的地税收入实现420万元，国道沿线的仅是120家工业企业工商税收已达350万元，占镇实现税收的80%以上。人均收入，1991年，国道沿线9个村的人均纯收入为1 800元，五年后即1996年增加到2 700元，年增幅为15%，比非沿线21个村的人均纯收入的2 300元，多了400元，年增幅也高出6%。到2004年，国道沿线9个村的人均纯收入增加到______元，非沿线21个村的人均纯收入也增加到了______元，增加的数量虽然不及国道沿线村的，但也有很大的增加。

以上的事实说明，207国道子陵段的开通，既富了国家，也富了沿线的群众，富了子陵镇的人民。

207国道的开通，沿线地区社会经济迅速发展，子陵镇经济的腾飞，人民发财，国家富了，是令人欣慰的事。但也存在好些亟须解决的问题。突出的问题是生产、交通布局，居民的住宅、生活设施的安排，环卫配套等都比较散乱，明显存在自发性和盲目性。为此，提出如下建议供改善和参考。

（1）抓紧调整村、组建制，强化镇的领导。现在国道沿线的村、组建制，已明显不适应发展变化了的情况，应抓紧调整，并同时理顺相应的党政组织关系；结合即将开始的两委换届选举，配备得力的干部，强化班子领导。

（2）尽快科学地制定国道经济的发展规划，以规划引导发展、规范发展。镇制定总的规划，村根据镇规划制订村的计划。既要有全面的总规划，也要有专项规划，如土地使用规划、产业发展规划、道路建设规划、环卫建设规划、文教建设规划、集镇建设规划、居民新村规划等。

（3）快速出台有关政策，以政策推动发展，引进资金引进人才。可以考虑将资金投入制度变成法定的镇的财政预算；实行招商引资；鼓励村集体土地以入股形式投资，鼓励人才以技术入股形式参与投资。

（4）加紧配套设施建设，营造良好投资环境。交通运输、通信信息、医疗卫生、文化

教育的资金投入，新桥集镇、子陵中心集镇、南桥集镇和居民新村的建设都应加快步伐，以最快速度使物流、人流、信息流更加畅通，建造更多更好的平台。

××××××

××××年×月××日

第三节　应该这么写——范文赏析

一、赏析范文（1）

范文（1）这篇调查报告，是陈云同志在1961年6月下旬到7月上旬写的。前面的两段文字是他给邓小平同志的一封信。这封信和所附的包括《母猪也应该下放给农民私养——青浦县小蒸人民公社调查报告之一》（以下简称《母猪也应该下放给农民私养》）等三篇调查报告，后来以《青浦农村调查》为标题收集在中共中央书记处研究室1980年9月25日编辑出版的《陈云同志文稿选编（一九五六——一九六二年）》中。

陈云同志曾先后任国务院副总理、党的副主席、中顾委副主任。他长期主持国家的经济工作，他为人处事的高风亮节受到广大党员和广大群众的敬仰。他的“不唯上、不唯书，只唯实”名言与品格，有十分广泛而深远的影响。他的《青浦农村调查》一直被视为调查报告的经典性作品。虽然在内容上有明显的历史痕迹，但在当时的环境下，他是实话实说的，观点主张是振聋发聩的。他的进行调查研究的态度、作风，说明问题的娴熟方法，都十分值得人们学习借鉴。就以撰写调查报告来说，我们起码可以得到如下几点的启示。

（一）深入广泛地调查研究，全面、真实、准确地占有材料

陈云同志要调查研究的是上海青浦小蒸公社母猪应该私养还是公养的问题。从调查报告内容所透露的信息可以知道，他不但对母猪养殖本身事实情况作了细致的调查，而且对母猪养殖所涉及的，如公猪、生猪、猪苗养殖的情况作了调查，对有关的人、物的情况作了调查，对各有关时段如“过去”、“现在”、“实行母猪私养时”、“母猪实行公养后”的“公养”与“私养”等情况也进行了调查。就地区来说，重点是青浦县小蒸人民公社，但对小蒸公社以外的，如上海近郊蔬菜产区的养猪情况也作了调查，还对与青浦情况相仿的嘉兴地区几个县、苏州地区几个县，对与青浦土地、人口、气候条件不同的肖山、无锡也进行了解。陈云同志到青浦之前，由薛暮桥同志带了一个工作组先去调查了一个星期。陈云同志到青浦后，听了公社党委两次汇报，召开了十次专题座谈会，亲自去农民家中跑了若干次，观察农民养猪、种自留地、住房和吃饭的情况。最后，还和上海市委、浙江省委、江苏省委交换意见。这些调查广泛、深入、反复进行。所得材料十分丰富。材料中有一般情况、有具体事实、有更多的统计数据。对材料的真、假、虚、实、对、错，都一一核实。这就使他研究中形成的“观点和主张不仅在那时是正确和可行的，而且现在看来也还是正确和可行的”（《陈云同志文稿选编（一九五六——一九六二年）》前言），经得起历史的检验，也使他下笔为文说明观点、运用材料时可以左右逢源。

（二）片言居要、层层深入地说明观点

为了更容易地说明这一点，先看这篇调查报告的观点的排列组合表：

- 母猪也应该下放给农民私养
  - 一、私养母猪养得好，产苗猪多
    - （一）喂食喂得好
    - （二）垫圈垫得好
    - （三）母猪怀孕后注意保胎，不使它受惊
    - （四）注意接生
    - （五）保护好奶猪
    - （六）夏天注意防暑，冬天注意保温
  - 二、无论母猪或者肉猪，私养比公养还有几个好处
    - （一）私养猪饲料比较充足
    - （二）私养猪比公养猪长肉多
    - （三）私养猪比公养猪积肥多
    - （四）私养猪可以利用辅助劳动力和工余时间
    - （五）私养猪节约稻草
  - 三、母猪不下放就不能恢复和发展养猪业
    - 第一，粗看起来，母猪少，肉猪多，母猪公养，肉猪私养，就已经是私养为主了。实际情况并不为此
    - 第二，母猪比肉猪更加难养
  - 四、母猪私养要从实际情况出发
    - （一）上海市近郊蔬菜产区，农民缺乏养猪经验，机关或公社办养猪场，养比较多的母猪和肉猪，可能是必要的，可以继续试办
    - （二）上海市郊区，必须采取多种办法，包括机关公养和社员私养等，迅速发展养猪事业

一看上表，人们就可清楚地感到，这篇调查报告，整篇的格局是提纲挈领，内容安排井然有序，观点设置鲜明突出。这是撰稿者娴熟地运用了片言居要法，并把各不同层次的片言，作了恰当的排列组合。

片言居要法，就是把文章的主旨，各层的层旨、段旨，提炼成精练的话，并把它们分别置于文章和相应的各层、各段的显要之处。这就是最能引起人们注意的文章的标题、开头、结尾，各层各段的开头、结尾。

“母猪也应该下放给农民私养”是片言。分析了全文的内容后，谁都会明白，这句话，就是撰稿者对“养猪”这一问题，作了深入全面调查研究之后，得出来的结论，提炼出来的撰写调查报告的主旨。其中的一个“也”，清楚地说明这个结论、这个主旨是：母猪，全部的“养猪”都应该下放给农民私养。这一主张，在当时的历史环境中，是振聋发聩的，十分有针对性，有把它充分说明的需要。撰稿者把它作为标题写出，把它放在前言中写出，并把它贯彻到全文的各个部分。这样的处理，自然就有最大的吸引读者眼球，引起读者注意的作用。

文章四个层次的小标题（层旨）和它们下属的各个主要段落开头的一句话（段旨）

都是片言，都是以最精练确切的语句，表述了所属的各部分内容的意义。它们也同主旨一样，处于各自所属部分分的“显要”位置。把它们联系起来看，统一起来看，整篇调查报告就清楚地显出了纲举目张、观点鲜明突出、内容安排井然有序的格局。这样的格局，当然十分有利于内容的展开，十分有利于读者理解、掌握、记忆文章的观点。其良好的效果是可以不言而喻的。

层旨、段旨的提炼及位置的设置是重要的，但还必须以恰当的方法将它们排列组合起来，才能更充分地保证文章内容安排线索分明、井然有序。《母猪也应该下放给农民私养》的层旨、段旨的排列组合，同样处理得好。四个层次各自属下的主要段旨的排列组合，都是用横式，并列法。如第一个层次：私养母猪养得好，产苗多。下属各段，第一段是这一层的总起，第八段是这一层的小结，其他 6 段，从它们的段旨意义，可以知道，它们的内容不存在交叉、兼容或因果关系。6 个段各自独立，彼此间是横向的、平等的关系。从这一实际出发，撰稿者用拼列法将它们排列组合在一起，共同把层旨中的“好”和“多”的内容扩大充实，形式上比较整齐。它们在文章里的先后次序，不是一定、必然要如此的，也就是说，可以适当地调换，调换了对意思的表达也不会有太大的影响。第一个层次中的段旨的排列组合是这样，其他三个层次的，大致也是如此。所以不多说了。

但是，四个层次层旨的关系，却不同于它们下属的段旨的关系。通过对它们的内容意义的分析，可以知道，它们之间的关系不是横向关系，而是纵向关系，有前后的承启关系、因果关系。第一层“私养母猪养得好，产苗猪多”，是根据主旨的要求，必须先在文章中把它说清楚的。只有它得到充分说明后，才能进行第二层“无论母猪或者肉猪，私养比公养还有几个好处”的说明。这句话中的“还有”二字，明白地交代了这一层和第一层在内容上的前后的承启关系、因果关系。第一层和第二层着力说明、充分说明的是“无论母猪或者肉猪”在私养和公养上谁优谁劣、谁赚钱谁亏本的问题。对于事情的判断，人们常说：了解它的过去，就可以知道它的现在，知道它的现在，就可以预测它的未来。也就是说，不知道它的过去和现在，是不可能预测它的未来的，是说不明白它的未来的。第三层“母猪不下放就不能恢复和发展养猪业”，说的是养猪业未来的事，当然只有在第一、二层的意思得到了充分的说明后，才能进行说明。这种承启关系、因果关系，是明白的、必然的。第三层的意思又得到了充分的说明后，整个养猪事业是公养好还是私养好，还是公私并举、以私养为主好的问题，就十分明确了。也就是说调查报告的主旨，已得到了充分的说明。第四层“母猪私养要从实际情况出发”，不要搞一刀切，有些地方还可以公养的意见，才有了可以说明清楚的前提和基础。这是实际。依据这样的实际，调查报告的撰稿者，对文章的四个层次，按纵式、用递进法进行排列组合。事实说明，这样处理，是使文章的内容能线索明晰、一层深入一层地充分说明主旨的好方法，这也使调查报告具有引导读者一层一层地阅读文章、一层进一层地理解和掌握撰稿者主张的强烈的吸引力。

（三）相互对比、贴紧事实进行议论，展开内容

“有对比才有鉴别”，“不怕不识货，只要货比货”。为了鲜明有力地说明观点，《母猪也应该下放给农民私养》全文从头至尾、自始至终，从事实到道理，从整体到局部，都以“公养”与“私养”情况的相互对比，及贴紧事实进行议论的方法，展开内容。

前言中，撰稿者就以“公养”与“私养”的整体事实对比，鲜明地亮出主旨。主体紧接着就分四个层次，从四个方面展开具体对比。这些对比针对性强，特别有说服力。如第一层次。先以实行“公养”前后，“公养”“私养”母猪的数量、苗猪的数量、苗猪的死亡率等相互对比，有关的饲养人员的态度、管理水平相互对比，说明了“私养”比“公养”好的铁定的事实和之所以如此的道理。随即从喂食、垫圈、保胎、接生、保护奶猪、夏天防暑和冬天保暖非常得体的6个方面，开展实在的具体的相互对比，这就大大地充实了“私养”比“公养”好的事实和道理，使人不得不接受，不得不信服。

贴紧事实进行议论，可使议论更加精警，有更强的说服力。《母猪也应该下放给农民私养》通篇的议论，都是这样进行的。第二层次，有5个方面，也就是5段，加上小结的一段就是6段。这6段都是用贴紧事实，即夹叙夹议的方法开展的。因而它们能充分地说明段旨，说明层旨，说服力也特别强。第三个层次，如果独立出来，把它作为一篇短小的论文也是可以的。它从叙述情况中提出要议论的问题，表明撰稿者的看法。然后，从两个方面作说明议论。

第一方面，就“母猪少，肉猪多，母猪公养，肉猪私养就已经是私养为主了”开展夹叙夹议。先指明这是属于“粗看”，并进而肯定地指出“实际情况并不如此”。这是判断，也是议论。接着就在列举每头公养母猪在正常情况平均要带奶猪的头数，必须会有的苗猪、公猪的数量，和当时小蒸公社圈存猪的总数中，肉猪还占不到百分之四十，其余百分之六十全是母猪、公猪、苗猪等事实后，断定小蒸公社“圈存猪中公养的仍占三分之二，私养的只占三分之一”，整个养猪事业，不是“已经是私养为主了”，而是仍是“以公养为主”。国家已经确定了的养猪“公私并举、私养为主”的方针的贯彻执行形势仍十分严峻，“母猪下放给农民私养”不仅“应该”，而且十分急迫。

第二方面，是就“母猪比肉猪更加难养”开展的夹叙夹议。依据前面已经证明的“公养母猪空怀多、流产多，所生苗猪死亡多”的事实开始，用两个“如果……”的说明句式，带出小蒸公社1957年养猪的数据，以及实行公养以后的1960年到1961年6月底养猪数量急剧大幅度下降的数据，进而对这些数据进行分析推论，得出了“只有迅速把母猪下放给社员私养……才能……保证明年养猪事业的迅速恢复和发展”的结论。这就是夹叙夹议，这就是议与叙、事实与道理交融在一起的说明。这样得出的结论，实在、明确、深刻，有着强大的说服力。

《母猪也应该下放给农民私养》作为调查报告《青浦农村调查》中的一篇，还有好多方面是很值得我们学习的。如语言的朴实、畅白、妥帖，也是很突出的。因为篇幅限制，这里只讲上述三个方面，其他的不再赘述。

二、赏析范文（2）

之所以选析《当代青年家庭婚姻爱情价值观的变迁——基于广州调查的分析与思考》，主要是因为它的主旨新颖，是人们十分关心的社会问题；材料是随机抽样所得；写作上用的主要是对比和图表说明方法。

全文分：引言、变迁、结论三部分。

引言，通过说明之所以选择“当代青年家庭婚姻爱情价值观的变迁”为调查研究课题，之所以确定广州青年家庭婚姻爱情价值观的变迁为调查研究对象，之所以采用广州社情民意研究中心"广州居民基本价值取向年度调查"的数据资料为分析研究材料的因由，撰稿者告诉人们，此文研究的课题是社会迫切要解决的问题，调查研究对象是典型的有充分代表性的，材料是可靠有说服力的。这也即是说，下文的分析说明及所作的结论是可信的。变迁，根据标题的要求和前言所限定12项指标的范围内就广州青年的"家庭"、"婚姻"、"爱情"三个方面进行说明分析。每个方面都是先说明"是怎么样"接着就分析"为什么是这样"。结论，就"变迁"部分三方面的说明分析进行总结，照应题目。由此可知，这篇调查报告，说明分析问题的线索、层次是很清楚的。

下面侧重说说三点：

（一）主旨击中了社会紧绷着的弦

记得有一个伟大的社会活动家说过：如果你说的话，写的文章的中心，能击在社会绷紧的弦上，就会引起人们的高度关注，社会的强烈反响。

我国改革开放以来，特别是进入21世纪后，青年的家庭婚姻爱情价值观问题，引起了人们越来越多的议论，社会越来越强烈的关注。如何正确地认识和对待这个问题，不仅关系到青年一代的教育和培养，也深切地关系到如何更快更好地建设和谐社会、幸福生活的重大问题。《当代青年家庭婚姻爱情价值观的变迁——基于广州调查的分析与思考》的"引言"告诉我们，撰稿者是深思熟虑地考虑过这一点的。

上节着重分析的《母猪也应该下放给农民私养》一文，之所以使人振聋发聩，之所以能对当时党中央制定有关的方针政策产生重大影响，其中重要的一个原因，是撰稿者无私无畏、实事求是地把当时社会高度关注、人民特别是农民急切需求解决的包括养猪问题在内的我国农业生产管理中的"公"与"私"的问题作为课题，并且给予了恰当的描述说明和提出了正确的主张。现在许多赞扬改革开放中高风亮节、清正廉明之士的事迹和鞭挞贪赃枉法、恶吏的丑行的调查报告，为什么总会在人民中，在社会上引发一波又一波的欢呼声，或一阵又一阵的申讨声，就是这些调查报告的正确选题、正确主旨、丰富内容，扣到了广大党员、广大人民心中绷得最紧的弦上。所以，要写出一篇好的调查报告，一篇能引起社会积极反响的调查报告，选定一个好的课题、社会密切关注的课题是十分重要的。

当然，有了好的课题，不一定就可以写出好的调查报告，但可以肯定，课题不好，或不恰当，是一定不能写出好的调查报告的。这是许多调查报告撰稿者深知的事实。《当代青年家庭婚姻爱情价值观的变迁——基于广州调查的分析与思考》的撰稿者，当然也心知肚明。正因如此，所以，他们在选定课题后，对所用的材料，对说明观点的方法的确定，都很认真。事实说明，他们的做法是恰当的，得出的结论是正确的或者说是比较正确的，是可以获得大多数青年同志的理解和接受的，对今后社会如何更好地做好青年一代的有关工作是有积极作用的。这也说明有了好课题，如果材料又恰当，又注意说明方法，是可以写出较好或好的调查报告的。

（二）对比说明，有较强的鲜明性和说服力

"家庭婚姻爱情价值观"属于人们思想意识领域中较深层次的问题，有些深奥，如何把其中的有关问题说清楚道明白，让人们能够较容易地理解和接受，是值得深思的。调查报告不能像有些论文那样搞旁征博引的议论，要坚持"让事实说话的客观性"，怎么办？《当代青年家庭婚姻爱情价值观的变迁——基于广州调查的分析与思考》的撰稿者，从实际出发，以对比为主要方法来说明情况，分析问题。

“（一）家庭观——继承‘以家为重’的传统”这部分，撰稿者首先以广州青年对“广州居民基本价值取向”12个指标中“家庭”这一指标在1999—2009年选位的事实作纵的比较，说明广州青年对“家庭”的重要性选位“大多数年份维持在九成以上”，“一直很高”。紧接着又与被广州青年价值取向选入前三位的“身体健康”、“家庭”、“金钱”三个指标作横向比较，指出“家庭”这指标稳居第三位。这里的纵比与横比，鲜明地显示了“长期以来广州青年一直是‘以家为重’，并没有像有些媒体渲染的那样——当代广州青年不在乎家庭”结论的真实性。

然而，真实的存在，未必是合理的存在。这就是说，要人们完全理解和接受存在既真实又合理，就要使他们既知其然，也知其所以然。“广州青年一直是‘以家为重’”的合理性，不外乎有两个方面原因。一是现实原因，二是历史文化原因。撰稿者对于前者是用调查中所得的事实来直接说明的。其指出：与市场改革进程同步的社会福利（住房、教育、医疗和养老保障等）的逐步市场化，使得家庭在提供社会福利项目方面的作用日益重要，是“广州青年家庭观念较强”的现实原因。这是人们较容易明白的。而第二方的原因，即历史文化原因，由于它属于更深层次的东西，撰稿者还是以对比法加以说明。先将“身体健康”、“国家富强”、“社会和谐”与“家庭”等指标一并作横向的对比研究分析，让人们发现这些指标的重要性比例多年来稳居前列的事实，接着指出，这“反映了身体健康、家庭和国家（社会）是支撑广州青年价值取向中最有力的因素”，这凸显了“修身、齐家、治国、平天下”中国传统家庭伦理和国家民族意识、社会和谐价值取向在青年身上的“烙印”。这样，不仅有利于人们理解和接受“广州青年一直以家为重”的真实性和合理性，也十分有利于人们理解和接受广州青年“不是缺（迷）失的一代”，并非“不能正确认识个人价值与社会价值的关系”的结论。

由于对比说明的方法有较强的鲜明性和说服力的作用，撰稿者在对“家庭观——继承‘以家为重’的传统”进行分析说明时用，在对“婚姻观——‘传统力量逐渐削弱’”、“爱情观——‘贬值中的爱情’”进行分析说明时也用，甚至在“结论”中也用，而且都取得较好的效果。这是要肯定的，但不作更多的说明了。

（三）图、表结合说明，既可使有关数据一目了然，又可大大节约说明文字

此篇调查报告中，有图、表共5个，其中图3个、表1个。3幅图都是图表组合。图、表先后被运用共9次，其中表4次，图共5次。图的5次运用中，其是图17－1用了1次，图17－2、图17－3各用了两次。从行文中可以看到，图、表的每次使用都结合着文字说明，都使人觉得有了它们的配合，有关的文字说明本来不那么实在明晰的意义，都显得根据确凿，实在可信。如表17－1，第一次是用在说明青年对价值取向前三位的选择中，“家庭”的被选比例在六成左右，稳居第二，仅次于第一位“身体健康”，远高于居第三位的“金钱”。这里的“仅次于”、“远高于”，具体是怎么样，不那么清楚。一看表17－1，就清楚了，与“身体健康”只“次”了不到1%，而比“金钱”则“高于”近27%。第四次是用来结合文字说明青年选项中20世纪“爱情”的重要性比例高于“金钱”、“个人事业”，进入21世纪后，后两者则超过了前者，且青年将“金钱”、“个人事业”选为最重要价值取向前三位的比例还高于“爱情”。人们从表17－1不仅一目了然地看到相关的确凿数据，而且实实在在地感受到“爱情”在青年心中地位的“贬值”。至于“图”，则是以比较形象、直观的线条、形状、颜色的变化，使人们感知事情的情况及蕴涵的意义。如图 17－1，用四根不同标志的横线在 1999—2009 年间大体一致的走向，让人们较形象较直观地记住了“家庭”、“国家富强”、“社会和谐”、“身体健康”这四项同是支撑广州青年价值取向中最有力量的因素。而图、表组合，使所说明的事物，既有一定的形象性、直观性，也有数据的确凿性，还便于人们依据各指标存在的相关因素，作各种比较，以显现其中意义，说明相关道理。如图 17－2，人们从各个年度的数据的变化，切实知道青年的“婚姻——‘传统力量逐渐削弱’”。而其中的“表”里所显示的年轻人、中青年人、中年人、老年人在各年度中婚姻重要性的数据，及图中各条代表线的走向的变化虽然有所不同，但将它们的同与不同，作比较分析，则可以感知，传统的婚姻虽然有所削弱，但也没有轻易消失。把婚姻当作人生大事的青年人的比例最高。他们的婚姻观的变化只能说明他们在时代思潮的影响下，个人的事业追求心、幸福追求心，也随之逐步增强。

由上分析可知，图、表结合文字说明，其直观性、形象性确实有利于人们理解和把握所说事理的意义，这是首先要肯定的。其次，还必须看到，有了图、表的配合，文字说明的篇幅可以大大减少。

图、表，结构简明，在文章有限的篇幅内，它所容纳的内容之丰富，信息量之多，是相同的文字说明无法企及的。如表 1，只占 13 行的篇幅左右，在整篇调查报告中却被使用了 4 次。第一次，占 13 行篇幅。第 2、3、4 次，撰稿者只是在需要出现之处，用四个字的位置，以“（见表 17－1）”注释性的文字，替代“表 17－1”的再出现。假如把“（见表 17－1）”去掉，也就是说，不让读者去看“表 17－1”的有关数据，不让“表 17－1”发挥相应的说明作用，那么，人们就会觉得所说明的有关内容会过于空泛，不够实在，甚至会认为根据不足，不可信。任何一位撰稿者都不愿意自己的文章出现这样效果。怎么办？如果现在仍然不想以“表”来“补救”的话，就只好把必须的有关数据，融入说明的文字中。这样，用于说明的文字必然翻倍，甚至是十几倍地增加。四处该用“表 17－1”之处，都不用，都用说明文字替代，那么整篇调查报告，要增加多少篇幅那是可想而知的事。而且，增加了篇幅，效果可能不及现在的明确，相反还可能会使人觉得冗长累赘。这实在是出力不讨好、使人难堪的事。所以，在撰写调查报告时，凡是应该使用图、表结合来说明的地方，都应学《当代青年家庭婚姻爱情价值观的变迁——基于广州调查的分析与思考》的撰稿者，尽量地使用图、表结合法。不过，图、表的制作，一定得认真，一定要注意简明、实用、科学。

第四节　综说与辨析

一、综说

要十分认真严格地整理材料。

调查报告撰写中“整理材料”这一环，有人把它归入“调查”中，也有人说是属于

“研究”的内容，但都认为，这是“必不可少”的重要一环，是“调查”工作将要结束，“研究”工作即将开始时，必须认真做好的一件事。“整理材料”必然要对调查所得材料逐件、全面地进行审查和检验，将缺漏的补上，错误的更正，去掉“伪”的，留下“真”的，删去“粗”的，突出“精”的，并在这一基础上进行初步加工，使之条理化、系统化，使之更加集中、更加简明。这显然是调查研究工作由调查转向研究，由感性认识转向理性认识的重要一环。这一环的质量如何，不仅对研究能否顺利开展关系极大，对调查研究最后能否揭示事情的本质，作出明确的结论也关系极大。陈云同志撰写的《母猪也应该下放给农民私养》结论之所以正确，有巨大的说服力，能经受得住历史的检验，原因有多方面，但和陈云同志切实地做好了“整理材料”的工作不无关系。只要看看其中对有关的数据整理的全面与准确，就可知道其整理材料的周到与细心。而病文（1）、病文（2）、病文（3）之所以出现这样或那样的毛病，和它们的撰稿者在“整理材料”上的工夫没有下足有密切关系。如病文（3），必要的背景材料、主要的数据都缺漏，好些事实材料菁芜混合、主次不分、繁冗琐碎，不就是“整理材料”这一关没有把好，任务没有完成好的说明吗？病文（2）之所以使人觉得内容有点乱，不就是撰稿者在“整理材料”中没有完成对材料的正确分类导致的吗？我们甚至可以说，病文（1）之所以出现观点与材料所蕴涵的实际意义完全相矛盾、相背离的错误，也是“整理材料”中和后来的“研究”中没有对材料认真深入地进行“由表及里”、“由此及彼”的分析造成的。

成功的经验，失败的教训，都告诉我们：要十分重视“整理材料”，要严格地按要求“整理材料”。

整理材料的一般要求是：

（1）要真实。整理所得的调查材料，必须是确实存在的客观事实，不是弄虚作假的、杜撰的情况。这是根本的首要的要求。如果整理出来的材料不是真实的，那比没有调查材料更糟糕。没有材料，顶多得不出结论，材料不真实，就可能导致研究得出错误结论。这比不作调查更有害。所以，整理时，必须对所得材料，特别是关键性材料，仔细推究，详细考察、审核，绝不可马虎草率、粗心大意。病文（1）把双青乡妇女正确的行为当作错误的行为，这也可以说是撰稿者没有认真推究、仔细审核导致的结果。

（2）要完整。即反映某一社会现象的材料要尽量全面，要能如实地反映全貌。如所需的材料残缺不全，就必然造成研究分析的困难，甚至导致研究以偏概全，得出错误的结论。这就会影响整体材料的使用价值。病文（3）有关的收入数据的缺漏，就直接影响了207 国道的开通使子陵镇的财政收入、群众收入大幅提高的有效说明。

（3）要准确。事实要准确，特别是数据要准确。如果整理出来的事实含混不清、模棱两可，数据笼笼统统或相互矛盾，研究分析工作就很难进行。勉强为之，也很难得出可以说明问题的可靠结论。这里所说的准确，不是越精确越好，而是符合实际，以能说明问题为原则。该概括的就概括，该详细说明的则详细说明。

（4）要统一。就是对调查的项目要有统一解释。同一项目，不能在这里说是这样，在那里说是那样。指数的各项数值的计算方法、计算单位都要统一。不统一，就不能进行比较研究和比较说明，有关材料就发挥不了作用。

（5）要简明。就是对调查所得材料，要根据需要，去粗取精、删繁就简，做到有系统、有条理、简明扼要、方便使用，切忌臃肿庞杂、琐碎重复。病文（3）的好些材料的整理，是未能达到这一要求的。

（6）要新颖。任何事情、任何材料都存在“横看成岭侧成峰”的情况，为了使调查研究的结论能给人新的启发，就要力求从新的角度去审视材料，组织材料，以利于在研究中发现新的经验、教训，总结出新规律。

有了明确的要求，有了做好的决心和恰当的方法，“整理材料”肯定能够以其合格的成果，在从“调查”到“研究”，从“感性认识”到“理性认识”的过渡中发挥应有的积极作用。

二、辨析

调查报告与工作总结的同异。

调查报告与工作总结虽然都是要找出规律性的东西，都是以事实为依据，用材料说明观点，以便指导实践，但两者有明显的区别：

（一）目的与范围不同

总结的目的从本单位或本人的角度出发，检查、评价执行计划的情况，找出经验和问题，指导本单位今后的工作。

调查报告的目的是针对好坏典型事例或疑难问题去调查研究，引出结论，并对当前或未来以及包括被调查对象在内的单位、个人都具有普遍指导作用，用以推动面上的工作。

（二）内容不同

总结是对前一阶段工作的回顾、评价。内容仅限于反映本单位或本人在贯彻执行党的方针、政策、完成任务方面的经验教训。

调查报告的内容十分宽泛，可以调查历史、现状，可以总结经验教训，也可以调查新事物的成长，揭露问题。

（三）人称不同

总结是以本单位或个人的身份反映自身的实践活动，用第一人称。而调查报告则以局外人的身份，站在客观立场上调查、反映他人的实践活动，用第三人称。

（四）侧重点不同

调查报告在介绍和分析事物发展时，着重阐发其意义、性质、作用；总结则要求把握工作过程中的矛盾发生、发展，重点在于说明经验、措施和方法。

思考与练习

1. 调查报告有哪些特点？
2. 调查报告撰写的三个环节，各有哪些主要要求？
3. 请说一说病文（3）“（二）”及病文（3）修改稿“（一）”部分中观点和相关的材料有哪些异同？为什么会有这些不同？
4. 说说哪些主要方面保证了本章两篇范文撰写的成功？
5. 就所在单位的某一问题进行调查，并以对比说明为主要方法撰写一篇调查报告。

第十八章
经济合同写作

第一节　写作依据

一、性质

经济合同，是平等民事主体的自然人、法人、其他经济组织之间，为实现一定的经济目的，明确双方权利义务关系的协议。它广泛地使用于经济领域，它调整的是有关法人、自然人和其他组织之间的经济贸易关系。因此，与公司、企业的生产经营密切相关，与各类经济协作、合作活动紧密相连。

二、作用

作为一种管理经济活动的手段，经济合同有如下主要作用：

（1）保护当事人的合法权益。合同的所有条款都是在说明办理有关事项依据的。应该这样办，不应该那样办，说得清清楚楚。不遵守的，将受到何种惩罚，也讲得明明白白。这实际上为保护当事人的合法权益提供了一种预防机制。它使双方当事人，加强责任意识，努力按照合同条款规定办事，自觉地履行合同规定的义务，保障双方的合法权益，不要违反合同，不要出差错，这是一个方面。另一个方面，如果一方或双方违反合同，没有按合同条款办事，损害了对方的权益，就必须按合同和有关法律规定各自负相应责任，赔偿或补偿对方的损失。这对当事人来说，是一种事后的保护。

（2）维护社会市场经济秩序。随着经济和科学技术的发展，社会生产的分工越来越细，专业化的程度越来越高。分工的各行各业、各单位、各部门之间，既有独立性，又有绝对不可少的统一协作性。经济合同就是通过对相关行业、单位、部门在协作中的权利与义务的明确规定，来保证协作有序有效地进行的。所以，执行合同，实际就是在维护社会经济秩序；国家通过法律监督和检查合同的签订与执行保护合同，实际就是在保护社会市场经济活动有序和健康地发展。

（3）有利于企业全面认真实行经济核算，提高经济效益。合同的当事企业明确了自己的有关权利与义务后，为了在协作中取得更大的利益，就会更认真地对待自己的长处与短处，与时俱进、精打细算，安排好人力、物力、财力，发明创造、扬优汰劣、兴利除弊、开源节流，以保证企业能赢得最大的经济效益。

三、特点

(一) 合法性

经济合同是国家社会用法律手段管理经济活动的一种方式。它的签订是当事人的一种法律行为。所以，第一，合同的内容条款，必须符合国家的法律法规，不得有任何的违反。第二，合同签订的程序手段必须符合有关规定，一定要经双方平等协商，意思表示一致后才可签订。当中不得运用任何欺诈与强迫的手段。第三，当事人必须具有法律规定的民事权力和行为能力。合同一旦依法签订，即具有法律效力，受国家法律保护。

(二) 相互性

合同的当事人，彼此之间的法律地位是平等的，权利、义务也是相互的、对等的、等价有偿的。双方依照合同享有权利，同时也要承担义务，各自从对方那里取得经济利益又必须向对方偿付相应的代价。在合同里，不会有只享受权利不承担义务或只承担义务不享受权利的事。

(三) 约束性

合同一旦签订，对双方当事人，即具有严格、均等的约束力。任何一方都不能擅自变更或终止合同。如果需要变更或终止，也必须经双方平等协商取得一致。否则，有关方就要承担由此引起的法律后果和赔偿由此造成的对方的经济损失及其他损失。

四、种类

合同名目繁多，按不同的标准可以对合同进行不同的分类。按内容分，有买卖合同、供款合同、租赁合同等。按格式分，有条款式合同、表格式合同、条表结合式合同等。

(一) 条款式合同

条款式合同是签订合同的双方或多方把协商一致的内容、表示一致的意思，分条列项，按一定的顺序写成的合同。这种格式采用比较广泛，如：

范文（1）

土地置换租赁合同

当事人：

仙花镇人民政府（甲方）

法人代表：镇长×××

住址：××镇附城区××街××号

犀牛村河口小组村民×××（乙方）

住址：犀牛村河口小组××号

因三华李观光园规划区内有一部分土地属按国家政策所分配给乙方10人的人口田，为确保三华李观光园规模的完整性和使乙方能完整地建设一个果园，甲方提出以比较完整的一块土地置换租赁属乙方的一块土地。乙方同意甲乙的提议。经双方依据《中华人民共和国合同法》和《中华人民共和国农村土地承包法》反复协商，特订立如下合同。

1. 甲方同意在观光园规划区内划出相对完整的一块土地与乙方置换租赁。这块土地内有旱地18亩，山地10亩，共28亩，其余的是荒坑、烂坎、山坟等，不计入置换租赁的土地面积。

这块地的四至界限为：东至原水轮泵水圳，南至祥背山口，西至三礤公路，北至观光园公路（楼仔村旱地）。

2. 乙方同意将属自己的一块水田置换租赁给甲方，由香港××××发展有限公司创建三华李观光园。这块水田的面积为12亩。

这块水田的四至界限为：东至刈柴小道（丘屋村田），南至排水圳（丘屋楼仔田），西至三礤公路，北至小水圳（楼仔村水田）。

3. 因为甲方给出置换租赁的是旱地和山地，乙方给出的是水田。经双方协商同意，按县农业部门提出的各类土地面积置换的比例来计算各方应取得承租土地的面积。

经丈量计算，甲方给出一块地里的旱地18亩，山地10亩，共28亩的地，只能置换乙方给出的一块水田12亩中的7.6亩。经商定：甲方以地租置换租赁乙方一块水田除7.6亩余下的4.4亩。地租是整块12亩一起计算。

4. 双方置换租赁土地期限为叁拾年。即从2001年12月—2031年12月底。

5. 土地租金的计算标准和办法。经协商，双方同意按镇政府与犀牛村委会签订的《土地租赁合同》中规定各类土地的出租价为准计算。

经计算双方置换土地各时段的租金计算为：

①甲方置换给乙方的旱地8亩、山地10亩共28亩，各时段应得租金为：2002—2011年，旱地每亩每年40元，18亩为720元；山地每亩每年20元，10亩为200元；28亩每年共920元。2012年—2021年，旱地每亩每年为60元，18亩为1 080元；山地每亩每年30元，10亩为300元；28亩每年共1 380元。2022年—2031年，旱地每亩每年80元，18亩为1 440元；山地每亩每年为30元，10亩为300元；28亩每年共1 740元。

②乙方置换给甲方的水田12亩，各时段应得租金为：2002年—2011年，每亩每年为120元，12亩为1 440元。2022年—2021年，每亩每年为170元，12亩为2 040元。2022年—2031年，每亩每年为220元，12亩为2 640元。

③乙方各个时段应从甲方到的租金数，减去他应交给甲方的租金数，每个时段每年的应得的租金金额为2002年—2011年，每年是520元；2012年—2021年每年是660元；2022年—2031年，每年是900元。

6. 租金交付办法与期限：

①由于乙方置换租赁给甲方的土地，已由河口小组统一租给甲方观光园，乙方应从甲方得到的租金和应交付给甲方的租金，均计入甲方观光园应给犀牛村河口小组的总租金里。因此，经各方协商后，同意乙方无论是应支付的租金，还是应收取的租金，均在观光园给河口小组的总租金总数中作加减。乙方应得余额租金金额也从观光园给河口小组租金总额中实数支付。

②经过核算，甲方观光园各时段每年应付给河口小组的租金为：2002年—2011年每年为4 568元；2012—2021年，每年为6 478元；2022年—2031年，每年为7988元。

③租金每年结清的最后期限为当年的12月31日。

7. 置换租赁的土地原则上用于发展三华李等水果种植和养殖，任何一方不得以任何理由改变土地的使用性质。

8. 合同期满后，土地里的果树不得砍伐，设施也不能损坏，经有关权威机构公正评估作价后，可适当折价移交给原出租方。甲乙双方如有意继续承租经营者，在相同条件下，都可享受优先权。

9. 双方必须在2002年2月31日前，把全部各自应该移交的土地移交给对方。移交前，各方应将地上的树木或作物处理完毕，并处理好有关的矛盾纠纷，以确保双方都能在2002年12月底前在置换后的土地上顺利种植经营。

10. 违约责任。以上约定条款，双方必须切实履行。如有违约，要加倍赔付双方的经济损失，还得一次性交付对方五万元人民币的违约金。

11. 此合同一式五份。双方各一份，犀牛村一份，河口小组、观光园各一份。

仙花镇人民政府（印）
法人代表：镇长×××
地址：××镇附城区××街××号
×××
地址：犀牛村河口小组×号
二〇〇一年十二月三十日

（二）表格式合同

这种格式合同是签订合同的双方或多方把协商一致的内容、表示一致的意思填在按需要已制定好的表格中。这种合同，大量反复地适用于供水、供电、运输、信贷行业。如：

范文（2）

汽车配件供需合同

供货单位：××市××汽车贸易公司

要货单位：××市××汽车配件厂

合同　字　号　页

项目	品　名	规格	单位	数量	参考单位	金　额	交货期	需方	到站： 开户银行： ______ 账号：____ 地址：____ 代表：____
1	曲轴	CY4102	根	100	760元	7 600元			
2	活塞	CY4102	套	300	200元	60 000元			
3	高压油泵	CY4102	台	200	1 000元	200 000元			
4	汽缸垫	CY4102	件	1 000	13元	13 000元			
5	油箱	CY4102	个	100	600元	60 000元			

（续上表）

合同条款	（一）执行合同时间以发货运单为准，供方必须保质保量按期交货，无故延期交货一周，供方偿付单项品种总值的千分之一罚金给需方。 （二）双方均应信守合同，不得无理注销合同，单方终止合同的单位，应偿付总值的千分之二的罚金给对方。 （三）需方不得在合同的有效期内拒收货拒付款，否则按上条规定偿付罚金。	供方	到站：____ 开户银行： ______ 账号：____ 地址：____ 代表：____

签订日期：××××年9月17日

（三）条表结合式合同

这种是合同签订的双方或多方，把协商一致的内容、表示一致的意思，分别以条款和格式两种形式写成的合同。其中，条款主要记载双方协商一致的责任、注意事项、经营范围等；表格则填入具体的时间、项目、金额数等。这种结合式使用频率也相当高。如：

范文（3）

农户借款合同（代放款凭证）

农银借合字　　号

<table>
<tr><td>借款人</td><td colspan="2"></td><td colspan="2">住 址</td><td colspan="10"></td></tr>
<tr><td rowspan="2">借款金额</td><td colspan="5" rowspan="2">人民币
（大写）</td><td>百</td><td>十</td><td>万</td><td>千</td><td>百</td><td>十</td><td>元</td><td>角</td><td>分</td></tr>
<tr><td></td><td></td><td></td><td></td><td></td><td></td><td></td><td></td><td></td></tr>
<tr><td>借款用途</td><td colspan="2"></td><td colspan="2">借款种类</td><td colspan="10">利息（月息）　　%</td></tr>
<tr><td>借款限期</td><td colspan="14">从　　年　月　日起至　　年　月　日止</td></tr>
<tr><td colspan="6">还　款　记　录</td><td colspan="9" rowspan="5">借款人签章
（预备印鉴）</td></tr>
<tr><td>年</td><td>月</td><td>日</td><td>还本金额</td><td>还息金额</td><td>经办员</td></tr>
<tr><td></td><td></td><td></td><td></td><td></td><td></td></tr>
<tr><td></td><td></td><td></td><td></td><td></td><td></td></tr>
<tr><td></td><td></td><td></td><td></td><td></td><td></td></tr>
</table>

经借贷双方充分协商，愿根据《借款合同条例》和中国农业银行的有关规定签订本合同，共同遵守。

1. 借款利率按现行贷款利率计算，如国家调整利率，按调后的新利率和计息方法计算。

2. 上列借款，借款方保证按指定用途使用，如转移用途，贷款方有权进行加收利息，提前收回贷款等信贷制裁。

3. 上列借款，借款方保证按期归还。未经批准延期或未办理延期手续，从逾期之日起，由贷款方按规定加收利息。

4. 供款方以×××作为上列借款的抵押物，借款到期，借款方无力偿还时，贷款方有权处理抵押物，以此收回贷款本息。郸理抵押物不足清偿部分，贷款方仍有权向借款方追偿。

5. ×××愿作为借款方的保证人，当借款方不能按期归还贷款本息时，由保证人代为偿还贷款本息。保证人为两个以上，各保证人承担连带保证责任。

6. 本合同经各方签章之日起生效。本合同×式联，借款人、保证人各持一联，贷款方持　联。

借款人	印章	贷款单位	公章（或合同专用章）
经办人	印章		
保证人	印章	负责人	印章
经办人	印章	信贷员	印章

签约日期　　年　月　日

五、格式

不管什么种类的合同，其格式一般有三个部分：约首、正文、结尾。

（一）约首

有两方面内容：

（1）标题。位置在首行居中，通常直接使用合同的名称，表明合同的性质，如《购销合同》、《承包合同》等，也有写明标的，如范文（1）《土地置换租赁合同》、范文（2）《汽车配件供销合同》等。

（2）当事人名称和住址。位于标题之下，正文之上。名称应写全称，不要写简称。为了行文方便，可在当事人的名称后用括号注明“甲方”、“乙方”、“丙方”。如范文（1）开头两行就是。

（二）正文

这是合同的主要部分，其内容包括双方签订合同的目的依据和双方协商一致的内容。正文一般又分两部分：引言与主体。

引言。写签订合同的目的、依据。一般以概述方式表达，如范文（1）开头一段，前一句话，说的是目的，后一句说的是依据。在表格式和条表结合式的合同中，目的与依据，可能没有专门的段落，甚至没有专门的话说明，但意思在说明其他意思时已包含其中，所以它们就从简不说了。

主体。是经济合同最主要部分，必须写入如下6项内容：

(1) 标的。这是指合同当事人权利和义务所共同指向的对象。它可以是货物、资金、项目、行为。范文（1）的标的就是“土地”、“资金”，范文（3）是“资金”。某些标的可能由于名称、商标、规格、花式、产地的不同或受到其他社会因素的影响，名称相同而实质差异较大，这些在撰写合同时必须一一明确，逐一填写清楚，绝对不能笼统含混。否则就会在执行时导致纠纷，造成经济损失。

(2) 数量与质量。数量和质量是标的的具体表现形式，关系到当事人的权利和义务的大小，必须明确具体。数量是标的计量，包括数和量两个要素，除数字必须准确外，计量单位、计量方法、误差范围也必须一一写清楚。质量是标的特征，往往表现为一定的品牌、品种、规格、型号等，这些也一定要写清楚。有国家和行业强制性标准的，按标准执行；没有国家或行业强制性标准的，要写清当事人协商一致的标准。如范文（1），就“土地”面积的计量单位，就有“块”和“亩”，前者是合同当事人协商一致的，后者是国家规定的。

(3) 价款或酬金。这是标的的数量的价值体现，是得到财物或接受劳务、劳动成果的一方向对方支付的代价，它以货币数量表示。除法律法规另有规定的外，必须用人民币计算和支付。

价款或酬金是经济合同中标的的对应条款，是经济合同的权利平等的具体体现。除了少数经济合同采取以物易物、以劳务换劳务外，绝大多数经济合同都必须有价款和酬金的数额。

标的价格一般都是由当事人参考市场价商定的。范文（1）的土地面积置换比例和土地亩面积租金，都是由当事人依据县有关部门提出的各类土地的置换比例、各类土地的亩地租价而商定的。

(4) 履行期限、地点和方式。这是双方履行义务的时空界限和方式。期限指的是当事人交付标的、支付价款的时间界限。地点指的是当事人履行义务的场所。方式指的是当事人以什么方式履行义务，包括时间方式和行为方式。时间方式是指履行完毕的时间，是一次履行还是分期分批履行；行为方式是指交付标的方法，是送货、提货、还是代运。这些内容在合同签订时必须写明确，绝不能含糊笼统。上述内容在范文（1）分别写在第8、第11条里。

(5) 违约责任。这是为保证合同的完全履行而预定的针对违约方的经济制裁措施。违约有单方违约，也有双方违约，其责任由违约者承担。承担违约责任的形式，是给对方（即受害者一方）支付赔偿金和违约金。赔偿金如何计算，数量多少，违约金数量多少，都得一一写清楚。

(6) 附则。写清合同印制份数和持有人，或其他的未尽事宜。

（三）结尾

写明合同的生效标识，如当事人的名称、印章、地址、法人代表或委托代理人签章、银行账号、联系电话、邮编、签订日期等。

六、写作要求

（一）要遵守国家的法律政策规定

经济合同是实现国民经济健康发展的法律保障。对于经济合同的内容、形式和签订的程序，国家都有明确的规定。所以签订经济合同时，内容上要切实遵守有关的法律政策，不得违反，形式该用什么形式就用什么形式，不要有随意性。该有的项目、条款要齐全，不能缺漏。不得违反先平等协商意见一致后再签订合同的程序。符合国家法律政策的合同，才能得到国家法律的保护，才是有效的合同。违反国家法律政策的合同，是无效的，不能得到法律保护，如果执行肯定会给当事人或国家社会造成这样或那样的损害。

（二）要贯彻平等互利、协商一致、等价有偿的原则

签订合同的各方当事人，在法律上一律平等，没有高低、从属之分。对合同的有关事宜，一律应本着平等互利、协商一致、等价有偿的原则，认真商讨取得一致意见。任何一方该说的话就说，任何一方都不能把自己的意志强加给对方，以保证意思表达的真实性、一致性。

（三）语言要准确、表达要严密、行文要简明

合同的行文条款，是合同当事人执行的依据，所以用词造句表意要准确、严密、简明。笼统含糊、似是而非、有歧义，可能造成误读、误解的词语、句子，都不要用。要注意条款之间意思的关联、配合，要有逻辑性，要有主次详略。为使人明明白白，就应写清楚应该这样做，不能那样做。

第二节　不应该那么写——病文评改

一、评改病文（1）

（一）病文（1）

经济合同

立合同人：××食品公司第四车间（甲方）

××第二建筑公司生产科（乙方）

1. 建筑××食品公司第四车间东厂房，经双方协议，订立本合同。
2. 由乙方全面负责建造。
3. 甲方委托乙方建造东厂房一座。全部建造费用共计855 000元。
4. 甲方在订立合同后先交一部分建造费。
5. 其余在厂房建成后抓紧归还所欠部分。
6. 工期待乙方筹备就绪后立即开始。
7. 力争3月中旬开工。

8. 力争在11月份左右交工。

9. 建筑材料由乙方全面负责筹备。

10. 本合同一式四份，双方各一份，各自上级单位备案一份。

立合同人：××食品公司第四车间（公章）

主任：×××（私章）

××第二建筑公司生产科（公章）

科长：×××（私章）

1995年5月12日

（二）评析病文（1）

病文（1）无论是结构还是内容都未达到“经济合同”撰写的基本要求。按此“合同”，××食品公司第四车间东厂房是无法进行建造的，就是进行了，也必然麻烦不断、纠纷不断。

（1）约首部分。标题意义表达欠明确，未说明合同的性质。立合同人也不恰当，双方的单位都不是法人。这些必须修改。

（2）正文部分。引言，说得“简陋”，没有将双方签订合同的目的依据说清楚，未能为主体展开内容提供明确的依据。主体，必要条款欠缺，几乎所有的条款意思都笼统含混。如“标的”——厂房一座，是什么性质、样式的？面积多少？建筑材料的质量要求怎样？建造费，说“先交一部分”“其余在厂房建成后抓紧归还所欠部分”。这里的“先”、“后”实际是什么时间？“先交一部分”、“归还的所欠部分”，实际又是多少？均不清楚。工程开始时间：“待乙方筹备就绪后立即开工”、“力争3月中旬开工”、“力争在11月份左右完工”，全部都是模模糊糊的，不实在，不具体，不确定。

标的及其所相关的项目条款，如此笼统含糊，双方的权利义务如此不明确，这样的合同，有用吗？能够执行吗？可以成交吗？这样的合同实际是一张废纸，必须重新拟写、签订。

（3）结尾部分。签约人，不恰当。他们应该是法人。地址、电话等应补上。

（三）病文（1）修改稿

建筑工程承包合同

立合同人：××食品公司（甲方）

××第二建筑公司（乙方）

甲方委托乙方建造厂房一座，为使工程顺利完成，经双方充分协商，特签订本合同，以资信守。

一、工程名称：第四车间厂房。

二、工程结构：本工程是水泥框架结构。

三、本工程总面积××××平方米，样式见建筑设计图。

四、本工程建筑费总共为人民币855 000元。

五、承包方式：本工程由乙方全面建造。建筑材料全部按市建委规定的质量标准要求，由乙方筹备、购买。

六、施工期限：本工程施工期为十个月。从1995年2月正式开工，1995年11月30日完工。

七、付款方式：合同签署之日，甲方应付给乙方50%工程建筑费，计为：×××××元；浇灌××（屋面）时再付给45%，计为×××××元；其余5%待工程完成验收日起10天内再按实际结算一次付清。

八、工程质量：全部工程质量必须符合市建委规定的质量验收标准。乙方按建筑设计图纸施工，保证质量。工程完工前三天，乙方应通知甲方进行验收。甲方接通知后，应及时予以验收、签证和办理手续。

九、违约责任：如质量不符，乙方应负责无偿修理或返工。由此造成逾期交付，偿付逾期违约金，金额为工程总值的5%。甲方如未按约定时间付给乙方工程建筑费，按应付款总额的5%偿付违约金。

十、本合同未尽事宜，可经双方研究，另行商定。

十一、本合同签字后生效，工程完工验收符合要求，结清工程建筑费后失效。本合同一式四份，双方各执一份，另送甲、乙双方业务主管部门各一份。

附件：建筑设计图×件（略）

建设单位：××市食品公司（公章）
代表：×××（签名）
地址：××市××东路××号
电话：×××××××

施工单位：××市第二建筑公司（公章）
代表：×××（签名）
地址：××市××东路××号
电话：×××××××

一九九五年一月十日

二、评改病文（2）

（一）病文（2）

购销合同

需方：××百货公司

供方：××服装厂

经双方协商，遵照《中华人民共和国合同法》的有关规定，签订本合同，共同遵守执行。

货物基本情况及购销总额：

<table>
<tr><th>品　名</th><th>牌号</th><th>规格</th><th>数量</th><th>单位</th><th>单价（元）</th><th>金额（元）</th></tr>
<tr><td rowspan="2">羽绒背心</td><td rowspan="2">梅花</td><td>90厘米</td><td>5 000</td><td rowspan="2">件</td><td>8.5</td><td rowspan="2">17 100</td></tr>
<tr><td>95厘米</td><td>5 000</td><td>8.6</td></tr>
</table>

交货期限和地点：1995年度，供方仓库。

交货方式：需方自提，运费需方自理。

产品质量和验收方法：经双方共同封存样品为准，提货时抽样检查。

结算方式：付现金提货，货款当面结清。

需方××百货公司（盖章） 供方××服装厂（盖章）

地址××路××××号 地址×××××

电话××××××× 电话×××××××

开户银行和账号××××××× 开户银行和账号×××××××

（二）评析病文（2）

病文（2）是一份条表结合式合同，主要毛病有：

（1）漏写“立合同人”。应在双方当事人名称之前写上“立合同人”。

（2）履行时间不明确。合同中“交货期限”只写“1995年度”，没有具体的时间规定。该合同的标的“羽绒背心”是有销售季节性的产品，更应该写明具体的交货时间“1995年10月”。

（3）标的质量要求不明确。合同中对标的的质量要求没作明确规定，只写“以双方共同封存样品为准”。标准很笼统，不清晰。应写明具体标准，如规格、型号等。

（4）没有违约责任。

（5）表格制作及填写都不够规范，如缺少“生产厂家”、“计量单位”，“单价”之后，还需有“总金额”、“合计”两项。

（6）结尾部分，除了有“供方”和“需方”外，还应有各方代表人一项，使联系方便。

（三）病文（2）修改稿

货物购销合同

立合同人：××服装厂（供方）

××百货公司（需方）

经双方协商，遵照《中华人民共和国合同法》的有关规定，签订本合同，共同遵守执行。

一、产品名称、商标、型号、厂家、数量、金额

产品名称	牌号商标	规格型号	生产厂家	计量单位	数量	单价（元）	总金额（元）	交（提）货时间及数量
羽绒背心	梅花	90厘米	××服装厂	件	5 000	8.5	42 500	
		95厘米			5 000	8.00	43 000	
合计人民币金额（大写）：捌万伍仟伍佰元整								

二、交货期限：1995年10月20日至30日。

三、交货地点、方式：供方×××仓库，需方自提，运费需方自理。

四、产品的包装标准：按统一规定的服装包装标准，进行纸箱包装。包装材料及费用

由供方负责。

五、验收标准：产品的规格、质量和技术标准，以部颁标准执行。检验方法以供方自检为主，需方在流通过程中，如发现规格、质量不符，作退货处理。退货费用全部由供方负责。

六、结算方式及期限：需方应从收货到验收日起三天内付款。如遇假日顺延。

七、违约责任：供方不能准时交货或需方中途退货均需向对方偿付违约金。违约金占货款总值的20%。

供方：××服装厂（公章）

地址：××市××路××号

代表：×××（签名）

电话：×××××××

开户银行和账号：×××××××

需方：××市百货公司（公章）

地址：××市××路××号

代表：×××（签名）

电话：×××××××

开户银行和账号：×××××××

签订日期：一九××年×月×日

第三节　应该这么写——范文赏析

第一节所举的三篇不同类型的经济合同范文，撰写上都符合要求，都是“应该这么写”的。特别是范文（1），有许多方面值得称道。

标题“土地置换租赁合同”写得凝练、明确，仅八个字，让人一看就知道名称，知道这宗交易的性质、标的方式、方法等诸多信息，使人知道这宗交易不是通常的“土地租赁”，而是“土地置换租赁”。双方既是“土地”的“置换人”，又同时是“土地”的“出租人”和“承租人”。事情有一定的复杂性。

正文的引言，是合同正文的开头部分，同样写得简洁明了，既扣紧了标题，又概括了内容。它开宗明义地说明：甲方“为确保三华李观光园规模的完整性和使乙方能完整地建设一个果园”，提出“以比较完整的一块土地”置换租赁在“观光园规划区内”为乙方所承包的“一块土地”，乙方同意甲方“提议”；双方依据国家有关法律协商，订立此份合同。一百三十多个字，就把这宗交易，这份合同签订的原因、目的、根据说明白了，为主文展开内容提供了依据。

正文的主文，是合同的主要部分。《土地置换租赁合同》的这一部分，把“土地置换租赁”这一牵涉面较多，较复杂的事情内容，安排得层次井然，条分缕析，意思的表达也明晰、严谨，有较强的逻辑性。

一、合同各部分内容的划分和布局有主有次、有详有略、条理分明、井然有序

主文所写的11条条款，都是依据所要处理“土地置换租赁”事情的实际，《中华人民共和国合同法》规定必须写入的6个方面的内容，为实现双方“土地置换租赁”的目的要求的需要拟定的。这11条条款又按照各自意义和彼此的关系，分四个层次写出。

第1~6条，为第一层次，说明“标的”及其“置换租赁”中，必须明确的问题；第7~9条，为第二层次，说明的是与“置换租赁”相关的事项；第10条，为第三层次，说明的是违约责任；第11条，是第四层次，是附则。

在四个层次中，第一层次的内容最为重要，所以先说、详说。其中，“标的”是合同的核心，更是需要先说、重点说。“土地置换租赁”的标的，第一是“土地”，第二是“租金”。“土地”是指双方各自的出租地和承租地；“租金”是指双方出租和承租“土地”应得到和应付出的“地租”。“土地”和“地租”虽然同为“标的”，关系密切，但毕竟是两码事，所以必须分开来说。然而“租金”的状况是由“土地”的状况决定的，所以，又必须先说“土地”。只有先把“土地”这一标的应有基本属性说清楚了，才能把“租金”应有的状况说明白。这层次内容的先后次序正是依据这一逻辑划分和安排的。第1~4条，分别把双方置换出租的“土地”和承租的“土地”的方位、四至、类别、面积和租赁年限说清楚后，再以第5~6条，把双方在各时段年限内应收入和应支付的“租金”计算依据和实际金额说清楚。

事实告诉我们，如上一层一层地说，一层扣一层，一项扣一项，有主有次、有详有略地说，就把本来有些复杂纷繁的事，说得条理分明、井然有序，方便于人们理解、把握、执行有关的意见，也有利于把后面的各个层次各个条款的意思用较少的文字，较小的篇幅说清楚，说明白。

二、各个条款把该表达的意思说得准确、明晰、严谨

把各条款该表达的意思说得准确、明晰、严谨是把各个层次的意思，以至全篇合同的意思说得明确、完备、严密的前提条件。

合同条款的第一条，说是甲方给出置换租赁的“一块土地”的基本属性和主要状况。该说的情况，该说的意思都说了，说得准确、明晰、完备。这“一块土地”原来是一片土地，里面有几十块各种性质的地，因为“置换租赁”的需要才把它变成“一块土地”。这一条第一款的第一句话，所说的就是这个意思，说它是“划出”来的“相对完整的一块土地”。第二款说明的这“一块土地”的四至界限，就把它定格为完整的“一块土地”了。这“一块四至”明确的“一块土地”内，有“旱地18亩、山地10亩，共28亩，其余的是荒坑、烂坎、山坟等”。这是说明土地的性质、类别、面积，说明其中的旱地和山地是属已开发利用的土地，其余的属没有开发利用或不能开发利用的土地。把这“一块土地”的状况说清楚后，最后明确地指出“荒坑……等，不计入置换租赁的土地面积”。这句话十分扣题、意思丰富，很有针对性。它告诉人们旱地、山地是甲方给出的置换租赁的土地，而“荒坑、烂坎、山坟等”不属甲方给出的置换租赁土地。这是有政策根据的，是

合理的。这也说明，条款拟定者虑事的严密、周全。因为这一说明，消除了合同执行时可能产生的矛盾和可能引发的纠纷。

条款第 5 条，是说明双方土地置换租赁中应该支付和应该收取“租金”状况的，表达得也十分准确、明白，让当事人执行时不会有理解方面的困难。这一条有两款。第一款说明各类土地租金的计算依据；第二款说明根据，依据标准计算出来的双方应该支付和应该取得的租金状况。这里又按实际情况分三点说。第①点说明甲方应收取的租金状况；第②点说明乙方应收取的租金状况；第③点说明乙方从应收取的甲方的“租金”总数中减除应给甲方支付的“租金”外，还应收取甲方支付的租金状况。这些状况有：每类土地各个年限内的各年的亩租金、总亩数租金、各类土地各年度总租金。而且这些租金全部金额都是以实数一一列出，既准确又明确。当事人不仅明确自己应收取、应支付的租金的确实数目，还知道它们的来龙去脉。

像如上可圈可点的条款，在此份合同中还有好些。按照这些表意明晰、准确、严密的条款执行，签订合同的双方，肯定可以顺利地实现土地置换租赁的目的。

第四节　综说与辨析

一、综说

要多一个心眼，谨防文字陷阱。

进入市场经济时代后，诉讼领域里经济纠纷案件急剧增加，其中相当部分是经济合同纠纷案。这些经济合同纠纷案产生的实质性的原因是多种多样的。但从现象上看突出地表现在对有关合同语言所表达的意义的分歧，特别是对某些词语、句子所表达的实际意义的分歧。

××市××大饭店同外国一公司于 2001 年签订一份房屋租赁合同。合同写道：“××大饭店将饭店第八层全层包租给×××公司”，饭店一方按自己的想法认为“全层”是指“全层的客房”。而外国公司进住饭店后占用了第八层的全部房间，包括客房、会议室、开水房、值班室等，致使第八层的服务员也没有地方办公。饭店向法院起诉。法院依合同规定判外国公司胜诉。“第八层全层”与“第八层全层客房”，两个概念的“外延”不同，前者的外延大，包括了全层的所有用房，后者只是指全层所有用房中的“客房”一部分。饭店按自己的习惯想法，把两个外延不同、实际意义不同的概念等同起来，签订了不符合自己意思的合同，落入文字陷阱，从而招致公司败诉，蒙受经济损失。

浙江省三门县有一商行向内蒙古呼和浩特市一家羊皮收购站购买一批羊皮，质量要求是大小四平方尺以上，无剪刀斑（即无伤痕）。然而，在购销合同的有关条款上却写成：羊皮“四平方尺以上、有剪刀斑的不要”。卖方根据这一条款，卖给买方的羊皮全部是四平方以下的劣质品。买方收到羊皮后，提出交涉，卖方指着合同上的上述条款说：我们是根据条款约定供货的。原来条款里“四平方尺以上”后面的标点符号是顿号“、”。而顿号是表示句子内部并列词语的停顿。这样，上述条款的意思就是：“四平方以上的羊皮和有剪刀斑的羊皮均不要”。买方醒悟后目瞪口呆。用错一个标点符号，使要购买的优质羊皮全部变成了劣质羊皮。优劣差价相差十多万元啊！很明显，从买方来说，是自己的粗心大意，使自己落入了文字陷阱，招致了巨大的经济损失。

第二节评改的两份经济合同的病文，存在的语言问题，要比上两例明显得多，严重得多，如果不作修改，几乎每处都可以成为有关方的文字陷阱，造成矛盾纠纷。千万事实告诉人们，经济合同的语言文字，确确实实是“只字千金”，大意不得，粗心不得，必须认真琢磨，反复推敲，以求稳安，要多一个心眼，谨防文字陷阱啊！

二、辨析

随着经济活动的日益活跃，在经济活动的不同阶段有一些与合同名称不同但作用基本相同的文书，如“协议书”、“意向书”等。它们尽管属于合同范畴，但仍与合同有着细微的差别。

协议书是双方当事人就某一问题进行洽谈、协商后签订的一种具有合同性质的经济契约。其作用、格式、写法与合同基本相似，但协议书不受什么限制，使用较为宽泛；而经济合同则要受《中华人民共和国合同法》的制约，因而比较严谨。另外，协议书的内容也不像合同那样详尽，而是较为原则、概括。

意向书是记载当事人双方合作意愿，作为进一步洽谈活动基础的凭证，它本身不具备法律约束力。通常用作合同或协议书的先导。意向书主要是表达双方当事人初次洽谈后彼此认可的若干原则性意见，或是提出以后洽谈的安排和设想。

思考与练习

1. 什么是经济合同？其主要特点是什么？
2. 经济合同正文的主体部分必须写入哪几项条款？
3. 范文（1）的主文如何说明标的土地和租金的，为什么要这样说？谈谈你的看法。
4. 范文（1）主文部分对所属的11条条款如何排列组合的？这样的排列组合有何好处？
5. 病文（1）的修改稿对病文（1）主要作了哪些修改？为什么要这样修改？

附录

中共中央办公厅、国务院办公厅

党政机关公文处理工作条例

第一章　总则

第一条　为了适应中国共产党机关和国家行政机关（以下简称党政机关）工作需要，推进党政机关公文处理工作科学化、制度化、规范化，制定本条例。

第二条　本条例适用于各级党政机关公文处理工作。

第三条　党政机关公文是党政机关实施领导、履行职能、处理公务的具有特定效力和规范体式的文书，是传达贯彻党和国家方针政策，公布法规和规章，指导、布置和商洽工作，请示和答复问题，报告、通报和交流情况等的重要工具。

第四条　公文处理工作是指公文拟制、办理、管理等一系列相互关联、衔接有序的工作。

第五条　公文处理工作应当坚持实事求是、准确规范、精简高效、安全保密的原则。

第六条　各级党政机关应当高度重视公文处理工作，加强组织领导，强化队伍建设，设立文秘部门或者由专人负责公文处理工作。

第七条　各级党政机关办公厅（室）主管本机关的公文处理工作，并对下级机关的公文处理工作进行业务指导和督促检查。

第二章　公文种类

第八条　公文种类主要有：

（一）决议。适用于会议讨论通过的重大决策事项。

（二）决定。适用于对重要事项作出决策和部署、奖惩有关单位和人员、变更或者撤销下级机关不适当的决定事项。

（三）命令（令）。适用于公布行政法规和规章、宣布施行重大强制性措施、批准授予和晋升衔级、嘉奖有关单位和人员。

（四）公报。适用于公布重要决定或者重大事项。

（五）公告。适用于向国内外宣布重要事项或者法定事项。

（六）通告。适用于在一定范围内公布应当遵守或者周知的事项。

（七）意见。适用于对重要问题提出见解和处理办法。

（八）通知。适用于发布、传达要求下级机关执行和有关单位周知或者执行的事项，批转、转发公文。

（九）通报。适用于表彰先进、批评错误、传达重要精神和告知重要情况。

（十）报告。适用于向上级机关汇报工作、反映情况，回复上级机关的询问。

（十一）请示。适用于向上级机关请求指示、批准。

（十二）批复。适用于答复下级机关请示事项。

（十三）议案。适用于各级人民政府按照法律程序向同级人民代表大会或者人民代表大会常务委员会提请审议事项。

（十四）函。适用于不相隶属机关之间商洽工作、询问和答复问题、请求批准和答复审批事项。

（十五）纪要。适用于记载会议主要情况和议定事项。

第三章　公文格式

第九条　公文一般由份号、密级和保密期限、紧急程度、发文机关标志、发文字号、签发人、标题、主送机关、正文、附件说明、发文机关署名、成文日期、印章、附注、附件、抄送机关、印发机关和印发日期、页码等组成。

（一）份号。公文印制份数的顺序号。涉密公文应当标注份号。

（二）密级和保密期限。公文的秘密等级和保密的期限。涉密公文应当根据涉密程度分别标注“绝密”“机密”“秘密”和保密期限。

（三）紧急程度。公文送达和办理的时限要求。根据紧急程度，紧急公文应当分别标注“特急”“加急”，电报应当分别标注“特提”“特急”“加急”“平急”。

（四）发文机关标志。由发文机关全称或者规范化简称加“文件”二字组成，也可以使用发文机关全称或者规范化简称。联合行文时，发文机关标志可以并用联合发文机关名称，也可以单独用主办机关名称。

（五）发文字号。由发文机关代字、年份、发文顺序号组成。联合行文时，使用主办机关的发文字号。

（六）签发人。上行文应当标注签发人姓名。

（七）标题。由发文机关名称、事由和文种组成。

（八）主送机关。公文的主要受理机关，应当使用机关全称、规范化简称或者同类型机关统称。

（九）正文。公文的主体，用来表述公文的内容。

（十）附件说明。公文附件的顺序号和名称。

（十一）发文机关署名。署发文机关全称或者规范化简称。

（十二）成文日期。署会议通过或者发文机关负责人签发的日期。联合行文时，署最后签发机关负责人签发的日期。

（十三）印章。公文中有发文机关署名的，应当加盖发文机关印章，并与署名机关相符。有特定发文机关标志的普发性公文和电报可以不加盖印章。

（十四）附注。公文印发传达范围等需要说明的事项。

（十五）附件。公文正文的说明、补充或者参考资料。

（十六）抄送机关。除主送机关外需要执行或者知晓公文内容的其他机关，应当使用机关全称、规范化简称或者同类型机关统称。

（十七）印发机关和印发日期。公文的送印机关和送印日期。

第十条　公文的版式按照《党政机关公文格式》国家标准执行。

第十一条　公文使用的汉字、数字、外文字符、计量单位和标点符号等，按照有关国家标准和规定执行。民族自治地方的公文，可以并用汉字和当地通用的少数民族文字。

第十二条　公文用纸幅面采用国际标准 A4 型。特殊形式的公文用纸幅面，根据实际需要确定。

第四章　行文规则

第十三条　行文应当确有必要，讲求实效，注重针对性和可操作性。

第十四条　行文关系根据隶属关系和职权范围确定。一般不得越级行文，特殊情况需要越级行文的，应当同时抄送被越过的机关。

第十五条　向上级机关行文，应当遵循以下规则：

（一）原则上主送一个上级机关，根据需要同时抄送相关上级机关和同级机关，不抄送下级机关。

（二）党委、政府的部门向上级主管部门请示、报告重大事项，应当经本级党委、政府同意或者授权；属于部门职权范围内的事项应当直接报送上级主管部门。

（三）下级机关的请示事项，如需以本机关名义向上级机关请示，应当提出倾向性意见后上报，不得原文转报上级机关。

（四）请示应当一文一事。不得在报告等非请示性公文中夹带请示事项。

（五）除上级机关负责人直接交办事项外，不得以本机关名义向上级机关负责人报送公文，不得以本机关负责人名义向上级机关报送公文。

（六）受双重领导的机关向一个上级机关行文，必要时抄送另一个上级机关。

第十六条　向下级机关行文，应当遵循以下规则：

（一）主送受理机关，根据需要抄送相关机关。重要行文应当同时抄送发文机关的直接上级机关。

（二）党委、政府的办公厅（室）根据本级党委、政府授权，可以向下级党委、政府行文，其他部门和单位不得向下级党委、政府发布指令性公文或者在公文中向下级党委、政府提出指令性要求。需经政府审批的具体事项，经政府同意后可以由政府职能部门行文，文中须注明已经政府同意。

（三）党委、政府的部门在各自职权范围内可以向下级党委、政府的相关部门行文。

（四）涉及多个部门职权范围内的事务，部门之间未协商一致的，不得向下行文；擅自行文的，上级机关应当责令其纠正或者撤销。

（五）上级机关向受双重领导的下级机关行文，必要时抄送该下级机关的另一个上级机关。

第十七条　同级党政机关、党政机关与其他同级机关必要时可以联合行文。属于党委、政府各自职权范围内的工作，不得联合行文。党委、政府的部门依据职权可以相互行文。部门内设机构除办公厅（室）外不得对外正式行文。

第五章　公文拟制

第十八条　公文拟制包括公文的起草、审核、签发等程序。

第十九条　公文起草应当做到：

（一）符合国家法律法规和党的路线方针政策，完整准确体现发文机关意图，并同现行有关公文相衔接。

（二）一切从实际出发，分析问题实事求是，所提政策措施和办法切实可行。

（三）内容简洁，主题突出，观点鲜明，结构严谨，表述准确，文字精练。

（四）文种正确，格式规范。

（五）深入调查研究，充分进行论证，广泛听取意见。

（六）公文涉及其他地区或者部门职权范围内的事项，起草单位必须征求相关地区或者部门意见，力求达成一致。

（七）机关负责人应当主持、指导重要公文起草工作。

第二十条　公文文稿签发前，应当由发文机关办公厅（室）进行审核。审核的重点是：

（一）行文理由是否充分，行文依据是否准确。

（二）内容是否符合国家法律法规和党的路线方针政策；是否完整准确体现发文机关意图；是否同现行有关公文相衔接；所提政策措施和办法是否切实可行。

（三）涉及有关地区或者部门职权范围内的事项是否经过充分协商并达成一致意见。

（四）文种是否正确，格式是否规范；人名、地名、时间、数字、段落顺序、引文等是否准确；文字、数字、计量单位和标点符号等用法是否规范。

（五）其他内容是否符合公文起草的有关要求。

需要发文机关审议的重要公文文稿，审议前由发文机关办公厅（室）进行初核。

第二十一条　经审核不宜发文的公文文稿，应当退回起草单位并说明理由；符合发文条件但内容需作进一步研究和修改的，由起草单位修改后重新报送。

第二十二条　公文应当经本机关负责人审批签发。重要公文和上行文由机关主要负责人签发。党委、政府的办公厅（室）根据党委、政府授权制发的公文，由受权机关主要负责人签发或者按照有关规定签发。签发人签发公文，应当签署意见、姓名和完整日期；圈阅或者签名的，视为同意。联合发文由所有联署机关的负责人会签。

第六章　公文办理

第二十三条　公文办理包括收文办理、发文办理和整理归档。

第二十四条　收文办理主要程序是：

（一）签收。对收到的公文应当逐件清点，核对无误后签字或者盖章，并注明签收时间。

（二）登记。对公文的主要信息和办理情况应当详细记载。

（三）初审。对收到的公文应当进行初审。初审的重点是：是否应当由本机关办理，是否符合行文规则，文种、格式是否符合要求，涉及其他地区或者部门职权范围内的事项是否已经协商、会签，是否符合公文起草的其他要求。经初审不符合规定的公文，应当及时退回来文单位并说明理由。

（四）承办。阅知性公文应当根据公文内容、要求和工作需要确定范围后分送。批办性公文应当提出拟办意见报本机关负责人批示或者转有关部门办理；需要两个以上部门办理的，应当明确主办部门。紧急公文应当明确办理时限。承办部门对交办的公文应当及时办理，有明确办理时限要求的应当在规定时限内办理完毕。

（五）传阅。根据领导批示和工作需要将公文及时送传阅对象阅知或者批示。办理公文传阅应当随时掌握公文去向，不得漏传、误传、延误。

（六）催办。及时了解掌握公文的办理进展情况，督促承办部门按期办结。紧急公文或者重要公文应当由专人负责催办。

（七）答复。公文的办理结果应当及时答复来文单位，并根据需要告知相关单位。

第二十五条　发文办理主要程序是：

（一）复核。已经发文机关负责人签批的公文，印发前应当对公文的审批手续、内容、文种、格式等进行复核；需作实质性修改的，应当报原签批人复审。

（二）登记。对复核后的公文，应当确定发文字号、分送范围和印制份数并详细记载。

（三）印制。公文印制必须确保质量和时效。涉密公文应当在符合保密要求的场所印制。

（四）核发。公文印制完毕，应当对公文的文字、格式和印刷质量进行检查后分发。

第二十六条　涉密公文应当通过机要交通、邮政机要通信、城市机要文件交换站或者收发件机关机要收发人员进行传递，通过密码电报或者符合国家保密规定的计算机信息系统进行传输。

第二十七条　需要归档的公文及有关材料，应当根据有关档案法律法规以及机关档案管理规定，及时收集齐全、整理归档。两个以上机关联合办理的公文，原件由主办机关归档，相关机关保存复制件。机关负责人兼任其他机关职务的，在履行所兼职务过程中形成的公文，由其兼职机关归档。

第七章　公文管理

第二十八条　各级党政机关应当建立健全本机关公文管理制度，确保管理严格规范，充分发挥公文效用。

第二十九条　党政机关公文由文秘部门或者专人统一管理。设立党委（党组）的县级以上单位应当建立机要保密室和机要阅文室，并按照有关保密规定配备工作人员和必要的安全保密设施设备。

第三十条　公文确定密级前，应当按照拟定的密级先行采取保密措施。确定密级后，应当按照所定密级严格管理。绝密级公文应当由专人管理。公文的密级需要变更或者解除的，由原确定密级的机关或者其上级机关决定。

第三十一条　公文的印发传达范围应当按照发文机关的要求执行；需要变更的，应当经发文机关批准。涉密公文公开发布前应当履行解密程序。公开发布的时间、形式和渠道，由发文机关确定。经批准公开发布的公文，同发文机关正式印发的公文具有同等效力。

第三十二条　复制、汇编机密级、秘密级公文，应当符合有关规定并经本机关负责人批准。绝密级公文一般不得复制、汇编，确有工作需要的，应当经发文机关或者其上级机关批准。复制、汇编的公文视同原件管理。复制件应当加盖复制机关戳记。翻印件应当注明翻印的机关名称、日期。汇编本的密级按照编入公文的最高密级标注。汇编，确有工作需要的，应当经发文机关或者其上级机关批准。复制、汇编的公文视同原件管理。

复制件应当加盖复制机关戳记。翻印件应当注明翻印的机关名称、日期。汇编本的密级按照编入公文的最高密级标注。

第三十三条　公文的撤销和废止，由发文机关、上级机关或者权力机关根据职权范围和有关法律法规决定。公文被撤销的，视为自始无效；公文被废止的，视为自废止之日起失效。

第三十四条　涉密公文应当按照发文机关的要求和有关规定进行清退或者销毁。

第三十五条　不具备归档和保存价值的公文，经批准后可以销毁。销毁涉密公文必须严格按照有关规定履行审批登记手续，确保不丢失、不漏销。个人不得私自销毁、留存涉密公文。

第三十六条　机关合并时，全部公文应当随之合并管理；机关撤销时，需要归档的公文经整理后按照有关规定移交档案管理部门。

工作人员离岗离职时，所在机关应当督促其将暂存、借用的公文按照有关规定移交、清退。

第三十七条　新设立的机关应当向本级党委、政府的办公厅（室）提出发文立户申请。经审查符合条件的，列为发文单位，机关合并或者撤销时，相应进行调整。

第八章　附则

第三十八条　党政机关公文含电子公文。电子公文处理工作的具体办法另行制定。

第三十九条　法规、规章方面的公文，依照有关规定处理。外事方面的公文，依照外事主管部门的有关规定处理。

第四十条　其他机关和单位的公文处理工作，可以参照本条例执行。

第四十一条　本条例由中共中央办公厅、国务院办公厅负责解释。

第四十二条　本条例自 2012 年 7 月 1 日起施行。1996 年 5 月 3 日中共中央办公厅发布的《中国共产党机关公文处理条例》和 2000 年 8 月 24 日国务院发布的《国家行政机关公文处理办法》停止执行。

二○一二年四月十二日

参考文献

[1] 郭绍虞．中国历代文论选（上、中、下）．北京：中华书局，1962.

[2] 刘熙载．艺概．上海：上海古籍出版社，1978.

[3] 杜福磊．中国写作学理论研究与发展．北京：中央编译出版社，2004.

[4] 张保忠．中国党政公文写作大全．天津：天津人民出版社，1996.

[5] 张保忠，岳海翔．党政公文解疑全书．北京：中国言实出版社，2007.

[6] 陈方柱．怎样写好调研文章．北京：中国言实出版社，2007.

[7] 朱悦雄．新应用写作．广州：广东高等教育出版社，2010.

[8] 朱悦雄，杨桐．应用写作病文评析与修改．广州：广东高等教育出版社，2010.